教科教育研究ハンドブック

―今日から役立つ研究手引き―

日本教科教育学会 編

教育出版

刊行のことば

　近年，各県で教職大学院が設置されている。この大学院は，大学の理論研究と学校の授業などの実践をリンクさせることを目的としている。この目的に対して，大学は学校の授業実践を考慮しないで理論を構築してきた傾向がある。また，学校の授業実践は，あまり理論を考慮しないで実践のみを大切にしてきた傾向にある。

　このような現状に対して，理論と実践をリンクする学としての教科教育学が求められている。理論と実践をリンクする学としての教科教育学は，研究の対象と研究の方法を明確にすることが緊急の課題となっている。

　研究の対象は，教科教育の研究領域のとらえ方や歴史，目標，内容，教材（学習材），カリキュラム，方法，授業，評価，教師教育などがある。
　また，研究方法は，量的や質的なもの，あるいはそれらをミックスさせたものなどの新しい研究方法などがある。

　本研究ハンドブックは，上述した研究対象とその研究方法を体系的に明確にしようとしたものである。本書は，次の4点を特徴とする。

①教科とその教育の研究はどのような学問研究であり，どのような特徴があるのかを明らかにする。
②教科教育学の研究領域と研究方法を明確にする。
③教科教育の研究の各領域において具体的な研究事例を示し，研究を展開する「すべ」と手引きを例解する
④教育現場に果たす教科教育研究の役割と使命を明確にする。

　以上のような特徴を有する本書を教科教育に携わる研究者に活用していただき，実り豊かな教科教育学の研究が展開されることを執筆者一同が願っている。

　なお，本書の出版に際して，教育出版の阪口建吾氏に大変お世話になった。記して心より感謝の意を表する。合わせて，本書編集の事務作業を一手に引き受けてくれた雲財寛さん（広島大学大学院博士課程後期院生）にも謝意を表する。

日本教科教育学会会長
角 屋 重 樹

目　次

刊行のことば

序　教科教育研究の目的とその意義 …………………………………………… 2

第1部　学問としての教科教育学
第1章　教科教育学の歴史と成立 …………………………………………… 6
第2章　教科教育学とその課題 ……………………………………………… 10
第3章　教科教育学の研究 …………………………………………………… 16
第4章　教科教育学と隣接科学との関連
　▶第1節　教科教育学と教育学 …………………………………………… 22
　▶第2節　教科教育学と心理学：領域固有な知識と領域普遍的な認知スキルの役割 …… 28
　▶第3節　教科教育学と専門諸科学 ……………………………………… 34
第5章　日本と世界における教科教育学 …………………………………… 38

第2部　教科教育学の研究方法
第1章　教科教育研究とその方法 …………………………………………… 44
第2章　質的研究としての教科教育研究 …………………………………… 50
第3章　量的研究としての教科教育研究 …………………………………… 56
第4章　新しい研究としての教科教育研究 ………………………………… 62
第5章　卒業・修士論文研究としての教科教育研究 ……………………… 66
第6章　博士論文研究としての教科教育研究 ……………………………… 72
第7章　教職大学院における教科教育研究 ………………………………… 78
第8章　各学校における教科教育研究 ……………………………………… 84
第9章　学社連携としての教科教育研究 …………………………………… 90

第3部　教科教育学の研究領域
序　章　教科教育の研究領域のとらえ方 …………………………………… 96
第1章　教科教育の歴史研究 ………………………………………………… 102
第2章　教科教育の目標研究 ………………………………………………… 108
第3章　教科教育の内容研究 ………………………………………………… 114
第4章　教科教育の教材（学習材）研究 …………………………………… 120

第5章	教科教育のカリキュラム研究	126
第6章	教科教育の方法研究	132
第7章	教科教育の単元研究	138
第8章	教科教育の授業研究	142
第9章	教科教育の評価研究	148
第10章	教科教育の教師教育研究	154
第11章	教科教育における道徳の研究	160
第12章	教科教育に関連する領域の研究	

　▶第1節　ESDの研究 ……………………………………………… 166
　▶第2節　NIEの研究 ……………………………………………… 172
　▶第3節　食育の研究 ……………………………………………… 176
　▶第4節　シティズンシップ教育の研究 ………………………… 182
　▶第5節　メディア・ICT教育の研究 …………………………… 188
　▶第6節　リテラシー教育の研究 ………………………………… 194
　▶第7節　キャリア教育の研究 …………………………………… 200
　▶第8節　特別支援教育の研究 …………………………………… 206

編集後記 ………………………………………………………………… 213

日本教科教育学会編

●

教科教育研究ハンドブック
―今日から役立つ研究手引き―

●

●

教科教育研究の目的とその意義

1. 研究は知的に誠実であること。
2. 研究は主体的な問題解決であること。
3. 獲得した知見を他者に公開するため，誰もが理解できるようにすること。
4. 研究は今までの研究の累積の上で成り立つので，先行研究を踏まえること。
5. 研究を客観的なものとするため，先行研究を引用したり参考したりすること。

はじめに：問題の顕在化

研究者は論文などの業績で評価される（坪田，2015，p.46）。また，研究活動における不正行為は主に捏造，改ざん，盗用などがある（坪田，2015，p.36）。

近年，特に論文捏造が問題となっている。この捏造は2000年の当初の米国や，2014年の理研などで顕在化した（須田，2014，pp.119-154）。論文の捏造という問題は，内井惣七が提唱する，知的誠実さや入念で一貫した研究，創意工夫，実験的検証という4種の模範的科学研究の規準の欠如といえる（内井，2002，p.39）。

現在，研究者がただ業績をあげること，換言すれば，業績至上主義に陥っていることが多いようである。この状況は研究者が論文を書く本来的な意味や意義を潜在化させていることによると考える。

そこで，本章は，教科教育学を研究するに際して，論文を書く場合に潜在化している本来的な意味や意義を顕在化しようとした。

I 目的

前項で述べたように，本章は，研究者が教科教育の研究という立場で，論文を書くことの意味や意義を明らかにすることを目的とする。この目的達成のためには，次の2点が必要となる。第1点は，教科教育研究の目的は研究者が研究を行うことによって，自分が獲得した事実や知識などの知見を他の人が理解できるように説明し，それらを共有できるようにすることである。第2点は，教科教育研究は教育研究であるので，研究の過程において研究者自身が知的な誠実さを発揮していくことである。

そこで，本章では，他者に理解できるための論の簡単な構成の仕方や研究者倫理，引用の意義・意味などや，研究者が教科教育の論文を書くことによって獲得する人間性などについて明らかにすることにした。

Ⅱ 研究の過程

　研究は研究者が見いだした目標を実現あるいは問題を解決していくという活動によって展開される。以後，目標の実現活動あるいは問題解決活動を一括して問題解決と記す。また，研究活動は研究者の主体的な問題解決によって展開されるといえる。

　主体的な問題解決は，おおよそ，以下のような過程から構成されることが多い。
① 問題を見いだす
② 仮説や解決方法を立案する
③ 解決方法を実行する
④ 実行結果を考察する
⑤ 結論を導出する

　以下，これらの過程を詳細に分析し，その分析から知的な誠実さの具体像を描くことにする。

1．問題の見いだし

　問題を見いだす手続きを列挙すると，おおよそ以下のようになると考える。
① その領域や分野の代表的な研究に関する国内外の文献を収集，分析し，整理する。そして，研究者が最も関心ある領域で重要な文献を収集し，整理する。
② 収集した文献から未開発の領域を見いだす。
③ 見いだした未開発の領域を自分が追究する課題として設定する。

　上述の手続きにより自分の追究する課題や目標を見いだし，それを「問題の所在」という形で記述する。このような手続きによって見いだした問題が新しいものであることを他の研究者に説明することが必要となる。このため，「問題の所在」という項目では，他の研究者の論文を引用したり参考にしたりして，自分が見いだした問題が本当に新しい領域であることを説明する。ここで，他の研究者の論文を引用したり参考にしたりすることが必要になる。

　今まで述べてきたことを整理すると次のようになる。他の研究者の論文を引用したり参考にしたりすることは，見いだした問題に対する客観性や妥当性を保証することである。また，他の研究者が行った研究を引用したり，参考したりすることは，他の研究者が行った研究に対して敬意を払い，尊重し，研究を累積させることにつながる。

2．仮説や解決方法の立案

　前述のような手続きによって，新しい研究において価値がありかつ有意義な問題を見いだす。次に，このような問題に対して仮説や解決方法を立案する。ここでいう仮説とは，問題となる現象を説明するもの，検証が可能であるもの，根拠があるもの，という3つの条件を満足するものである（角屋，2013，p.65）。また，ここでいう解決方法とは，研究の構想や文献調査，調査，観察・実験などである。

　仮説や解決方法は，研究経験が豊富なほど立案しやすい。多くの研究者は，先行している研究方法を援用し，それらを

組み合わせて新しい解決方法を立案する。

解決方法の立案にも解決方法に関する先行研究のレビューが必要となる。このため，既に他の研究者が行った研究に対して敬意を払い，尊重することが必要になる。

また，新しい解決方法を立案する場合，他の研究者との討論が有益となる。つまり，他の研究者との議論世界を構築する。議論世界の構築にあたっては，他者の研究者の考え方は自分と同価値であるととらえ，謙虚に他の研究者の意見を聞き入れ，自己の考えにおいて欠如していた部分を明確にするという態度が大切になる。

3．解決方法の実行

解決方法を実行していくためには，いろいろな配慮が必要になる。特に，質問紙などによる調査を行う場合，研究者が所属する研究機関の倫理委員会などでチェックを受ける必要がある。また，調査対象となる児童や生徒が所属する学校の許可が必要になる。このような手続きを経ることによって調査が初めて実行できる。

調査を実行した場合，調査の再現性を保証するために，調査対象，調査時期や，信頼性と妥当性のある質問紙などの手続きを明記することが必要になる。

4．結果の考察

結果の考察については，一般的に，仮説と結果が一致する場合と，仮説と結果が一致しない場合が想定できる。以下，それぞれの留意点について述べる。

仮説と結果が一致した場合は，仮説と解決方法の両方を承認することになる。

仮説と実行結果が一致しない場合は，仮説や解決方法を見直す。つまり，実行結果が仮説と一致しない原因を，仮説や解決方法，調査技能など関係付けて，仮説や解決方法などについて再検討することになる。

5．結論の導出

最後に，今までの問題解決の全過程を振り返る。全過程を振り返るため，今までの問題解決の全過程を，設定した問題や仮説，解決方法との関係で見直し，それらが整合しているか否かという視点から検討する。

そして，今回の研究によって見いだした知見が妥当であることを保証するために，他の研究者の論文と比較したりする。この比較にあっては，研究結果は手続きという文脈上で成立するので，研究の手続きと結果の両方を明記することが必要となる。

Ⅲ　教科教育の研究を行うことにより研究者が獲得する人間性など

今まで述べてきたような研究という活動を行うことから，研究者は次に述べるような人間性などを獲得していくと考える。

1．主体的な問題解決

研究者は研究対象に関して問題を見い

だし，問題に対して仮説や解決方法を発想し，それをもとに実行していく。

研究を行う場合は，研究者が問題となるものに対して説明できる仮説を，自分の見通しとして持つことになる。つまり，自分の考えである仮説が実際に適用できるか否かを検討する。

したがって，まず，説明できる仮説を自分の考えあるいは見通しとして持つようにする。次に，仮説にもとづく解決方法を実行することは，自分で仮説や解決方法，文献調査，調査を決定することである。自分の解決方法で実施することは，自己の決定にもとづき，研究を遂行することである。このため，自己決定ということは知的に誠実な研究を遂行することによって研究者に獲得されると考えられる。

2．仮説や解決方法の変更に伴う謙虚さ

解決方法をもとにした実行結果について考察する場合，仮説と結果が一致する場合と，両者が一致しない場合とがある。

仮説と結果が一致する場合は，仮説と解決方法の両方を承認することになる。

仮説と結果が一致しない場合は，仮説や解決方法，技能などと関係付けて，仮説や解決方法などを検討する。この場合，自己の考え方の見つめ直しや，仮説，解決方法を変更する謙虚さが必要となる。ここでいう考え方の謙虚さは，視点を変換し，いろいろな側面から考え直すという多面的に思考することを意味する。

また，今までの問題解決活動の全過程を振り返る場面では全過程を振り返るため，行ってきた問題解決の全過程を見つめ直すことになる。

以上に述べてきたことから，知的に誠実な研究を行うことによって研究者に，自己決定，仮説や解決方法，その変更に伴う謙虚さが獲得されるといえる。

おわりに

本章では，教科教育を研究するに際して，論文を書く場合に潜在化している本来的な意味や意義を顕在化しようとした。その検討の結果，知的な誠実とそれに伴う人間性の獲得がきわめて重要であることが明らかになった。

（角屋重樹）

○引用参考文献
角屋重樹（2013）『なぜ，理科を教えるか―理科教育がわかる教科書―』文溪堂．
須田桃子（2014）『捏造の科学者―STAP細胞事件―』文藝春秋．
坪田一男（2016）『理系のための研究ルールガイド』講談社．
内井惣七（2002）『科学の倫理学』丸善．

第1部　学問としての教科教育学

第1章　教科教育学の歴史と成立

1. 戦後の教員養成の転換に伴い，各教科の教育法に関する研究から出発した。
2. 1950年代に結成された各教科教育学会のもとで本格的な教科教育研究が始まった。
3. 1970年前後に教科教育学が構想され，1976年に日本教科教育学会が成立した。
4. 1980～90年代には研究論文が量産され，教科教育学は量的に発展した。
5. 21世紀に入り教科教育学研究の存在理由が問われ，新たな模索が続いている。

Ⅰ　教科教育学の定義と考察の視点

　教科教育学は，「学校における教科教育実践を中心に，それにかかわる諸事象を対象とする科学的研究」（森分，1986，p.173）と定義されている。したがって，優れた各教科の教育実践を創造するために，各教科教育の性格，目的，内容，方法，評価を貫く理論の構築や，理論の実践化に向けた研究を行うことがその基本となる。

　ところで，構想期には，国語科教育学，社会科教育学といった各教科の教育学の総称として呼称される場合と，各教科教育学とは異なる独自の学問分野を構築しようとする考え方があり，現在においてもその概念規定は必ずしも定まってはいない。また，一般的に支持されている前者の考え方の場合も，各教科の教育内容学まで含む広義のとらえ方と，狭義の教科教育学（この場合は，教科教育学と教科教育方法学の両方）のみに限定すべきであるという考え方がある。

　では，このように定義される教科教育学は，戦後のわが国において，どのように成立し展開してきているのであろうか。ここでは，戦後の教科教育学の歴史を，構想期（1945～1950年代），成立期（1960～1970年代），発展期（1980～1990年代），新たな模索期（2000年代～）の4期に区分し，次の4つの問いを中心に考察していきたい。

① 各時期の課題は何であったのか。
② 課題の解決に向けて，どのような特色ある取り組みがなされてきたのか。
③ その時期に，なぜそのような取り組みが必要だったのか。
④ 課題をどこまで解決できたのか。残された課題は何であったのか。

Ⅱ　教科教育学の模索

　教科教育学の模索は，戦後の免許制度のもとでの教員養成が大きな契機となっている。新制大学の発足後，各教科の教育法や教材研究の講義が1951年度から開始されることになる。そのためには，戦

前の師範学校における一般教授法の応用としての各科教授法や応用専門科学としての教授法ではなく、科学の対象としての各科の教育学を構築することが求められることになる。

もう一つの課題は、戦後の教師教育が、かつての国定教科書の内容をどう教えるかという教授方法を指導するものから大きく転換し、戦後の試案としての学習指導要領のもとで、目標・内容・方法そのものを考え、主体的に選択させるようになったことである。そのためには、実践に根拠を与えるような各教科の理論の構築が求められることになる。このような課題に応えるためにも、各教科の教育学が期待されていたと考えることができる。

このような課題に応えることを目指して、1950年代以降、各教科教育の学会が発足することになる。例えば、次のような学会である。

- 日本体育学会　1950年2月
- 全国大学国語教育学会　1950年9月
- 日本美術教育学会　1951年2月
- 全国社会科教育学会　1951年12月（西日本社会科教育研究会、日本社会科教育研究会を経て、1986年から現名称）
- 日本社会科教育学会　1952年2月
- 日本数学教育学会　1952年2月
- 日本理科教育学会　1952年2月
- 日本家庭科教育学会　1958年6月

この時期に各教科の学会が次々に発足した理由としては、各教科の「教科教育法」「教材研究」の講義の質を高めるためにも、各教科教育学樹立の必要性が求められていたことが考えられる。

このような各教科の教育学会の発足を契機として教科教育の研究は開始されたが、多くの場合、科学的研究というよりは、何をどのように教えるべきか、教えたらよいかという規範的研究の段階にとどまっていたと考えられる。

Ⅲ　教科教育学の成立

1950年代には、各教科の教育学会が結成され、各教科教育学の学的確立を目指した研究がなされ、学会誌等にその成果が報告されていく。しかし、そもそも教科教育学とは何か、何をどのように研究すれば教科教育学研究となるのかは曖昧なままであった。そこで、この時期には、教科教育学の体系化や研究方法論の構築が課題となっていく。

この時期の特色ある取り組みの一つが、教科教育学そのものの構想に向けての取り組みであり、1960年代以降、活発に展開されていくことになる。そして、1976年には、日本教科教育学会が結成されることになる。本稿では、この学会の結成をもって教科教育学の成立と位置づけておきたい。この間の歩みを年表形式で整理すると、次のようになる。

1961	・神戸大学教育学部に教科教育学科設置の構想
1963	・東京学芸大学教育研究所『教科教育研究の諸問題―その科学化をめざして』刊行
1966	・広島大学大学院教育学研究科に教科教育学専攻博士課程発足

1970	・教大協教員養成検討委員会「教科教育学の基本構想案」 ・高久清吉『教授学―教科教育学の構造』協同出版，刊行 ・日本社会科教育学会編『社会科教育学の構想』刊行 ・静岡大学教育学部『科学としての教科教育学』明治図書，刊行
1971	・教大協　総合教育科目「教科（領域）教育学」案を提示 ・教大協『教科教育学に関する研究総合目録　第一集』刊行
1976	・日本教科教育学会結成

　この時期に教科教育学が構想され，学会が結成されていく背景には，大学院が設置され，教科教育を研究対象とする大学院生及び修了生が多くなるなかで，「教科教育法」「教材研究」を担当する大学教員を養成するためにも，教科教育学の学問的成立が急がれるという事情があったと考えられる。すなわち，学としての体系化や研究方法論の構築が求められていたわけである。

　1971年に葵書房より刊行された内海巌編『社会認識教育の理論と実践―社会科教育学原理―』では，社会科教育学の中心概念を「社会認識を通して市民的資質を育成する」と規定し，社会認識教育学の体系化が構想されている。また，研究分野として，社会認識教育哲学，社会認識教育史，比較社会認識教育学，社会認識教育心理学，社会認識教育方法学，社会認識教授学（教材学）などに分けられるとしている。

　このように，この時期の研究には，体系化の課題に応えるため学としての基本的性格やその構造を明らかにしようとする研究や，研究の科学化に向けての研究方法論の構築という課題に応えるものがみられる。しかし，研究者の数も少なく，その開花は次の時期を待つことになる。

Ⅳ　教科教育学の発展

　1980年代以降になると，博士の学位を教科教育学で取得した大学教員の指導のもとで，若手・中堅教員が続々と学位を取得し，また彼らによって次の学位論文の指導がなされるという道筋ができあがることになる。その結果として，学位論文を目指した研究論文が若手研究者を中心に量産され，学会誌も充実していくことになる。この時期の課題は，科学的な研究方法論に基づく教科教育学研究をいかに蓄積するかであったと考えられる。

　研究方法論としては，理論的方法，歴史的方法，比較（教育学）的方法，実験・実証的方法の4タイプが示され，その枠組みに基づき研究は進められていった。

　この時期の研究の特色は，その中でも研究方法としてなじみがあり，研究成果を出しやすい比較教育論文（外国のプロジェクトや教科書の紹介も含む）や歴史研究論文（戦前や戦後初期の教科論史や実践史）が量産されている。また，これらの研究を通して構築された理論に基づく授業開発研究もみられるようになる。

　この時期のもう一つの特色は，教科教育学の研究者が文部科学省の学習指導要

領の作成に直接・間接的にかかわる教科調査官あるいは研究協力者となり、研究成果が教育課程の改訂に取り入れられるようになったことである。

このような取り組みの背景にあったものは、全国各地の大学に大学院の修士課程や博士課程が設置されたことである。それまで教科教育の大学院博士課程を有するのは広島大学と東京教育大学（現.筑波大学）に限られていたが、1966年には東京学芸大学と大阪教育大学に、新構想教育大学として発足した上越教育大学・兵庫教育大学（1978年）や鳴門教育大学（1981年）、1989年に横浜国立大学と愛知教育大学、以降順次修士課程が新設され、1996年には東京学芸大学と兵庫教育大学を基幹校として教科教育学を中核とした連合大学院博士課程が新設される。このことによって、研究者養成が量的にも拡充されていくことになる。

このように、この時期には教科教育学研究の論文が量的に増産され、発展期を迎えることなる。しかし、教科教育学研究の本来の目的である実践の科学化、優れた実践の創造からは遊離する傾向が生まれ、課題は残されていく。

V 教科教育学の新たな模索

21世紀に入り、教科教育学に関する研究論文は、飛躍的に多くなってきている。しかし、教育の課題に応えるものとなっているのか、研究方法論は国際化に耐えうるものになっているのかという、従来の国際比較研究や規範的・解釈的研究、歴史的研究でよいのか、といった課題が生まれていると考えられる。

このような課題に応えるためにも、近年では若手研究者を中心に、国際化に対応した外国の研究者との国際協働的研究、各教科の教員養成そのものについての研究、教育実践の量的・質的研究、科学的実証研究などへの挑戦が進められてきている。今後は、教科間の連携を図った研究や、通教科的な研究も求められてくるであろう。また、政治情勢の流動化もあり、教科教育学研究の成果が国のカリキュラム改革に反映されにくくなってきているという問題状況も生まれている。なぜ教科教育学が必要なのか、どのような研究が求められているのか、新たな模索が始まっている。

（小原友行）

〇引用参考文献

千葉昌弘、(1982)「近代以降わが国学校教育における教科教育の成立と展開」高知大学教科教育学研究会『教科教育学の理論と実践』第一法規, pp.1-23.

森分孝治 (1971)「社会科教育研究科学化の方向」内海巌編『社会認識教育の理論と実践』葵書房, pp.12-37.

森分孝治 (1986)「教科教育の研究」広島大学教科教育研究会『教科教育学Ⅰ—原理と方法—』建帛社, pp.173-211.

武藤孝典 (1986)「教科教育学の成立」信州大学教科教育研究会『教科教育学の構想 上巻』明治図書, pp.9-18.

佐藤照雄 (1985)「教科教育についての課題の提起」奥田真丈監修『教科教育百年史』建帛社, pp.18-29.

教科教育学とその課題

1. 教科教育学は今日，研究（Research）を行うのか，それとも開発（Development）を行うのかが問われている。それにどう対応するか。
2. 教科教育学は，各科教育学の集合体か，それともそれらを超えた一般性のあるものなのか，これも問われている。
3. これからの教科教育学は教育内容の開発・研究により力を入れるべきである。
4. 教科教育学は教員養成，教師力の向上にどのように関わるか。

はじめに：問題の所在

「20世紀は教科教育学が成立し，著しい，発展を遂げた時代と言えるであろう。しかし，21世紀を迎えた今日，教科教育学は様々な課題に直面しており，むしろ厳しい状況下にある。」（中原，2007，p.65）これは10年前の筆者の認識である。しかし，残念ながら事態は一層悪い状況へと進んできている。

例えば，教科教育学において，我々が進めてきた研究は多くが授業改善に関わるものであり，それは研究ではなく開発であり，欧米では実践家が担っているものであるという指摘がある（藤田，2012，p.73）。制度面に関しても周知のように教員養成系大学院で教職大学院化が強力に推進されており，ここで教科教育学は大幅な縮小方向に向かっている。

しかし，我々もこうした状況にただ手をこまねいていたわけではない。日本教科教育学会においては，シンポジウムや研究プロジェクトを開催したり，研究書の発刊をしたりしてきている。

本章のテーマである教科教育学の課題はまさに山積している。しかし，大きな課題は近年の本学会の学会誌に論稿やシンポジウムの提言として取り上げられている。そこで，それらを整理しながら，私見を加える形で任を果たしたい。

I　研究か開発か

教科教育学は「学校における教科教育実践を中心に，それにかかわる諸事象を対象とする科学的研究」（森分，1986，p.173）を行う学問である。こうした認識のもとで，今日まで多くの教科教育学の研究者は各教科の授業を対象として，それを改善する研究に精力的に取り組んできた。実際，例えば草原ほかは社会科教育研究者を対象として研究内容等の調査を行い，以下の結果を示している。

「教科の目的・理念にもとづいて実践を改善・開発する研究（39.1%）が，我が

国の社会科教育研究のメインストリートを形づくることが、あらためて確認された。」(草原ほか, 2014, p.69)

こうした状況は他教科の教科教育学研究においても大同小異であろう。ところが近年、欧米はそうではないことが明確になってきた。これまでも国際学会や海外の研究者との共同研究などを通して、そうした雰囲気は感じていた。しかし、筆者がそのことを明確に意識したのは、宮川の研究においてである。宮川はそこで、「教育に対する規範的な提言は、理論の構築を目的とする数学教授学研究の範疇ではない」(宮川, 2009, p.42) としている。さらに、藤田はイギリスの数学教育学研究の性格について、「新しい知識を創造する『研究』とその知識を実践可能にする『開発』とは別のものとする見解があり、『開発』は『研究』とは見なされない傾向にある」(藤田, 2012, p.73)と指摘している。

先にみたように日本における教科教育学研究の多くは、新しい知識を創造するというよりも、いろいろな知見を活用し、それに創意工夫を加えて、授業の改善策を構築するというタイプのものが多い。藤田によれば、イギリスではそれは「研究」と位置づけられないことになる。

これは他教科の教科教育学研究においても同様であり、例えば、社会科教育学研究においては次のような指摘がある。
「欧米では、教師や子どもの教授・学習活動を対象にした心理学的・社会学的な実証研究が幅を利かせる一方で、…実践の開発や改善は、研究活動とは切り離されて位置づけられる傾向にあったのである」(川口ほか, 2014, p.86)

上記からわかることは日本の教科教育学研究と欧米のそれとの大きな違いである。その要点は次のように整理される。

> 日本：授業改善に関心が強く、実践に適用できる規範的成果を重視する。それは研究というよりも開発と呼ばれるものである。
> 欧米：新しい真理の発見や知識の創造に関心が強く、科学性を重視する。それは研究と呼ばれるものである。

そこで、日本における教科教育学の研究者として、これにどのように対応するか、これは教科教育学研究の基本スタンスに関わる問題なので重要である。

日本における研究はこれまで欧米の研究に追随することが多かった。50年前であれば、この問いに対してもそうした対応を選択したかもしれない。しかし、教科教育学の研究を半世紀以上進めてきた今日では、それは賢明な選択ではない。その理由はいくつかある。

まず、授業改善の研究はどの国でも取り組まれている。先の研究交流プロジェクトにおいて、藤田や川口ほかは、欧米でも教科教育学的研究の成果は実践家、教育政策者などに向けて発信され、そうした人たちによっていわゆる「開発」が行われていることを示している (藤田, 2012, p.73；川口ほか, 2014, p.87)。となると、研究と開発を欧米のように別々の者が担うよりも同一者が担う方が成果を上

げやすい。PISAなどの国際調査で日本がよい成果を上げてきているのはそうした日本の教科教育学研究の特徴に負うところも大きいといえる。

次に、そうした研究は「研究」と呼ばれるものではないという指摘に関してであるけれども、理学部で行われている研究に対して、工学部や医学部の研究は新しい知識の創造や真理の発見というよりも開発的な面が強い。しかし、それらは研究と呼ばれている。したがって、教科教育学の取り組みも研究と呼ばれるものである。確かに、それらを「research」と呼ぶのはふさわしくない面がある。しかし、それらは「政策的な提案を含んだ研究（Study）」（池野, 2014, p.101）である。

上記のような理由から、日本の教科教育学研究の特徴を今後も活かすこと、そしてそれらの研究の質を上げていくことが肝要である。

他方で、日本においては、もう少し欧米のような知識の創造をねらいとする研究も必要と考える。医学の研究は「基礎医学」と「臨床医学」とに大きく分けられる。基礎医学を踏まえて臨床医学は改善・発展してきている。これまでの教科教育学はいわば臨床的な研究に力を入れてきた。けれども、今後は基礎的な研究つまり、教科の学習や教育に関わる新しい真理、事実、そこから新しい知識を創り出す研究にも力を注ぐべきだと考える。

上記のこと、つまり教科教育学は基礎的な研究と臨床的な研究とを併せて行うということを踏まえて、冒頭の教科教育学の捉え方を読み直すと、よく考えられた表現であると改めて思わされる。

II 各科教育学の集合体か一般教科教育学か

日本教科教育学会は1975年に設立された。当時から、この学会は各科の教科教育の研究を行うのか、それともそれらでは扱えない、一般性のある教科教育の課題に取り組むのか、という論議がなされてきた。本学会の設立に奔走された初代の蛯谷会長は後者の立場でリーダシップを発揮された。

> 蛯谷（1981, p.49）は、教科教育学は「教科教育基礎論」「教科区分論」「教科教育実践論」の3領域に分けられるとし、とりわけ人間形成の立場から教科をどのように編成するかの研究の重要性を力説された。

蛯谷（1981, p.49）は、教科教育学は「教科教育基礎論」「教科区分論」「教科教育実践論」の3領域に分けられるとし、とりわけ人間形成の立場から教科をどのように編成するかの研究の重要性を力説された。

しかし、教科区分論を研究するとなると各教科の内容やその背景にあるいろいろな学問文化への造詣が求められ、一人の人がそれを担うことは非常に難しい。そうしたことから、その重要性は理解されながらも今日まで、教科区分論等の本格的な研究はなされてはいない。

他方で、この間、「生活科」や「総合

的な学習」などが学校教育に取り入れられようになってきたけれども，これらの新しい教科などの設定は専ら行政主導で行われた。本来であれば，教科教育学の研究を踏まえ，その成果として新たなる教科設定の提言がなされるべきところであるけれども，残念ながらそうした役割を果たすことはできなった。これでは教科教育学の存在意義を問われかねない。

また，グローバル化を迎えた今日，教科の存在が危うくなっているという指摘がある（池野，2016）。加えて，周知のように，現在，創造力，コミュニケーション力など汎用性のある能力の育成が求められる時代が来ている。

上記の状況を総合すると，本学会は各科教育学の研究に加えて，蛯谷が提唱した，教科区分論など各科教育学を超えた一般性のある教科教育学の研究に力を入れていくことが求められる。人間形成という視点から，次代を担う子どもたちにどのような能力が求められるか，そのためにどのように教科を編成するか，こうした研究を各科教育の研究者が協力して強力に推進していくべきである。

Ⅲ　教育内容の開発・研究

我が国の各科教育学の研究は指導方法に関わるものが圧倒的に多い。こうした，いわばゆがんだ性格に対しては，教科教育学研究者の内部からも外部からも批判がなされている。例えば，新しいところで安彦（2016，p.80）は，「方法重視で，内容軽視」のものだと指摘し，「従来から存在する『各科教育学』の中身をあらため，『内容』を含めて方法も扱うものに，質的に改造すべきだ」と提言している。また，教科教育学に批判的な見解を展開している佐藤は，ショーマン（Shulman, L）の提起したPCK（pedagogical content knowledge）に言及しながら，これを基に教科教育研究の転換を促している。ここで，「PCKは教科の学問内容を教育学的に翻案した知識領域であり，教科の学問から相対的に独自な『領域』を形成するもの」（佐藤，2016，p.86）とされている。

佐藤はまた「教科教育研究は『デザインとしての知識』の研究である」（佐藤，2016，p.86）として，「デザイン」という言葉で教科教育学を特色づけている。ドイツの著名な数学教育の研究者であるヴィットマン（Wittmann, E. Ch., 1995）も数学教育学をデザイン科学として特徴づけている。

この「デザイン」は，通常，いろいろなものの有効な配置を意味する。しかし，両者の捉え方は，それをベースとしながら，山本が，サイモン（Simon, H. A.）の言を借りながら，「現在の状態をより好ましいものに変えるべく行為の道筋の考案」（山本，2016，p.107）と捉えているものに近いと考える。こうした意味でデザ

図1　教授学三角形

イン科学として教科教育学を捉えると，それは先の議論でいえば，研究よりも開発である。ウィットンマンや佐藤はそうしたもとで，教科教育学における教育内容の開発の重要性を指摘していると考えられる。

教科教育学における教育内容研究の重要性は，思い起こせば，当初から指摘されてきている。図1に示すような教授学三角形に基づきながら，教師に軸を置くのが「教育学」，子どもに軸を置くのが「心理学」，そして教材に軸を置くのが「教科教育学」であるとされ，教科教育学の独自性が叫ばれてきた。しかし，そうした意識は持ちながらも，これまでの実際の研究は指導方法の改善に力点が置かれてきた。

ここで，教育内容研究の重要性を指摘したわけであるけれども，その研究が学習指導要領や親学問に依存するものに留まるのであれば，学問的要請にも授業改善の要請にも応えることはできない。そうではなくて，それらから自立し，学習指導要領を創造していく内容研究が教科教育学固有の課題として存在する。

また，そうした研究は内容だけが独り歩きするものではなく，当然，目標，方法，そして評価との深い関わりのもとで進めることが求められる（丸山, 2015, p.115）。したがって，先の教授学三角形とともに，以下に示す「教科教育学四角形」を強く意識して進めることが重要である。この四角形は，教科教育学研究の目標，内容，方法，評価の相互関連，一体的研究の重要性を表したものである。

Ⅳ　教科教育学と教員養成

日本における教科教育学は大学における教員養成と深い関わりを持ちながら発展してきた。しかし，そうした歴史は今日，教科教育学に大きな問題をもたらしている。教員養成は教員免許状に，また，学校における教科教育は学習指導要領に束縛される。それ故に，そうした状況は教科教育学の学的自立性や学的研究の質に悪影響をもたらしている。そこでどうするか。教科教育学の学的自立性を確保し，学的質向上に徹するために教員養成から距離を置くか，それとも学的自立性をあきらめ，教員養成に深く関わり続けるか，その対応も教科教育学の大きな今日的課題である。

> これに対して，平林は，「教員養成も学問研究も，どちらも重要な社会的任務であり，むしろ，その両者の巧みな調整が重要であり，私はそこに数学教育学の学的居場所があるのではないか」（2006, p.47）と提言している。

筆者もⅠ．で研究と開発の両者が必要と述べたように，この課題に対してもま

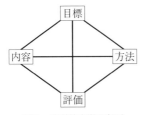

図2　教科教育学四角形

たどちらも担うべきと考えるものである。では，学的自立性をどのようにして保つか，「巧みな調整」はどのようにして進めるか。これについて池野は，「教科の教師教育は，ただ単に，教員免許状を取得するために，進められるのではなく，教科教育を担う教師が自己成長するために進められる」（池野，2014, p.100）とし，そのためには内容知，方法知，実践知が必要であるとして，中等教科教員養成のカリキュラム構想を示している。こうした研究を各科教育学研究者が協力して進めることが本節の課題の解決につながると考える。ただし，こうした取り組みは教科教育学研究の成果の応用領域として位置付けていくべきであろう。

なお，教員養成に関して冒頭にも述べたように，現在，文部科学省はその切り札として，教職大学院の設置を強力に進めている。これに対しては，そこにおける教科教育学の位置付けをより拡大していく働きかけが大事である。他方で，これまでのような教科教育学を核とした自律的な教員を養成する道の存続，ないしは新たなる構築も粘り強く追い求めたい。教科教育学の制度的存続に鑑みて，この取り組みも重要な課題である。

（中原忠男）

〇引用参考文献
安彦忠彦（2016）「これからの学校教育と教科教育を考える」『日本教科教育学会誌』38(4)，pp.77-84.
蛯谷米司（1981）『教科教育学概論』広島大学出版研究会.
藤田太郎（2012）「英国の数学教育学研究と教員養成」『日本教科教育学会誌』35(3), pp.71-79.
平林一栄（2006）「数学教育学の居場所（niche）―新しい認識論の視点から―」『日本数学教育学会誌　数学教育学論究』88, pp.39-47.
池野範男（2014）「日本の教科教育研究者とは何をどのようにする人のことか―教科教育学と教師教育―」『日本教科教育学会誌』36(4), pp.95-102.
池野範男（2016）「教育として，また，学問としての教科の必要性―社会科を事例にして―」『日本教科教育学会誌』38(4), pp.97-102.
川口広美ほか（2014）「教科教育学研究とは何をどのように研究することか―米国在住の社会科教育研究者に対するインタビュー調査を通して―」『日本教科教育学会誌』37(1), pp.85-94.
草原和博ほか（2014）「日本の社会科教育研究者の研究観と方法論―なんのために，どのように研究するか―」『日本教科教育学会誌』37(1), pp.63-74.
丸山真司（2015）「これからの教科教育学にはどのような課題があるか」日本教科教育学会『今なぜ，教科教育なのか』文溪堂，pp.113-118.
宮川健（2009）「フランスを起源とする数学教授学の『学』としての性格―わが国における『学』としての数学教育研究をめざして―」『日本数学教育学会誌　数学教育学論究』94, pp.37-68.
森分孝治（1986）「教科教育学」広島大学教科教育学研究会『教科教育学Ⅰ　原理と方法』建帛社，pp.173-185.
中原忠男（2007）「『21世紀の教科教育学を考える』を終えて」『日本教科教育学会誌』29(4), pp.65-66.
佐藤学（2016）「教科教育研究への期待と提言」『日本教科教育学会誌』38(4), pp.85-88.
Wittmann, E. Ch. (1995) Mathematics Education as a 'Design Science', *Educational Studies in Mathematics* 29, pp.355-379.
山本信也（2016）「数学教育における『パターン科学の数学』・『デザイン科学としての数学教育学の意義』」『日本教科教育学会誌』38(4), pp.103-110.

第3章 教科教育学の研究

1. 研究のための，なぜ，何を，どのようにという三つの問いを持つこと。
2. 研究領域とその課題を明確に見通すこと。
3. 教科学習のための新しい視野を確保すること。
4. 研究は今までの研究の累積の上で成り立つので，先行研究を踏まえること。
5. 研究内容を客観的にするため，先行研究を引用したり参考にしたりすること。

I 教科教育学者はなぜ，何を，どのように研究するか

1．なぜ研究するのか

「教科」とは何かということについては，児童・生徒の「学習経験」を重んじる「方法型教育観」と，「知識・技術の教育内容のまとまりや文化遺産」を重んじる「内容型教育観」との二つの立場があるとされる（片上，2003，pp.137-138.）。教科教育学はこの二つの立場のいずれをも前提とし，子どもの学習経験に基づきながら，その知的・情的発達をいざなうために，学校教科の教育内容をどのように構成し，筋道立てていくのかということを明らかにすることを目指す。そして，学校教科でどのような学習指導・学習支援を行っていけばよいのかという，教育現場のニーズに応えようとする。「学習経験」を重んじるにしても，「教育内容のまとまり」を重んじるにしても，人間が成長する上でどのような教科学習体験をすればよりよい人生を送ることができるのか，ということを探るために教科教育学の研究がある。

2．何を研究するのか

各「教科」の目的・内容・方法・評価のそれぞれが研究の対象となる。目的には，さまざまなレベルでの教科カリキュラムの目標や教科の原理的研究が含まれる。内容については教科内容全般に関する研究が含まれる。方法に関しては教材（学習材）構成や学習指導法および授業づくりの研究が含まれる。評価に関しては教科の目的・内容・方法と関連した授業と学習の価値づけ・意味づけの研究が含まれる。既存の学校教科だけでも，それぞれの目標・方法・内容・評価を研究対象に据えようとすれば多岐にわたることになる。池野（2015）の言うように，「内容を核」とし，「内容と不可欠」な点が教科教育学研究の特色である。

3．どのように研究するか

各教科の歴史研究や，原理的・哲学的

考察や，諸外国における教科教育の研究や，実験・実証的研究や，指導に関する提言的研究や，教科教師のアクション・リサーチ，教師論（個体史的研究，ライフストーリー研究），教材・教科書の研究，評価法に関する研究，などの方法論をあげることができる。各教科教育のハンドブックには主にこの「どのように」についての研究やレビューが提示されている。もちろん，「どのように研究するか」という問題にはおそらく終点はない。目標や対象の性質によって切り替えて行かなければならないものである。そして，方法論の追究が教科教育学の新たな展開を導く。

Ⅱ 教科教育学研究の領域

　池野（2015）は教科教育学に「教育学の研究領域であるとともに，教育学から独立した領域であること」「教科教育実践に焦点化し，実践的提案を重視すること」「研究者と実践者が理論と実践，研究と提案の両方を往還し，実践や提案に対して改善・改革を果たすこと」という三つの特徴があるとしている。池野の指摘は，教育学研究を補完しつつ独自性をそなえ，教科教育の理論と実践の往還をしながら，教科教育実践に貢献するという教科教育学研究の特徴を端的に表している。二点目，三点目のさらなる実現が，一点目の特徴をより際立たせることになる。

　例えば国語教育学に例を取って考えてみる。山元（2003）は，1998年から2002年に至る5年間の国語教育学における研究の動向を全国大学国語教育学会の学会誌『国語科教育』掲載論文を中心に概観しているが，そこでは，
①国語教育史研究においてリテラシー形成過程の史的研究の蓄積がみられる，
②比較国語教育学において記述研究から「比較」研究への展開が認められる，
③授業研究・教師研究・学習者研究・発達研究それぞれについて実証的な研究方法の開拓がなされている，
④国語科教材（学習材）の価値を吟味・検討する研究が進められている，
⑤リテラシーを育む足場としての国語科におけるカリキュラム構成原理を追及する研究が進められている，
等の特徴がみられた。さらに，
①蓄積された研究成果の国語科の教員養成・教師教育カリキュラムへの反映，
②リテラシー教育カリキュラムの再構築を目指す研究を進めていく必要性，
という二つの課題が指摘されている。

　この傾向はおそらく，どの教科に関する研究においても概ね同じであろう。

　上記のレビューをした2000年前後には，多くの学問領域でパラダイムシフト（転換）が意識的に企てられた時期でもある。教科教育学も例外ではない。教科教育学の場合，その基調をなしていたのは，大学や研究機関で進められる教科教育学の研究成果を，どのようなかたちで教育現場での教科指導の進展に生かしていくことができるのかという問題であり，教育現場とタイアップしたかたちの研究をど

のように開拓していくことができるのかという問題であった。

Ⅲ 教科教育学研究の新たな課題

1．学習支援研究の視点の確保
―一人ひとりをいかす視点の重要性―

　教科教育学研究は誰のために，何のために行われるものなのか。教科学習を通じて子どもが成長・発達することを願って行われるものであることは間違いない。しかし，一方で，教科学習が従来の文化を伝達する役割を果たすことをないがしろにすることはできない。

　アメリカの教科教育学者アーサー・アップルビーは，カリキュラム研究の現状を論じた文章のなかで「教育というものが子どもたちに，自分たちの生活と生きている世界についての文化的な対話への入口を提供するものだという考え方は，カリキュラムの問題について考えるためのよい出発点となる」はずなのに，従来の教育学研究では「正面からきちんと扱われることなく，見過ごされてき」たと言う(Applebee, 1996, p.39)。そしてカリキュラムには「対話領域」が必要であり，そこでなされる対話こそが教育・学習実践を生きたものにすると提案した。学習者一人ひとりのニーズに耳を傾け，いかしていくためのカリキュラムを構築していく必要性を説いた主張である。この一人ひとりをいかす教科教育を可能にするための条件を探っていく必要がある。

　トムリンソン (Tomlinson, 2014) は，一人ひとりをいかす教育を進めるために，「教育内容」が「生徒たちにとっての目指すべき目標」となるようにすることと，「ある範囲での興味関心に訴えることによって，また，複雑さの多様な程度やさまざまな支援体制を伴った，多彩な指導を使うことによって，一人ひとりの好きな学び方を通じて，生徒たちを授業に取り組ませる準備をしなくてはならないという前提を受け入れ，実行」していく必要があると指摘している。

　トムリンソンは教師も生徒たちから学ぶ存在であり，比喩的にいえば「教育内容についての知識と，重要な教育内容を修めつつある生徒たちの学びの進み具合についての更新された理解とに基づいた最善の指導を処方することのできる診断医」であり，「生徒たちのニーズに合わせて，創作のために自分の技術をツールとして使う，一種の芸術家」だという(Tomlinson, 2014, p.4)。学習者の学びを支援するために，教師がそのような「診断医」や「芸術家」になることができる条件を探ることは重要な課題である。

2．「理解する力」を育てる教科教育実践の開拓

　キーン（山元・吉田訳，2014）が詳述する「理解の種類とその成果」の見極めも，教科教育学の研究において重要である。「すぐれた学び手」がどのような方法を使って教科内容をわかっていくのか，ということの考察を進めていくことは，「わかることは大切だけれどもどのようにすればわかるのかがわからない」とい

う，学習者とその教師の抱える悩みを解決することにつながっていくだろう。

「関連づける」「質問する」「イメージを描く」「推測する」「大切なところを見極める」「解釈する」「修正する」という七つの「理解のための方法」をどのように使えば，じっくり考えて発見することにつながるのか，ということを考えていくことになる。とくに学習者から「質問する」ことを中心に据えていくことで学びそのものは能動的なものになる（ロスステインほか，吉田訳，2015）。

ロスステインほか（2015）は，教師が「発問」の代わりに「質問の焦点」（「生徒たちが質問をつくり出すための引き金」）を用意して行う質問づくりの有効性を説いている。効果的な「質問の焦点」の条件は，①明確な焦点を持っている，②質問ではない，③刺激によって新しい思考を誘発する，④教師の好みや偏見は表さない，の四つである。

ロスステインらはさらに，具体的な「質問の焦点」の例として「目の進化」（生物），「比の仕組み」（数学），「あなたの権利は憲法で守られている」（社会科）をあげ，そのように「短く簡潔に表現されているとき」や「焦点がはっきりしているとき」に「質問の焦点」はより効果的になるとしている（ロスステインほか，2015，p.60）。

教師の「発問」に代えて「質問の焦点」をうまく設定できれば教師から直接に問う必要はなくなり，教師の意図した正解探しに児童生徒たちが苦慮したり，多様な反応を正解に近づけようと教師が腐心したりする必要がなくなる。代わりに，生徒たちがその「質問の焦点」にあわせて「質問づくり」を行って，自分たちの考えた「質問」を探るプロセスが生み出される。多くの試行錯誤をもとにしてロスステインらは「1　できるだけたくさんの質問をする。／2　質問について話し合ったり，評価したり，答えたりしない。／3　質問は発言のとおりに書き出す。／4　意見や主張は疑問文に直す」という「質問づくりのルール」にたどりついた（ロスステインほか，2015，p.82）。

しかし，ロスステインらの提案はそこで終わらない。つくられた「質問」はさまざまなかたちを取るだろうから，それらを「開いた質問」と「閉じた質問」に分けて，それぞれの「書き換え」をするのである。まず，質問文でよく使われる「5W1H」を取り上げて児童生徒に対して，「『なぜ？』や『どのように？』などを含んでいる質問は開いた質問」であり，「『何？』『誰？』『どこ？』『いつ？』は，両方の質問の場合がある」こと，そして「5W1Hを含んでいない質問は閉じた質問」であるという「原則」を紹介する。しかし，「開いた質問」か「閉じた質問」かの判断は，この原則どおりにはいかない場合もあることを，例を使って紹介しながら「どちらに分類されるかよりも，質問を通してどれだけの情報が得られるか，あるいは得られないのかを理解することが大切だ」（ロスステインほか，2015，pp.146-147）と生徒たちに伝え

るのである。学習者が学習内容に切り込み，それに夢中に取り組むことをどのように保障することができるのか。「質問づくり」は教科教育にとって大切な問題提起と授業づくりの手がかりである。

3．教科教育者のあり方の検討
―教えることからコーチすることへ―

ロスステインらの「質問づくり」の提案が教えるのは，教科教育者のあり方である。「発問」によってその答えを引き出すのではなくて，「質問の焦点」によってわき上がる「質問」をもとに学習者を能動的に学ぶ存在にしていくこのやり方は，教科教育に携わる者の振る舞いについて重要な示唆をもたらす。つまり「教える」ことからコーチすること，アドバイジングすることへの転換であり，「自立した学び手」を育てるための教師の振る舞い方の探究である。従来，各教科の「よい教師（good teachers）」の研究を通して見出されてきた教師の特徴は，ロスステインらの描き出す教師の姿と共通するところが少なくない。能動的な「学び」を生み出すために何が必要かということを浮かびあがらせるための教科指導の研究に取り組んでいくということである。

例えば，スピーチライター（演説やスピーチの原稿を話す人と対話しながら書く職業）である蔭山（2015）の実践は，教科教育におけるコーチングについて重要なヒントをもたらすものである。スピーチライターは単に誰かの代わりに文章を書くだけの仕事ではない。依頼者の人となりや依頼者が関心を持っていることを理解しなければスピーチライティングはできない。相手の語ることに耳を傾け，しっかりと見つめ，ともに考え，ともにつくる――それがスピーチライターの仕事で一番肝心なことである。その意味で，スピーチライターは表現と理解のすぐれたコーチであり，教科教育に携わる者にとっても非常に大切な「理解の仕方」を示唆している。なぜなら「理解の仕方」の探究こそ，「学習経験」を重んじる「方法型教育観」と，「知識・技術の教育内容のまとまりや文化遺産」を重んじる立場「内容型教育観」（片上，2003，pp.137-138.）とを止揚することにつながるからである。

先に掲げた『理解するってどういうこと？』第8章「すばらしい対話」にも，「表8・2　子どもたちと話すときの原則」が示されている。これらの原則は，15項目ほどあるのだが，そのなかには例えば次のようなものがある。

- 書き手や読み手が，より洗練された言葉やより適切な言葉を使おうと試みるしかたを説明し，モデルで示す。
- 考えていることを説明するときには，明確で，かつ一貫した言葉を使う。たとえば，熱烈な学びについて話し合うときは，子どもたちの学びの魅力を説明するときも，偉大な思想家たちについて学ぶときも，「熱烈な学び」を一貫して使う。

一つ目は，言葉の使い方をモデルで示すようにすること，二つ目は「一貫した

言葉」を使う重要性を間接的に教えることである。いずれも，蔭山のいう，スピーチライターがクライアントと一緒にスピーチをつくるときに使われる方法と重なる（蔭山, 2015, 第4章）。『理解するってどういうこと？』で，話し聞くことの学びを，子どもとともに授業で展開する際に「考え聞かせをする」「モデルで示す」「実演してみせる」「カンファランスをする」「共有する」といった方法を応用することは，スピーチライターの仕事の実際においても，納得のいくスピーチを生み出していくために盛んに用いられている。スピーチライターと同じく「理想と希望を語る言葉」を生み出す「献身の仕事」としての教科指導においても同様である。

スピーチライターの仕事のように，私たちが学習者を理解するためのモデルを見つけ出してそれを学習者に示していく方策を探ることも教科教育学研究の大切な仕事である。

Ⅳ　学びの充足感を探る教科教育学

Ⅲの1で言及したトムリンソンは，一人ひとりをいかす教育を進める教師が，「生徒たちは一人ひとり違っていて，自分にぴったりしたものを求めているものだとわかっている」ために「標準化された，誰でもがどこでもできるような授業」を求めず，「彼らの目標は，生徒たちが学ぶことであり，学ぶことに彼らが満足するということ」であって，「カリキュラムをカバーすることではない」

(Tomlinson, 2013, p.4) という。教科の目的・内容・方法をそなえた教科内容を媒介として，現実を生きるための力を育てることが教科教育の役割だとすれば，これからの教科教育学が目指さなければならないのも，既につくられたカリキュラムや教科書をカバーすることではなくて，学習者の「学び」をつくり出し，学ぶこととそのものに学習者が満足するようにしていく教育内容と教育方法を開発していくことであり，学ぶことに満足した成果を学習者にもたらしていく道を探ることなのである。それは，教科学習が人間の成長にとってなぜ，どのように必要なのかという，教科教育学にとっても根源的な問題に取り組むことでもある。

　　　　　　　　　　　　　　（山元隆春）

〇引用参考文献

Applebee, Arthur N.（1996）*Curriculum as Conversation*. The University of Chicago Press.

池野範男（2015）「教科教育に関わる学問とはどのようなものか」日本教科教育学会『今なぜ，教科教育なのか』文溪堂.

片上宗二（2003）「教科」山崎，片上編『教育用語辞典』ミネルヴァ書房.

蔭山洋介（2015）『スピーチライター』角川oneテーマ21.

キーン，エリン・オリヴァー著，山元隆春，吉田新一郎訳（2014）『理解するってどういうこと？』新曜社.

ロスステイン，ダンほか著，吉田新一郎訳（2015）『たった一つを変えるだけ』新評論.

Tomlinson, Carol Ann.（2014）*The Differentiated Classroom : Responding to the Needs of All Learners*. ASCD.

山元隆春（2003）「国語教育学の研究動向と展望」『日本教科教育学会誌』25(4).

教科教育学と隣接科学との関連
▶第1節　教科教育学と教育学

1. 教科教育学の学問的構造は，教育学と専門科学との交差において示される。
2. 教科教育学が学問的に成立する条件としては，教育学や専門科学との関係だけではなく，教育政策の動向に対して独自な学問的自律性を確保する必要がある。
3. 教科教育学と教育学は，授業研究における教科教授学と一般教授学の関係として論議されてきた。
4. 教科教育学と教育学の交流と連携を，さらに推進していくことが求められている。

I. 教科教育学の学問的構造

　日本教科教育学会が創立された1975年の前年，広島大学で開催された日本教育学会第33回大会の課題研究の1つに「教科教育学の課題と方法」が設けられた。各教科からの4名（社会科，国語科，理科，英語科）の提案を受けた後，内海巌の「教科教育が，学的な方向にそれぞれ個別の道を歩みながらも，接近していることを高く評価したい」という発言を受けて，討論の中心テーマが「①各教科教育学とそれぞれの背景にある専門諸科学との関係の問題，②各教科教育学が進めば進むほど，各教科間に矛盾のようなものが生まれはしないか，③人間形成の問題ともあわせて，教科教育学を1つのものとして確立するにはどうすればよいのか」の3つに絞り込まれた（小森・足立，1974）。

　教科教育学という用語には二重性がつきまとっている。1つには，個別の教科教育学をさす場合の「各科教育学」と個別の「各科教育学」が接近し「1つのものとして確立する」場合の「教科教育学」である。また，教科教育学の論議が，個別の教科教育学の背景にある専門諸科学との関係の問題と，伝統的な教育学の中心的テーマである人間形成の問題との間で学問的確立を目指していることがうかがえる。

　一方で，教科教育学は教育学の一部門であるといわれる。教育という事象を幅広く扱う教育学に対して，教科教育学は教科という限定された対象を扱う。全体のある部分を対象にしているという意味で，教育学の一部門という言い方がなされるのであろう。他方で，教科教育学は，各教科の基盤となる専門科学を構成する一分野でもある。日本物理学会は，いくつかの領域で構成されているが，その1つが「物理教育」である。教科教育学が，その教科の基盤となる専門科学を「親」学問と呼ぶことがあるが，教科教育学の学問的な出自を「子」として確かめようとするメタファーなのかもしれない。

教科教育学は，教育学の一分野として伝統的な教育学的思考形式からの影響を受けつつ，教科の背景にある専門諸科学の研究動向をふまえながら，両者が交差するところで研究を積み重ねてきており，そこに学問的構造がある。そして，この構造が，教職専門職大学院をめぐる議論において，「教科教育」を廃止し個別科学の研究者（専門科学）と教育研究者（教育学）とによる「実践研究」への再編という提言（佐藤，2005）を生み出すことにもなる。領域としては成立する「教科教育」が，学問として成立するための条件が問われるゆえんである。

Ⅱ．教科教育学の学問的成立条件

　日本学術会議の第13期に組織された教科教育学研究連絡委員会のもとで，教科教育学の成立条件をめぐるシンポジウムが開催されたのが1987年である。シンポジウムのまとめを中心に編集された著書が，1990年に刊行されている（東・蛯谷・佐島，1990）。

　「まえがき」を担当した東洋は，次のように書き始めている

　「我が国における教育研究は，伝統的に，コンテントフリー（Content free）に行われる傾向が強い。【…中略…】

　それに，我が国では，教育内容やカリキュラムというものは文部省が与えてくれるものという考え方が伝統的にある。したがって，教育内容の研究をすればするほど，文部省とコンフリクト（conflict）が生じる。いわば，文部省が示した，教育課程の基本や学習指導要領の内容と研究者のそれとの間にある『ずれ』や『矛盾』が生じ，我が国の教育風土に教育内容の研究が，定着しないのである」（東・蛯谷・佐島，1990，p.1）。

　教育学研究がコンテントフリーであることによって，イデオロギーにとらわれない没価値的な研究として学会で認められやすいのかもしれない。コンテントを研究の真正面にすえることは，イデオロギー的なコンフリクトをうみだし，学術研究として成立しづらく，「わが国の教育風土に教育内容の研究が，定着しない」事態を招くのかもしれない。そうした意味でいえば，教科教育学の成立条件の１つは，コンフリクトを覚悟してコンテントの研究を正面にすえることにある。

　シンポジウムの司会を担った島田喜知治は，巻頭論文「教科教育学の成立条件と課題」において，教科教育学が主体的に成立するための条件を「実学としての教科教育学」の立場から次の３つを提起している（東・蛯谷・佐島，1990，pp.9-10）。

　１つには，教育学との関係である。教育原理や理論教育学といった「汎論の一般的，抽象的理論を演繹的に当てはめて，教科教育学の格好をつけていた憾がある」従来のあり方ではなく，「具体的・実践的な場面で捉えた問題を帰納的に教育の全体の中に持ち込み，全体や隣接諸科学との間で調整し，調和を図るのが建前というべき」転換である。

　２つには，専門諸科学との関係である。「教科教育学がその背景に，それぞれの

専門諸科学を持つというのは，この学問の著しい特色である」が，「それは専門諸科学の要素と体系をそのまま教育に持ち込むということでは決してない」ことを述べている。

３つには，学習指導要領との関係である。教育職員免許法の「教科教育法」で学習指導要領の解説が行われている現状を憂い，教科教育学は「学習指導要領の消費者」ではなく「学習指導要領の生産に関わる研究をする」ことを述べている。

シンポジウムのコメンテーターを務めた降旗勝信は「討論まとめ」を執筆し，「教科教育学の学問的独自性」「共通（一般）教科教育学と各科（個別）教科教育学の関連」「教科を保障する主体の問題」の３点について問題提起を行っている（東・蛯谷・佐島，1990，pp.79-83）。

第１には，教科教育学の研究対象を「学校教育の教科にしぼり込んでいる」ことでよいかどうかの問題である。近年のグローバル化の影響で英語教育の著書や情報は巷にあふれている。しかし，学校が行う教科としての英語科における教育は，それらとどこが違うのか。あるいは，それらとどこでつながるのか。そうした問いは，英語に限らず，専門諸科学との関係を問い直すものである。

第２には，教科教育学における「一般」と「個別」の関係をめぐる問題である。この点は，次のⅢで述べる一般教授学と教科教授学との関係として論議されてきた点と重なる。

第３には，教科教育学の前提ともなる「教科」それ自体の存在をめぐる問題である。「それぞれの教科の存在を誰が保障するのか」は，常に教科教育学の存在理由にも関わる根本的な問いである。「生活科」の創設は，1992年に日本生活科教育学会（現在の日本生活科・総合的学習教育学会）の設立という新たな教科教育学を誕生させた。このことは，教科教育学の全体にとってどのような意味があったのか。教育政策の動向や学習指導要領の改訂にかかわって教育がたえず変化することに対して，教科教育学だけでなく教育学もまた，その学問的な自律性が問われている。

Ⅲ．授業研究における一般教授学と教科教授学の関係

「教科教育学と教育学」というテーマは，授業に関する伝統的な学問である教授学（Didaktik）において，これまで「一般教授学（Allgemeine Didaktik）と教科教授学（Fachdidaktik ないしは Methodik）の関係」として追究されてきた。

一般教授学は，授業の一般的な原則や普遍的な法則を明らかにしようとする。それに対して，教科教授学は，それぞれ個別教科の授業のあり方に関して，その固有性を解明しようとする。両者の関係は，一般性や普遍性を求める一般教授学と個別性や固有性を志向する教科教授学というように対比的に述べられる。しかし，一般教授学において教科の個別性や固有性を欠いたまま授業の一般性や普遍性を述べることができないように，教科

教授学においても授業理論の一般性や普遍性のないところで授業の個別性や固有性を吟味することができない。両者は，相互作用的ないしは相互補完的な関係にあるといわれてきた。

高久清吉（高久，1968）は「陶冶」理論のクラフキー（Klafki, 1963）を引用しながら，「一般教授学と同様，教科教授学もまた，その『本来の主題』が人間の『陶冶』または『教育』である」点を強調することによって，両者の関係について「なんらかの性質上の『支配，従属の関係』あるいは『演繹や応用の関係』はありえないし，またあってはならないことである」と述べている（p.247）。

一般教授学と教科教授学の関係を歴史的な発展段階に即して描くクリングベルク（Klingberg, 1972）に依拠しつつ，諸岡康哉（諸岡，1975）は，両者の関係には，ヘルバルト学派に代表されるように一般教授学の諸原理の応用・適応として教科教授学に独自な学問的問題設定が行われていない第1段階，そして，もはや「一般」と「特殊」の関係ではなく教科教授学を科学的な教育学の部門として確立していく努力が現れる第2段階，しかし，この段階が「分離発達」に陥り共通の教育学＝教授学的基礎が無視される危険を伴うので，両者のより高いレベルで統一・統合を図っていく第3段階があることを述べている（pp.160-161）。

一般教授学と教科教授学の問題は，遠いドイツの抽象的な議論に終始するものではない。むしろ戦後日本の授業研究の争点として，両者の関係が問われていたことに注意を払う必要がある。その1つが，斎藤喜博を中心とする教授学研究に関与する東大グループの柴田義松と個別の教科教材に基づく授業書方式の授業研究をすすめる北大グループの鈴木秀一との間に交わされた授業研究における一般と特殊の問題である。この問題について，吉本均（吉本，1975）は，「一般教授学（Didaktik, Allgemeine-Unterrichtslehre）と各科教授学（Methodik, Fach-Unterrichtslehre）との関係をめぐる問題に落ち着くように思われる」と位置づけ，当時の「創造的活動の能力」のような「すべての教科の授業に普遍的な，教科をこえた諸課題は，ますます重要になってくる」とともに，「個別の教科教授学の特殊な問題設定が，そこでは，教科をこえた，すべてに妥当する特質の点で解明される」と述べている（pp.69-70）。授業研究において，教科教授学の「分化・発展」による独立した教育学の部門としての確立をめざしつつも，一般教授学との「より高い統合」を模索することの必要性と重要性が示されている。

この点については，今日においても「言語活動の充実」や「資質・能力の育成」あるいは「アクティブ・ラーニング」等の教科横断的な政策提言への対応について，教科教育学と教授学あるいは教育学は「より高い統合」を図りながら学問的に応答していくことが求められている。

Ⅳ. 教科教育学と教育学のさらなる連携

　教科教育学と教育学にも、「より高い結合」と高次なレベルでの研究の交流や連携を模索していく必要がある。いくつかの事例に即して述べてみたい。

　1つは、教科書研究での交流である。教科書は、教科教育学の研究成果を反映する最も具体的な作品である。教育学の教科書研究としては、教育社会学からのアプローチ（片岡, 1987）をはじめ、ジェンダー研究において盛んに取り上げられ、教科書のヒドゥン・カリキュラムとして問題提起されてきている。また、比較教育学からのアプローチにおいては、国語という教科が国民形成に果たす役割について各国の国語教科書が比較分析されている（二宮, 2010）。こうした研究成果は、教科教育学の立場からどのように評価され、日々の授業実践や教科書の改訂作業に生かされるのだろうか。

　教育方法学の立場からは、「言語活動の充実」にともない改訂された教科書を「ジャンル・アプローチ」にもとづいて分析した研究（中野ほか, 2010, 2011）や教科書の学習課題に着目することで子どもたちにどのような学習が要請されているかを分析した研究（吉田2015, 深澤ほか2016）がある。そうした一般教授学的な視点に立つ教科書研究は、教科教育学の固有視点から見てどのような意義と問題点があるのか、研究交流が望まれる。

　もう一つは、教科と道徳の関係の問題である。ヘルバルト以来の「訓育的教授」に関する古典的な問いではあるが、「現代訓育論」では、教科指導との関係が論じられてきた（杉山, 1978, 吉本, 1980）。先述のシンポジウムで「近代教科の成立とその性格─教育学の立場からみた教科教育学」を提案した川合章は、イギリスの近代教科の成立史における科学教育の実用主義からの脱却を取りあげ、「科学教育をたんにその実用性に即して理解するのではなく、これを人間教育の一環に位置づけようとしている」こと、つまり「各教科が実用性という枠をこえて、人間を人間にふさわしく育てる営みに位置づけられることによって、各教科は近代教科たりえたといってよいであろう」と述べている（東・蛯谷・佐島, 1990, p.68）。

　教科教育学は、そもそも「人間形成の問題ともあわせて」確立を目指す姿勢を打ち出していた。個別の教科教育学において、人間形成の問題をどう位置づけ、道徳との関係を切り結ぶのか、各教科間で共有すべき研究課題に対して教育学も連携して取り組むべきである。

　最後に、「特別の教科」とはいえ、道徳が「教科」化することをふまえて、教科とは何かという問いに、あらためて教科教育学は直面しているのではなかろうか。こうした問題は、教育学の課題でもある。ともに検討することが求められている。また、「教科の本質」をふまえることが授業づくりに求められている（日本教科教育学会, 2015）。戦後の民間教育運動（柴田, 2009）や授業研究（杉山, 1968）のなかで使用されていた用語でもある。

「教科の本質」について，その異同も含めて，教科教育学と教育学が相互に吟味し合うことが必要である。　　（深澤広明）

○引用参考文献

東洋・蛯谷米司・佐島群巳編集代表（1990）『教科教育学の成立条件―人間形成に果たす教科の役割―』東洋館．

深澤広明ほか（2016）「教科書は子どもたちにどのような学習を求めているか―平成26年度検定済み小学校教科書の分析を中心に―」中国四国教育学会編『教育学研究紀要』（CD-ROM 版）61巻，pp.84-94．

片岡徳雄編（1987）『教科書の教育社会学的研究』，福村出版．

Klafki, Wolfgang (1963): Studien zur Bildungstheorie und Didaktik. Verlag Julius Beltz.

Klingberg, Lothar (1972): Einführung in die Allgemeine Didaktik. Vorlesungen. Volk und Wissen Volkseigner Verlag. 2. bearbeitete Auflage.

小森茂・足立茂美（1974）「日本教育学会第33回大会報告」『教育学研究』第41巻第3号，pp.48-50．

諸岡康哉（1975）「現代教授学の構造―L. クリンクベルクの授業論を中心として―」『学習集団研究　第三集』明治図書，pp.159-177．

中野和光ほか（2010）「『ジャンル・アプローチ』にもとづく教科書の研究（1）（2）」中国四国教育学会編『教育学研究紀要』（CD-ROM 版）第56巻，pp.145-168．

中野和光ほか（2011）「『ジャンル・アプローチ』にもとづく中学校教科書の分析（1）（2）」中国四国教育学会編『教育学研究紀要』（CD-ROM 版）第57巻，pp.113-136．

日本教科教育学会編（2015）『今なぜ，教科教育なのか―教科の本質を踏まえた授業づくり―』，文溪堂．

二宮皓監修（2010）『こんなに違う！　世界の国語教科書』メディアファクトリー．

佐藤学（2005）「『『教職専門職大学院』のポリティックス」『現代思想』Vol.33-4，pp.98-111．

柴田義松（2009）『教科の本質と授業　民間教育研究運動のあゆみと実践』日本標準．

杉山明男（1968）「教科の本質と教材研究」日本教育方法学会編『教育方法2　授業改造の基本問題』，明治図書，pp.27-43．

杉山明男（1978）「教科指導における訓育作用」日本教育方法学会編『教育方法9　現代訓育論の探究』明治図書，pp.82-93．

高久清吉（1968）『教授学―教科教育学の構造―』協同出版．

吉田成章（2015）「教科書における『学習課題』の教授学的機能に関する研究―日本とドイツの教科書比較を通して―」日本カリキュラム学会『カリキュラム研究』24号，pp.27-40．

吉本均（1975）「教育方法の今日的問題―『教授学研究』3・4によせて―」『教育』No. 312，pp.63-71．

吉本均（1980）「教科指導における訓育」『教育学研究』47(2)，pp.109-116．

第4章 教科教育学と隣接科学との関連
▶第2節 教科教育学と心理学：領域固有な知識と領域普遍的な認知スキルの役割

1. 1970年代以降，認知心理学の発展に伴い，問題解決における領域固有な知識の重要性が認識され，また子どもや大人が，科学的概念と異なる素朴概念を持っていることが明らかになった。
2. 1990年代以降，社会文化的理論の進展により，思考や認識は，文脈に依存し，発達や学習における社会的文脈の重要性が認識されるようになった。
3. 21世紀になり，領域普遍的な思考力に焦点が当てられるようになり，中でも，ワーキングメモリは，将来の学力や，発達障害の指標となることが明らかになった。
4. 子どもの学習を効果的に支援するために，領域固有な知識の有用性や知識の利用の文脈に加え，子どものワーキングメモリを考慮し，授業のデザインをすることが必要である。

はじめに

1970年代以降，情報処理理論および認知心理学の発展に伴い，問題解決において，一般的な認知的方略よりも，領域固有な知識の重要性が認識されるようになった。同時に，発達心理学の領域でも，ピアジェの領域普遍的な発達理論が批判され，認知発達において領域固有な知識の獲得の重要性が認識されるようになった。そして，1990年代以降，社会文化的理論の進展により，思考や認識は，文脈に依存し，発達は，他者との関わりによって生じることが主張されるようになった。このような研究の流れを踏まえて，学習や認知発達のプロセスの解明を目指した多くの研究は，個別の領域，すなわち国語，数学，理科といった各教科での発達や問題解決を丁寧に記述するというアプローチをとっている。

他方で，21世紀になり，メタ認知，アーギュメントスキル，ワーキングメモリといった領域普遍的な認知スキルが心理学の研究テーマとして注目されるようになった。教育の世界でも，現代社会に求められる教育の目標としての能力は，批判的思考，メタ認知，コミュニケーション，コラボレーション，ICTリテラシーなどの学習の文脈を越えた領域普遍的なスキルにまとめられている。

その中でもワーキングメモリは，発達障害や学習遅滞と密接に関わることが明らかになっており，膨大な実験的研究や脳科学的研究の蓄積のうえに立った教育への応用が期待されている。発達障害を抱える子どもの発達特性を踏まえた学習への参加の支援が成功しつつある現在，ワーキングメモリ理論は，その次のステ

ップである理解や習得への糸口としてその研究の進展が期待される。

本稿では，このような心理学の研究の流れについて，主に理科教育学の領域に焦点を当てて概観し，教科教育学への示唆について考察する。理科教育学の領域に焦点を当てるのは，筆者がこれまで行ってきた認知発達の研究が理科教育学の領域の内容を取り上げてきたからである。

I 素朴概念から科学的概念へ

1．素朴概念と概念変化

1970年代後半以降，子どもや大人が科学的概念と異なる素朴概念を持っていることが明らかになった(例えば，Osborne & Freyberg, 1985)。素朴概念の多くは，学校での科学的概念の教授によっても変化しにくく，素朴概念から科学的概念への変化は，科学史におけるパラダイムシフト（Kuhn, 1962）にたとえられた。

素朴概念から科学的概念への概念的変化は科学教育の大きな課題であると考えられてきた(Duit & Treagust, 2003)。理科教育学の中で標準的なモデルとされたのが，Posner, Strike, Hewson & Gertzog (1982)による概念変化モデル(the Conceptual Change Model: CCM)である。Posner et al. は，「概念変化」が生じる条件として，以下のことを想定する。①既存の概念に葛藤が生じている，②わかりやすい新しい概念がある，③新しい概念は，もっともらしい，④新しい概念は，生産的である。これ以降，理科教育学の研究者は，意図的に認知葛藤を引き起こし，子どもたちが自らメタ認知を働かせて，自分の考えを批判的に問い直し，科学的概念へ修正できるような方法を工夫してきた。

2．発達による概念変化

発達心理学の研究では，概念変化において領域固有な知識（理論）の発達が重要であるとされる。領域固有な知識の発達は，新しい事実や理論に関する量的な知識の増加だけでなく，知識の再構造化，すなわち「概念変化」を含んでいる。例えば，Carey (1985)は，生物に関する幼児の中核的な概念は，10歳以降の児童または大人のそれと質的に異なっていると主張する。生物に関する幼児の説明は，意図的因果に基づいており，生物学は心理学に組み込まれているが，生物に関する知識の増加とともに，10歳の頃までに，心理学から生物学が分化し，「概念変化」が生じると主張する。

発達心理学では，素朴生物学，素朴物理学，素朴天体学，心の理論，数，などの領域での研究が行われた。それぞれの領域では，加齢に伴い知識が増加し，概念変化が生じるが，概念変化を導くものとして，「制約」の存在が仮定される。制約とは，学習のメカニズムとして機能する好みないし偏りといった形態のものであり，それぞれの領域の事物や現象に対してどこに注目すべきなのかを誘導するとともに，可能な仮説や解釈の範囲を絞り込むとされる(Hatano & Inagaki, 2000)。制約の中には，生得的に決まっているものもある一方で，個々の領域での経験を

通して，絶えず，豊かになり，修正されていくものもある。制約は，子どもの持っている領域固有な理論がその領域における新しい概念を獲得し，変化していくプロセスを自らガイドしているとされる。

3．概念変化における論理的推論の役割

科学的に考えるためには，領域固有な知識だけでなく，科学的思考の基盤になるような，変数の制御などの方略，アーギュメントスキル，メタ認知的スキルなどの領域に普遍的なスキルも必要である。Kuhn(2011)は，科学的思考を"知識の追求"(knowledge seeking)と定義し，知識の追求をその産物としての"科学的理解"（科学的概念の形成）と区別する。Kuhnの考えでは，新しい証拠に対して現在の理論が一致しないことを認識したときに，それらの理論と証拠を意図的，意識的に調節することが，知識の追求であり，科学的思考の核心である。もし理論または証拠の一方が適切に理解されず，それらの不一致が認識されない場合，既存の理論が吟味されず，知識の探究は起こらず，したがって，科学的概念への変化も生じないとされる。

II　学習環境のデザイン

子どもにとって，仮説を検討したり，変数を統制したりしながら科学的思考や探究を独力で行うことは難しい。また，素朴概念がしばしば科学的思考を阻害する。そのため，子どもが科学を実践するためには，教師やより科学的思考に熟達した仲間による支援を受けながら（スキャホールディング），協同的に探究を行うことが有効である。その中で，科学的概念や方略，道具の利用を学び，より熟達した科学的思考のスキルを身につけるとともに，素朴概念を科学的概念へ変容させていく。近年では科学的概念の教授において，そのような最適な学習環境のデザインが重視されている（吉田・ディコルテ，2009）。

学習環境のデザインでは，科学的思考を促し，それに伴う科学的概念の理解を深めるために，以下のような要因に注目している（湯澤，2011）。

第1に，現象を視覚化し，アクセスや操作を容易にする表象，科学者が実践に用いる道具や測定の方法，アナロジーなどの認知方略などである。

第2に，クラスの子どもたちが，探究を行い，仮説やその根拠，実験手続きなどについて相互に意見を出し合い，そのよさや問題点を話し合う中で，科学的概念の理解の深化や談話スキルの獲得が促される点である。例えば，田島（2008）は，素朴概念を持つ者と科学的概念を持つ者との間で対話が行われ，両概念の関係が交渉・解釈されることで，科学的概念の理解が深まり，「概念変化」が生起すると指摘する。参加者どうしの対話の分析によって，相手の意見を無視して自分の意見を一方的に主張する非トランザクションや，相互の意見の対立を避ける表層的トランザクションに比べて，対立意見と自分の意見を比較し，自分の意見に取

り込もうとする操作的トランザクションが多く生起することが，科学的概念の理解を深めることを示唆している。そして，生徒の発話を引用し，課題解決へ方向づける教師の発話であるリヴォイシング（revoicing）や，教師役や聞き手役を設定した説明活動が操作的トランザクションを促すことを示している。

Ⅲ　領域普遍的な思考力としてのワーキングメモリ

　科学の進歩や社会の変化が著しい現代社会においては，科学的概念そのものを身につけるよりも，新しい概念を創造する能力が重視されている。そのような能力は，「21世紀型スキル」などと呼ばれ，メタ認知，アーギュメントスキル，自己説明などの領域普遍的な思考力を含んでいる。

　中でも，子どもの科学的思考を制約する要因として，思考に利用できる認知的リソースであるワーキングメモリがあげられる。ワーキングメモリとは，短い時間に心の中で情報を保持し，同時に処理する能力のことである。ワーキングメモリが小学校から中学校までのすべての学齢期で，国語（読み書き），算数（数学），理科などでの子どもの学業成績と密接に関連していること，そして，ワーキングメモリの小さい子どもの多くが学習遅滞や発達障害のリスクを抱えていることが近年の多くの研究から明らかになっている（湯澤・湯澤, 2014）。

　湯澤・渡辺・水口・森田・湯澤（2013）は，国立大学附属小学校1年のクラスでワーキングメモリの相対的に小さい児童の授業観察を行い，そのような観察対象児の授業中における態度の特徴を調べた。小学校1年生2クラスを対象にコンピュータベースのワーキングメモリテストを行い，テスト成績の最下位の児童をそれぞれのクラスで3名ずつ選び，国語と算数の授業で観察を行った。観察対象となった児童のワーキングメモリは，クラスで最も小さいが，年齢としては平均的であり，それらの児童は発達障害などの問題を抱えていなかった。すると，ワーキングメモリの小さい児童の授業態度は，個人によって違いが見られたが，挙手をほとんどしない児童が含まれ，全般に，課題や教材についての教師の説明や，他児の発言を聞くことが容易でないことが示唆された。すなわち，ワーキングメモリに発達的な個人差がある中で，ワーキングメモリの相対的に小さい児童にとって授業への参加は不利になることが示唆された。

　このような結果は，学習環境のデザインにとって大きな意味を持つ。近年，学習環境（授業）のデザインにおいて子どもどうしの話し合いを取り入れることが多くなっている。特に，クラス全体やグループで話し合うとき，見た目に，話し合いが活発に行われ，創造的な意見が出されているとしても，そのような意見を理解しているのは一部の子どもに限られ，その他の子どもは話し合いを理解していない可能性がある。そのため，ワーキン

グメモリの小さい子どもの含めたクラスのすべての子どもが話し合い（授業）に参加し，学力を伸ばしていくためには，ワーキングメモリの視点から学習環境（授業）をデザインする必要がある。

湯澤・河村・湯澤（2013）は，ワーキングメモリの観点から，発達障害等の学習の問題を抱える児童・生徒に対する支援方略を，4つに整理している。

第1に，情報の構造を簡潔に提示する「情報の構造化」と，子どもが得意とするチャンネルで情報を受け取れたり，情報を補えたりできるよう，情報を聴覚的・視空間的側面から提示する「多重符号化」である。前者では，授業の冒頭，学習目標を板書するといったこと，後者では，「教科書の○ページ」を開くよう指示をしながら，そのページを板書することなどがそれに当たる。

第2に，「情報の最適化」，すなわち，「スモールステップ」「情報の統合」「時間のコントロール」である。「スモールステップ」は，課題を細かいステップに区切ったり，指示を短くしたりすることであり，「情報の統合」は，最後に学習した内容のまとめを板書するといった方法である。「時間のコントロール」とは，課題にかかる時間を想定しながら，時間の設定を調整する方法である。

第3に，「記憶方略の活用」「長期記憶の活用」「補助教材の利用」といった「記憶のサポート」である。「記憶方略の活用」には，例えば，音声情報を口頭で繰り返す音声リハーサルを利用すること

がある。「長期記憶の活用」には，前回の授業内容の振り返りを行い，新たな学習内容をすでに持っている知識との関連づけを行うといった方法がある。「補助教材の活用」は，例えば，九九表を近くにおくなど，覚えておくべき情報や参照すべき情報などを外部記憶に頼れるように環境を調整することである。

最後に，「選択的注意」と「自己制御」である。「選択的注意」とは，学ぶべきことがらに注意を向けやすくするための支援方法であり，例えば，いったん，子どもの注目を集めてから（「はい，聞きましょう」など），指示を出すといった方法を含んでいる。「自己制御」とは，例えば，子ども自身に，自らの学習の理解度や進度をモニタリングするよう促したりするなど，メタ認知を活用しながら学習に自ら取り組めるように支援する方法である。

おわりに

領域固有な知識と領域普遍的な認知スキルは，教科教育学における方法学と内容学のように，相互に関連し，効果的な学習環境のデザインにおいて不可欠である。1970年代以降の認知心理学の研究の発展は，問題解決における領域固有な知識の重要性や知識の文脈依存性に焦点を当てた。一方，ワーキングメモリは，領域普遍的な認知スキルである。近年，領域普遍的な認知スキルとして，メタ認知の概念が教科教育学にも導入されているが，メタ認知も，ワーキングメモリと同

様,実行機能の一部であり,ワーキングメモリと密接に関わっている。メタ認知の概念に対して,ワーキングメモリの概念を教育研究で用いることのメリットとして,湯澤(2014)は,以下の点を指摘している。

第1に,ワーキングメモリ研究は,そのモデルや測定方法,また脳での活動に関する膨大な研究が蓄積されている(湯澤・湯澤,2014)。

第2に,ワーキングメモリを測定するテストは,4歳からすべての年齢の子どもや成人に行うことができ,学力や発達障害の指標としての妥当性が証明されている。

第3に,ワーキングメモリを考慮した授業での学習支援を容易に行うことができる。

(湯澤正通)

〇引用参考文献

Carey, S. (2009) *The origin of concepts*. Oxford: Oxford University Press.

Duit, R. & Treagust, D. F. (2003) Conceptual change: A powerful framework for improving science teaching and learning. *International Journal of Science Education* 25, pp.671-688.

Hatano, G. & Inagaki, K. (2000) Domain-specific constraints of conceptual development. *International Journal of Behavioral Development* 24, pp.267-275.

Kuhn, T. (1962) *The structure of scientific revolutions*. Chicago: Chicago Press.

Kuhn, D. (2011) What is scientific thinking and how does it develop? In U. Goswami, (Ed.), *Blackwell handbook of childhood cognitive development*. Malden, MA: Blackwell Publishers Ltd. pp.497-523.

Osborne, R. & Freyberg, P. S. (1985) *Learning in science: The implications of children's science*. Portsmouth, NH : Heinemann Publishers Ltd.

Posner, G. J., Strike, K. A., Hewson, P. W. & Gertzog, W. A. (1982) Accommodation of scientific conception: Toward a theory of conceptual change. *Science Education* 66, pp.211-227.

田島充士(2008)「再声化介入が概念理解の達成を促進する効果―バフチン理論の視点から―」『教育心理学研究』56, pp.318-329.

吉田甫,エリック・ディコルテ編(2009)『子どもの論理を活かす授業づくり―デザイン実験の教育実践心理学―』北大路書房.

湯澤正通(2011)「科学的概念への変化―概念変化の要因と研究の課題―」『心理学評論』54, pp.206-217.

湯澤正通(2014)「領域固有の概念変化を目指した授業デザインから領域普遍的な認知スキルへ―教育に対するワーキングメモリ研究の意義―」『教育心理学年報』53, pp.166-179.

湯澤美紀,河村暁,湯澤正通編著(2013)『ワーキングメモリと特別な支援――人ひとりの学習のニーズに応える―』北大路書房.

湯澤正通,渡辺大介,水口啓吾,森田愛子,湯澤美紀(2013)「クラスでワーキングメモリの相対的に小さい児童の授業態度と学習支援」『発達心理学研究』24, pp.380-390.

湯澤正通,湯澤美紀編著(2014)『ワーキングメモリと教育』北大路書房.

教科教育学と隣接科学との関連
▶第3節　教科教育学と専門諸科学

1．教科教育学は，背景となる諸学問の固有性に対応した教育研究を担う学問である。
2．例えば歴史学の関心，論理や方法論で歴史教育を考えると，教科教育が専門科学に包摂され，従属する構図になる。
3．例えば子どもの心理・発達や社会の要請という歴史教育の関心，論理や方法論で歴史学を考えると，専門科学が教科教育に包摂され，従属する構図になる。
4．教科教育学は，教育学や心理学などの人間形成に関する研究と，歴史学などの専門科学の研究との交叉領域に成り立ち，両者を架橋する独自の対象，方法論をもつ学問である。

Ⅰ　専門諸科学の固有性と教科教育

本稿の課題は，学問としての教科教育学の理解を深めるため，教科教育学と歴史学，経済学，物理学，幾何学，国文学，家政学などのいわゆる専門諸科学との関係を論ずることである。教科教育学は，その成立・発展の経緯と研究対象の特性から，専門諸科学との連携並びに独自性の明確化が重要な課題となる。

教科教育学の成立は戦後教育改革と深く関わる。国家によって完全に統制された教育目標のための教育内容の伝授であった戦前の教科教育に関する研究は，一般化された教授法を各教科に適応しただけの教授の方法研究であり，独自の学問体系にはならなかった。

そのような統制から解放された戦後教育にあっては，子どもの存在を前提に，教科の理念，教育内容，教育方法をトータルに検討することが可能になり，子ども学習の成立が重要な関心事となった。

そのため，育成するべき教員像も変わり，カリキュラムや授業を構想・研究できる資質・能力育成が求められ，その学問的基盤が求められるようになった。その要請に応える学問として構想されたのが教科教育学であり，ここに，教科教育学の学問的研究のアイデンティティとして，各教科教育における目標，内容，方法の一貫した論理の探求ということが生まれた。(棚橋，2012，pp.28-29)

教科教育学の対象の特性は，私たちが社会や人間そして自然などを理解し，それと向き合うときに，既存の学問の成果を援用する必要があることに関わる。背景となる諸科学は多様で，各々，固有の研究対象，研究方法をもつため，それらに対応して対象と方法が異なる体系が必要となり，それが教科となる。そのあり方を研究するには，教授学や教育方法学ではなしえない，背景となる諸学問の固

有性に対応した教育についての研究を担う学問として，教科教育学が必要とされる。

例えば，歴史学は「宗教的・民族的・社会的・政治的等々の偏見を打破し，精確な史料による実証と合理的論理」を方法として，「『人間』と『文明』について省察する」学問とされ（黒田，1985，p.418），それを基盤として歴史教育が成立している。これは，物理学，幾何学，国文学や家政学などを基盤として成立する理科教育，数学教育，国語教育，家庭科教育などと，明確に異なる研究対象や方法を有する。

このように，教科の存在を前提とする教科教育学にあっては，専門諸科学との関係をどのように捉えるかが，学問としての本質，範囲，方法論等に関わることになる。そして，教科教育学の成立・発展は，その成立の経緯から大学という高等教育機関での教員養成と密接に絡んでいるため，教科教育学と専門諸科学との関係の考え方は，教員養成のプログラムや授業内容，そしてそれを担う組織の構成にも反映されることになる。

教科教育学と専門諸科学との関係についての捉え方は，"専門科学から教科教育を考える""教科教育から専門科学を考える""専門科学と教育学・心理学との交叉領域学問としての教科教育学を考える"に大別できる。歴史教育を事例に，この三者を考えてみよう。

Ⅱ 専門科学から教科教育を考える

教科教育学と専門諸科学との関係の伝統的な捉え方は，教科教育研究を専門諸科学の一領域と捉えるものである。歴史教育のあり方は歴史学が明らかにするのであり，歴史学を研究していれば，付随的に歴史教育のあり方はみえてくるとする考え方である。

このような捉え方は，まずは，戦前の歴史学者による歴史教育観に顕著に現れている。国定教科書をはじめとして，教育内容の国家による統制が厳しい戦前の教育にあって，歴史学者は国家によって示された国史教育内容について，その教授法を示すことにとどめた。しかも，それはあくまで歴史学者としての本来の課題としてではなかった。

終戦直後に歴史学者の呼びかけで小中高校の教師などと行われた国史教育再検討座談会では，「教師の大多数は，自主的に自己の自由な識見をもって教育に当らず，国定教科書に基づき，その一行一句の教授内容にまで文部省の指示を受けてきたのに慣らされて，自主性をまひさせられている」と戦前の国史教育についての根本的な反省が語られ，「歴史学者の立場からの歴史教育論が起らねばならない」とした。それを受けて，「歴史教育の要は，厳密に科学的な歴史を教えることの一事につきる。そして，根本の問題は，科学的な歴史とはいかなるものかという問題」であるとされた。（宮原，1977，pp.183-184）

科学的な歴史がいかなるものかの論議は，歴史学における歴史の捉え方の論議であり，歴史教育のあり方は歴史学の学界で議論すべき科学的な歴史についての論争に規定されるという考えである。

このような関係は，大学の講座編成や授業担当にも反映される。例えば，社会科の教員養成を行う際に必置の社会科教育法（論）の授業担当者が，歴史学や地理学の研究者であることは，教科教育学が未発達であった戦後しばらくだけでなく，いまだにみられる。また，社会科教育講座を地理教室，歴史教室，政治・経済教室などに細分化し，各々に地理教育担当教員，歴史教育担当教員などを配置しているケースもある。授業担当者の専門が何であれ，その組織形態からは，歴史教室に属する教授法担当者という構造になり，歴史学の一領域として歴史教育研究があるというものになっている。

歴史学の関心，論理や方法論で歴史教育を考えるという，いわば教科教育が専門科学に包摂され，従属する構図が描かれる。

Ⅲ　教科教育から専門科学を考える

他方，専門科学を教科教育の一領域を担うものと位置づけ，専門科学のあり方を教科教育が規定するという捉え方もある。それは教員養成プログラムの教科専門科目にみられる。

計画的教員養成を行う単科大学や学部では，いわゆる教科専門科目として，たくさんの専門科学の授業を自らの大学や学部で完結する形で開設しなければならない。それらを担当するのは，各専門科学の研究者であり，その教員としての審査も当該専門科学の観点で行われる。

しかし，そこでは歴史学を専攻する文学部史学科での歴史学授業とは趣旨も内容も異なった授業が要求される。中教審答申においても「特に教科に関する科目の担当教員の教員養成に対する意識が低い」(2010)，「教科に関する科目については，学校教育の教科内容を踏まえて，授業内容を構成することが重要」(2014)と指摘されている。それは文学部や理学部で開講されている専門科目としての歴史学や物理学であっても，それが教員免許の対象授業として認可を受ける以上，同様であるとされている。

子どもの心理・発達や社会の要請という歴史教育の関心，論理や方法論で歴史学を考えるという，いわば専門科学が教科教育に包摂され，従属する構図が描かれる。

教科専門科目担当者は，たとえ小学校教員を目指す学生向けの授業であっても，歴史学研究者としての自らの研究をストレートに語りたいという欲求と，小学校での学習内容を踏まえた授業が求められる教員養成プログラムの教科専門科目としての位置づけの間で悩むことになる。

Ⅳ　専門科学と教育学・心理学との交叉領域学問としての教科教育学を考える

専門科学から教科教育を考える捉え方も，教科教育から専門科学を考える捉え

方も，いずれも教科教育と教科教育学との区別が曖昧で，学問としての教科教育学を考える上で，問題がある。

　歴史学の論理で歴史教育を考えた場合，教科教育学に求められることは，歴史学者の唱える教育内容をいかに効率的，効果的に指導するかの方法論や技法の研究が中心となる。歴史教育の必要性を内在的に説明できず，畢竟，戦前の国家統制下における教授法研究と本質において変わらない役割を担うことになる。歴史学界が国家に取って代わろうというだけであり，教科の必要性，目的，内容，子どもの関心やわかり方等を解明するという教科教育学固有の課題に応えられない。

　歴史教育の論理で歴史学を考えた場合，確立されている学問としての歴史学とは異なったものとなり，その結果，教科教育を担う教師並びにその研究者が，教科の存立基盤となる専門諸科学と切り離されてしまう。「学校教育の教育内容」を踏まえた「歴史」は，学習指導要領で描かれた歴史像の追認となる。後年，社会科教育学研究者となるある学生が，60年代末の某教育大学在学時代に「本学においては，歴史教育研究体制など全くない」と述べ，教科教育の授業が学習指導要領の内容を前提とした技術主義的教師づくりになっていると批判したことによく表れている。

　学問としての教科教育学は，教育学や心理学などの人間形成に関する研究と，歴史学や物理学などの専門科学の研究との交叉領域に成り立ち，両者を架橋する独自の対象と方法論を必要とする教科の学習や授業に関する研究を担う。

　したがって，専門科学研究の一領域として，それらの学問成果を子どもに伝授するための方法を研究するものではなく，広義の教育学である。しかし，それは人間としての成長をトータルに研究対象とする狭義の教育学とは異なり，人間形成に不可欠な特定の領域について，そこで形成するべき資質や能力を特定し，その形成の論理を解明し，それを実現するために有効な教育内容や方法を科学的に究明することに焦点化したものである。

　子どもが各教科固有の対象と向き合い，それを認識する行為には固有の原理があり，それを科学的に解明して，より有益でより効率的なあり方を考察することが，教科教育を学問的に研究する固有の課題と方法論である（棚橋，2012，pp.30-31）。

　教科教育学は，専門諸科学と教育学・心理学との両方に軸足を置き，独自の研究対象・方法をもつ学問として，専門諸科学とは密接に連携しつつも，互いに独立した学問としての関係を明確にする必要があろう。

（棚橋健治）

〇引用参考文献

黒田俊雄（1985）「現代科学と歴史学」歴史学研究会・日本史研究会『講座　日本歴史13』東京大学出版会，pp.401-419.

宮原武夫（1977）「歴史学と歴史教育」『岩波講座 日本歴史24　別巻1』岩波書店，pp.181-218.

棚橋健治（2012）「『学』の確立からみた社会科研究の方法論と国際化の課題」全国社会科教育学会『社会科教育論叢』48，pp.27-36.

第5章 日本と世界における教科教育学

1. 教科教育学は社会的な制度として定着し，固有な学問領域を形成している。
2. 「教科教育学」という用語やこれに類する用語は日本など特定の国で使われている。
3. 「教科教育学」の概念は，1950年代ころから頻繁に使われ始めた。
4. 個別の教科の教育に関する学会は多数存在するが，個別の教科を越え包括的に教科一般の教育を研究する「教科教育学」の学会は少ない。
5. 日本の大学院での教科教育学の研究者養成は1950年代半ばから開始された。

はじめに

諸外国における初等・中等学校のカリキュラムには，様々な教科，その中に含まれる科目がある。ある国のカリキュラムには存在するが，別の国のカリキュラムには存在しない教科・科目があるなど，世界における教科は多様である。例えば，初等教育レベルでは，イギリスの「デザイン技術」，「情報・コミュニケーション技術（ICT）」，ロシアの「労働準備」などは日本にはない教科である。一方で，世界で共通している教科・科目も少なくない。中等教育レベルでは，アメリカ，イギリスの「科学」，ドイツの「自然科学」（「生物」，「物理」，「化学」），ロシアの「自然」（「物理・天文学」，「化学」，「生物」），中国の「物理」，「化学」，「生物」などは，日本の教科・科目（以下，教科，と略記）と共通している。

世界中の学校で，設定された教科の目標を達成すべく，このような教科の教育が行われ，子どもたちはそこで学習している。まず，この教科の教育について研究する学問領域が教科教育学と捉えておこう。

日本では，日本教科教育学会という個別の教科を越えた学会があり，また各教科の教育に関する多くの学会がある。その研究者の養成も行われてきた。そうした研究者は大学等に職を得ているし，学校現場をはじめとするその専門職性を期待する社会的ニーズも大きい。つまり，日本では，教科教育学という学問領域は社会的な制度として定着している。

さて，世界における教科教育学の事情はどのようなものであろうか。ここでは，世界の国々のすべてを論じることはできないので，諸外国等における教科教育学の事情を見てみよう。

I 「教科教育学」の用語

諸外国に各教科の教育学，例えば，数学教育学，自然科学教育学，外国語教育

学など，個別教科の教育学は存在している。さらに日本には，こうした個別の教科教育学を包括する「教科教育学」という用語があるが，諸外国にもこれに対応し，あるいはこれに類する用語があるとは限らないのである。例えば，アメリカ，イギリス，タイには「教科教育学」に相当する用語は存在しない。しかし，ドイツ，オーストリア，スイスには，「教科教授学」(Fachdidaktik) があり，フランスには「学科教授学」(didactique des disciplines) がある。中国には「学科教育学」があり，韓国でも「教科教育学」が使われている。

ドイツ語の Fach は，専門，学科などを意味し，Didaktik は教授学を意味している。「教科」は教授・授業を意味する Unterricht と Fach を組み合わせて Unterrichtsfach，あるいは，学校を意味する Schule と Fach を組み合わせて Schulfach という。ドイツ語圏では，この Fach と Didaktik を合成して，「教科教授学」という用語が用いられている。フランスでは，一語にはなってはいないが，学科を意味する discipline と教授学を意味する didactique を組み合わせているのでドイツ語圏での「教科教授学」と同じ意味といえよう。

Ⅱ　教科教育学の概念規定

1．日本における「教科教育学」の概念規定

1950年代には，各教科の教科教育学会の多くが創設されている。このことが示しているように，1950，1960年代に日本の教員養成系の大学では，種々の背景から教科教育の研究に強い関心が向けられ，それは「教科教育学の建設」というスローガンとして語られるようになっていた。日本教育大学協会（教大協）では継続的な検討の結果を『教科教育学の基本構想案』(1966) として公表した。構想案は，教科教育学の概念規定，学問的関係位置，教員養成課程における関係位置，学問的性格，対象領域，研究方法の6部からなっている。

そこでは教科教育学が次のように概念規定されている。すなわち，「教科教育学は当該教科に関する基礎科学と教育科学とを踏まえてその教科の目標，内容，及び方法を明らかにし，教授学習過程の理論的実践的研究を行う科学である。」その学問的位置は，「その教科に関する基礎科学と教育科学との交さ領域に総合的位置を占める」。その学問的性格は，「二つの要求，すなわち，教育的要求—人間形成（教育科学の一領域）—と学問的要求—固有の価値（基礎科学の一領域）—の交さの上に立つ中間領域の学である。この矛盾の統一，そこに新しい学問的性格をみる」(教大協．1966．pp.188-189)。

1970年前後，この構想案をめぐっても各教科の教科教育学の立場などから，教育雑誌の誌上で「教授学の建設」をテーマとするリレー討論も実施されるほど「教科教育学とは何か，どうあるべきか」の議論は熱を帯びていた。

これらの議論における教科教育学という用語は，各教科の教科教育学の総称の意味で用いられているが，総称にとどま

らず，「教科教育に関する科学的研究を行い，教科教育学と教科教育実践の発展に寄与することを目的」として1975年に日本教科教育学会が創設されている。

寺川は，「教科の教育には，各教科の共通の問題として超教科的立場から検討を要する問題があり，こうした問題についての研究は，各教科の教育研究に対して汎教科教育的性格をもち，各教科の教育の基礎として位置づけられる領域についての研究である。そして，もし，そのような領域と研究に何か名称をつけるとすれば，教科教育学が適切であろう」と提案している（寺川，1986，p.13）。

一方，井口によれば，日本学術会議の第13期教科教育学研究連絡委員会の研究成果として，「各教科の教科教育学を集めたものの総称が教科教育学であるということに止ることなく，全体を組織立てた一つの教科教育学を志向する必要性があることを認めたこと」を指摘している（井口，1990，p.97）。そしてこの議論の中で，藤枝は，教科教育学には，各科教育学(個別教科教育学)と「共通教科教育学」(一般教科教育学)とがあるとし，共通教科教育学の構想をドイツ教授学を手がかりに構想している（藤枝，1990，pp.46-51）。

近年では，柴田が，教科教育学を「各教科に関する教育目標・教育内容構成論・教授法等を研究し，一般化する総合的な学問」として概念規定している（柴田，2003，p.230）。

2．ドイツ語圏の「教科教授学」の概念規定

ドイツでは，「教科教授学」の概念が1950年代以降頻繁に使われている。1970年代の代表的な教育学辞典によれば，「教科教授学」は，次のように規定されている。

「教科教授学の下で，教授計画に関する種々の決定及び授業に関する種々の決定の準備，実施，コントロールが理解される。教科教授学は，教育科学の理論と授業実践とを結びつけなければならない。この課題を解決するために種々の試みがある」（H. Rombach, 1977, S.287）。

総合大学の教科教授学者165名（全体の約50％）を対象に1971年に行われた「人文社会科学的教科の教授学研究所」の調査によれば，若手の教科教授学者は，専門科学の社会的重要性を社会分析を通して解明する，というような高度な研究目標を掲げるのに対して，長年，教鞭をとってきた古手の教科教授学者は，教職実践への準備を教科教授学の課題とみる傾向があった（J. Timmermann, 1972, S.20）。このように，ドイツにおける教科教授学の捉え方も一様ではなかった。

その後も，「教科教授学」という言葉で何を理解しなければならないかについて一般的に受け入れられている見解は存在せず，「教科教授学」の概念規定は一義的ではない，といわれている（F. Achtenhagen, 1981, S.278f）。

最近の代表的な教授学者の定義では，「教科教授学は，教授と学習の諸前提，諸可能性，その結果と限界を理論的には

包括的に，実践的には効果的に，研究し構造化する専門の学問である」。また，「教科教授学は，その核心において教育科学的ディシプリンである」(H. Meyer, u.a., 2011, S.31f) と規定されている。

このように，「教科教授学」という概念は古くからあるものの，その概念規定は一様ではない。これは，教科「教授学」というときの「教授学」の立場の違いにも起因しており，その違いが「教科教授学」の概念規定の多様性や不明瞭さを生んでいる，といわれている (G. Bigalke, 1969, S.257)。

Ⅲ　教科教育学の研究者養成と学会

1. 日本における教科教育学研究者養成と学会

博士課程における教科教育学の研究者の本格的な養成は，国立大学では，1953（昭和28）年の新制大学院制度発足に伴い大学院が設置されたことに始まる。東京教育大学（筑波大学の前身校）大学院では，修士・博士課程ともそのときの講座は13講座であり，その中に，社会科教育，人文科教育，理数科教育講座があった。他の教科教育は，教育方法講座に含まれていた。同じく，広島大学も博士課程を有する大学院教育学研究科を設置し，教科教育学を専攻する研究者養成を進めてきた。しばらく，両大学が教科教育学研究者養成を担って来たが，1996年には，教科教育学の研究者養成をも担う博士後期課程として，兵庫教育大学大学院連合学校教育学研究科，東京学芸大学大学院連合学校教育学研究科が設置され今日に至っている。

現在，博士後期課程の専攻名等で，各教科の教科教育学のみではなく，それらを含む名称として教科教育学を使用しているのは，例えば，早稲田大学教育学研究科博士課程後期課程，専攻内の分野名として教科教育学を使用しているのは，例えば，筑波大学人間総合科学研究科博士後期課程学校教育学専攻教科教育学分野，広島大学教育学研究科博士後期課程教育学習科学専攻教科教育学分野などがある。

各教科教育学の学会の多くは，下記のように1950年ごろを中心に設立されている (森分, 1986, p.196)。

- 全国大学国語教育学会（1950年）
- 全国英語教育学会（1975年）
- 日本社会科教育学会（1952年）
- 日本数学教育学会（1952年）
- 日本理科教育学会（1952年）
- 日本音楽教育学会（1970年）
- 日本美術教育学会（1951年）
- 日本体育学会（1950年）
- 日本家庭科教育学会（1958年）

このような教科別の教科教育学と並んで，前述のように1975年には，日本教科教育学会が設立されている。

2. 海外における教科教育学研究者養成と学会

アメリカの教科教育学研究者の養成として，例えば，Science Education（科学教育学）では Doctor of Program (Ph.D) in Science Education Course（アイオワ大）があり（長洲, 2016），イギリスでは，大

学院博士課程の場合の多くが，Ph.Dプログラムであり，Ph.Dの場合，体系だってあるよりも，指導教員の有無により指導ができるかであり，ブリストル大の場合には，内容エリア(substantial area)の一つにScience Educationがある（磯崎, 2016）。

ドイツでは，博士号取得のための定型化されたカリキュラムはなく，1980年代末以降の卒後課程（Gradierten-kolleg）の導入によって初めて新しい道が開かれたものの，博士号取得はほとんどの場合，個別指導によって準備されている（H. パイザートほか, 1997）。スイス（チューリヒ大学）では，「教科教授学」の博士プログラムがある（Univ. Zürich, 2016）。

韓国では，博士課程の専攻名に，例えば科学教育科物理教育専攻（ソウル大学），科学教育学科物理教育専攻（釜山大学）などを使用しているが，専攻名等に教科教育学の名称を使用してはいない（林, 2016）。中国では，専攻名等として「課程と教授学習論」が用いられ，その中の領域名として，例えば数学教育（北京師範大学）などが用いられている（呂, 2016）。タイでは，専攻の中の領域名として，「教科教育学」はなく，例えば「科学教育」（Srinakharinwirot Univ.）などが用いられている（I. Maitree, N. Srisawake, 2016）。

各教科の個別の教科教育学の学会はいうまでもなく世界中に存在するが，総称・統一体としての教科教育学の学会はほとんど存在しない。教科教授学の概念が定着しているドイツには，宗教，音楽，経済，外国語，政治，スポーツ，労働・技術・経済，物理，化学，生物，数学，事実科，情報，地理，ドイツ語，歴史等の教科の学会に，教育学会，物理学会等の教科以外の専門学会をも含む25学会が連合した社団法人「教科教授学会」(GFD：Gesellschaft für Fachdidaktik) がある。その目指すところは，「社団法人教科教授学会は，連合体として，学問と実践における教科教授学の共同，並びに，社会における教科教授学の包括的な重要性と利益の擁護を促進する」ことにあり，2003年から教科教育学に関する研究大会が開催されている（GFD, 2016）。

おわりに

教科教育学は本格的な学問領域・専門研究領域として，70年弱の歴史を刻んできている。教育学の専門分化，他の学部とは異なる教員養成系大学・学部の固有の専門領域の明確化，様々な社会的なニーズなど，多様な背景があるものの，教科教育学は社会の制度として定着してきた。各教科に応じた教科教育学の発展・興隆も目覚ましい。こうした今，改めて「教科教育学とは何か」を不断に問い直し，教科教育学の学問としての充実と，教科教育の実践を牽引する等の社会的な使命と期待になお一層応えていきたいものである。

諸外国の「教科教育学」事情については，アメリカ：長洲南海男氏（筑波大学名誉教授），イギリス：磯崎哲夫氏（広島大

学教授），フランス：三好美織氏（広島大学准教授），韓国：林吉善氏（釜山高等学校自然科学部長），李（箱崎）禧承氏（桐蔭横浜大学准教授），キムボイェ氏（筑波大学大学院生），中国：呂光暁氏（筑波大学大学院生），タイ：I. Maitree 氏（Khon Kaen 大学教育学部長），N. Srisawake 氏（Watphiton 小学校教師）にご教示いただいた。記して謝意を表する。

（大髙　泉）

〇引用参考文献

Achtenhagen, F.（1981）: Theorie der Fachdidaktik, W. Twellmann (Hrsg.) : *Handbuch Schule und Unterricht*, Bd.5., Pädagogischer Verlag Schwann.

Bigalke, G.(1969), Fachdidaktik in Forschung und Lehre, in: *Der mathematische und naturwissenschaftliche Unterricht*, Bd.22, H.5.

藤枝惠子(1990)「『教科教育学』の成立条件を探る―家庭科教育学の立場から―」東洋ほか『教科教育学の成立条件』東洋館出版社．

GFD, HP, http://www.fachdidaktik.org （2016.03.05閲覧）．

広島大学大学院教育学研究科，HP，http://www.hiroshima-u.ac.jp/ed/Gakubu/p_mubviu.html+&cd=1&hl=ja&ct=clnk&gl=jp&client=safari（2016.03.05閲覧）．

井口尚之（1990）「あとがき―教科教育学の研究に望む」東洋ほか『教科教育学の成立条件』東洋館出版社．

Jank, W., Meyer, H.（2011）*Didaktische Modelle*, Cornelsen.

森分孝治（1986）「教科教育研究の歴史」広島大学教科教育学研究会『教科教育学Ⅰ　原理と方法』建帛社．

日本教育大学協会教員養成課程検討委員会(1966)『教科教育学の構想案』．

日本社会科教育学会（1970）『社会科教育学の構想』明治図書．

日本教科教育学会HP，http://jcrda.jp/admission.html（2016.03.05閲覧）．

バイザート，H. ほか著，小松親次郎，長島啓記訳（1997）『ドイツの高等教育システム』玉川大学出版会．

Römbach, H.（Hrsg.)(1977), *Wörterbuch der Pädagogik*, Herder.

柴田義松（2014）「教科教育学」今野喜清ほか『第3版　学校教育辞典』教育出版．

寺川智祐（1986）「教科教育の成立と本質」広島大学教科教育学研究会『教科教育学Ⅰ　原理と方法』建帛社．

Timmermann, J. u.a.(1972), *Fachdidaktik in Forschung und Lehre*. Hermann Schroedel.

Universität Zürich Institut für Erziehungswissenschaft, Doktorat Fachdidaktik, http://www.ife.uzh.ch/de/study/doktorandenstudiumfd.html（2016.02.24閲覧）．

早稲田大学教育学研究科，HP，https://www.waseda.jp/fedu/gedu/about/curriculum/doctoral/（2016.03.05閲覧）．

第2部　教科教育学の研究方法

教科教育研究とその方法

1. 教科教育学に独自の研究方法は存在しない。それを独自にするものは方法論である。
2. わが国の教科教育における方法論研究は教科教育「学」の確立を目的として、方法研究は教科教育固有の研究を遂行する「科学的研究方法」を求めて、進展してきた。
3. 新たな方法論・研究方法研究の展開のために、個々の研究者は、自らの研究目的を達成する方法論・研究方法を自覚して選択し、反省的省察的に遂行していかなければならない。
4. 教科教育研究は、学的研究として科学的であるとともに倫理的でなければならない。

はじめに：問題の所在

　自分が教科教育の研究を行う目的が決まると、その解決方略を選択・決定し、実行しなければならない。それでは、教科教育研究は、どのような方法で進めれば学的研究となるのか。また、どのような方法を用いれば、教科教育学研究となるのか。この問題は、教科教育・各教科教育研究で探求され、その成果は研究ハンドブック等で公表されている。本章では、研究方法に関する教科教育・各教科教育研究の進展から、先の問いを考えてみたい。

I　教科教育の研究方法論

　教科教育学研究を行う上でその根拠をなすのは研究方法観であり、それを客観化したものが研究方法論である。教科教育・各科教育学研究では、個々の研究者や学会を中心に研究方法観を反省し批判検討する研究方法論研究が展開されてきた。しかし、それを概観すると「研究方法についての研究」「研究に用いられる手法・技術」という意味でも方法論という言葉が用いられている。ここでは、学的確立を求めて方法論の研究が進められてきた社会科教育の研究から、「教科の教育について、何を、どのように研究すれば学問的研究となるのか」を考えてみたい。

1．実践的教育学研究としての教科教育学研究の方法論

　教科教育の方法論の議論に関する初期の代表的成果の一つは、伊東の提案である（伊東, 1971）。伊東は、人文・社会科学の体系を社会科教育学研究に準用し、以下の4つの方法論を提示している。

- 理論的方法
- 歴史的方法
- 実証的・実験的方法
- 比較教育的方法

　これは、当時の教育学の方法論を社会科教育学のそれに置き換えたものである。

伊東は，教科教育学を専門科学の応用科学としてではなく，「人間形成」という「教育的要求」に応える実践的な科学として捉え，教授学論の詳細な検討により，教科教育学が教育学の一領域であることを明確にした。そのため，教科教育学に独自の研究方法が存在するのではなく，教育学の方法が教科教育学のそれとして利用されると考えた。

しかし，この方法論により進められた教科教育研究は，学問的であろうとすればそれだけ，現実の実践的課題から一歩引いた研究のための研究になりやすかった（伊東，1971，p.41，pp.77-79；森分，2001，pp.16-17；草原，2015，p.25）。

2．教科教育学固有の研究方法論

この課題に取り組み，実践的課題の究明に迫る教科教育・社会科教育独自の研究方法論を構築しようとしたのが森分の研究である（森分，1983，1999）。森分は，伊東の「実証的・実験的方法」の概念を発展させ，社会科教育の事実を「創造・変革」する（つくる）研究と，それを補完するために国内外のつくる研究の成果を対象化し，その理念と構造を「分析・説明」するアプローチを確立し，以下の体系を提示した。

- 「分析・説明」する研究：
  ①事実の記述・収集，②事実の分析，③事実の分析の反省
- 「創造・変革」する（つくる）研究：
  ①事実づくり，②事実をつくる理論づくり，③事実をつくる理論の分析

森分は「社会科では何を目標とするのが望ましいか」「社会科の本質とは何か」を問い，よりよい目標を実現するための内容・方法を教授書としてつくり，それを実践し改善することを社会科教育学研究として捉えた。

複数の各教科教育研究において，「理論的，規範的研究」と「実践的，実証的研究」の体系からなる方法論は示されている（戸北，1988；中原，1993；日本音楽教育学会，2000ab）。森分の方法論は，研究対象としての授業の「事実」と「理論」，対象への接し方としての「つくる」と「分析する」を掛け合わせ，方法論を定式化したところに価値があり，意味ある研究とは何かを明確に示唆したところに意義があった。しかし，この方法論では，授業実践の動的なプロセスが考察の対象から外れていた。それは，教科教育学の固有性を追求し，教科指導の内的な成立根拠—社会科はそもそもどうあるべきか—を究明しようとした規範的な研究の論理的限界でもあった（草原，2012，pp.97-108；草原，2015，pp.25-26）。

3．グローバル化に対応した教科教育学の研究方法論

21世紀に入り，社会のグローバル化の進展，人文・社会諸科学の飛躍的進歩に伴い，社会科教育学研究はその存在意義を問われた。全国社会科教育学会は「国際化プロジェクト」を立ち上げ，新たな研究方法論を探求した。草原は，グローバル化を見据え，社会科教育研究の「ガ

表1　グローバル化に対応した新しい研究方法論のRQと研究の組み立て

	A　規範的・原理的研究	B　開発的・実践的研究	C　実証的・経験的研究
RQ （立場）	より望ましい社会科とは何か。なぜそれは望ましいのか。 （思想家）	より望ましい社会科を実現するには，どうしたらいいか。なぜそうするといいか。 （技術者・デザイナー）	社会科は，現にどういう環境で，どのように教えられ・学ばれている（きた）か。それはなぜか。 （科学者）
研究の組み立て	1主題とRQの設定→2理論の類型化→3事例の分析→4比較と意義づけ→5答え	1主題とRQの設定→2開発の設計図づくり→3試行・実践→4効果の評価→5答え	1主題とRQの設定→2データの収集・分析の方法→3分析・考察→4答え→5実践への示唆
（研究の例）	外国の「カリキュラム」「教科書」研究	「単元開発」「地域教材の開発」研究	子どもの「認知」傾向「価値観」，教師の「信念」「意思決定」の解明，歴史研究

（草原, 2015, pp.29-32より作成）

ラパゴス化」を防ぐために，米国の「実際に社会を教え学ぶ主体たる人」を研究対象に求める実証的・経験的な社会科教育研究の方法論とわが国で発展してきた方法論から，3つの類型を示している。

- 規範的・原理的研究
- 開発的・実践的研究
- 実証的・経験的研究

3つの方法論の違いは，研究には必ず存在する問い（Research Question：RQ）とそれを探求する研究の組み立てから表1のように説明されている。

いずれも，研究論文として必要な根拠を付して結論を述べる「なぜ」のRQを伴う。その違いをあえて明確にするとAは思想家，Bは技術者・デザイナー，Cは科学者，の問いと研究体制を体現している。ABはいずれもある「べき」社会科像を追求する。Aは一般的な理念・目標，Bは具体的な計画・方策の提案を求める点で異なる。Cは「べき」論より社会科の事実を叙述し批評することに関心を寄せる。

研究の組み立ては，ABは現実の社会科の問題から始まる。Aは，その問題を除去しうる理論を複数の類型（選択肢）として示し，事例の分析を通して，よりよい理論を提案する。Bは，問題解決につながる理論を探し，それに基づき自ら実践の設計図（授業モデル・計画書）を組み立て，必要に応じて教室で試行・実践し効果を評価する。Cは先に問題があるのではなく，問題状況が何かを突き止めることが終点となる。長期にわたる教室での授業観察，聞き取りや質問紙での調査等を試み，得られたデータから実態を数字や言葉で再現し，背景や理由を分析し，結論が実践に示唆するものを引き出

す。

草原は，この3類型で近年のわが国の社会科教育研究を分析し，動向を概括している。その結果から，今後は，3類型の研究がバランスよく発展していく。その研究が進めば進むほど，一つの方法論だけでは完結せず，実践的な有用性を求めて異種の方法論を混淆・接合させることで，新しい研究を切り開くハイブリッド型研究が増えていくことを新傾向の研究事例から示唆している。

教科教育の世界では，方法論の3類型のRQが等価値に存在し，相まって機能している。研究者と教師には，いずれの問いにも個々の専門性を活かし貢献することが期待される（草原，2015, pp.28-45）。

II　研究方法の類型

自らのRQと研究の組み立てが決まると，その探求に適切な研究方法を選ばなければならない。各教科教育で行われてきた研究方法に関する研究では，「量的研究」「質的研究」と単一の方法に限定されることなく複数の方法を活用する「新たな研究」の3つの類型をみることができる（岡崎，2007；関口，2010；全国大学国語教育学会，2002, 2013, 2015；竹内ほか，2014；岡出ほか，2015）。これら3つの研究とその方法に関しては，第2～4章で論考されるが，ここでは，研究方法に関する研究の展開を概観しておきたい。

1．量的研究

戦後，わが国の教科教育研究に影響を与えたのは，米国の教育研究である。1960年代には，行動主義心理学の影響を受け，「科学的研究」が志向され，行動科学の名のもとに，調査研究や実験的研究などの統計を重要な手段とする量的アプローチによる研究が多くみられるようになった。

しかし，量的研究による教科教育研究は，方法論的基準を満たそうとするあまり，日常生活の意味のある問題からかけ離れてしまった。蓄積された研究成果は，必ずしも授業実践に役立っていないという現状から，1980年代になると，量的研究方法だけでは，教科教育研究には限界があることが指摘された。さらに，20世紀後半からの認知科学の急速な発展の中で，教授学習における教師や児童生徒の内面のプロセスを研究する方法が求められるようになった。

2．質的研究

量的アプローチへの批判から台頭してきたのは，データの数量化を中心的な手段としない研究方法である。それらは，文化人類学，教育社会学，臨床心理学等の伝統から生み出された，エスノグラフィー，エスノメソドロジー，ケーススタディ，グラウンテッド・セオリー等の「質的研究」と呼ばれる研究方法である。質的研究は，ある現象を生成・維持・変容させているプロセスの質を組織的に探究する研究法で，ある現象の当事者がつくり上げている意味の世界の理解を基本とし，多様な手段と複数のデータを活用し，

現象について様々な角度から理解を試みる。

わが国において，質的研究方法を用いた教科教育研究は，1990年代より数多く行われるようになった。特に，AV機器の急速な進歩と普及により，教科の授業に生起する現象の本質や，現象の構成要素の各々が全体とどのように関係しているのか等を長期的・包括的なデータの収集により教師や児童生徒の視点から描き出して理解しようとする研究や，構成主義の観点からの授業研究など多様な研究が各教科で行われている。

3．新たな研究

21世紀を迎え，教科教育研究にも先進的で国際的な研究スタンダードを視野に入れた新たな展開が期待されるようになった。それに伴い，従来の研究方法の見直しと新たな展開が求められた。その中で，授業のありようを質的・量的に記述し説明・理解するだけではなく，具体的な教育活動をデザインし，成果物を創造し，教師の関心に直接的に貢献する研究を目指して，量的研究と質的研究を組み合わせる研究や，異なるパラダイムを背景とした複数の研究方法を活用した「研究デザイン」の開発，他の学問領域との交流を図り新たな研究方法の開拓と見直しを進め，「ハイブリッド・サイエンス」としての新たな研究方法を開発する研究が展開されている。

Ⅲ　教科教育学研究の代表的な研究領域

教科教育学研究は，いずれかの方法論に基づき，3つの研究方法からRQを達成するために適切な一つあるいは複数の方法を活用して進展してきた。それは，第3部の第1章から第12章の研究領域やテーマとしてまとめられる。実際の教科教育学研究は，これらの研究領域やテーマにおいて展開されていくことになる。

おわりに　―教科教育研究とその方法の特質と課題―

わが国の教科教育・各教科教育学研究は，「教科教育学とは何か。教科の教育について，何を，どのように研究すれば学問的研究となるのか」を目的として行われ，研究方法論・研究方法の研究も進められてきた。そのため，方法論研究の特質は，教科教育の研究に固有の視点や方法，教科教育「学」の確立を問題意識とするところにある。研究方法の研究も，時代の推移，海外の研究動向，関連諸科学の展開の影響を受けながら，教科教育に固有な研究を遂行する「科学的研究方法」を求めて展開されてきた。

個々の研究者が教科教育研究を行うとき，先の問いとともに，これまでの教科教育研究の伝統を踏まえつつ，教科教育が直面する課題に応えうる新たな方法論・研究方法とは何かが，質し続けられなければならない。そのためには，自分の研究目的を明確にした上で，それを達

成する方法論と研究方法を自らが自覚して選択し，反省的省察的に遂行していくことが不可欠となる。それは，学的研究として科学的であるとともに，「人」を対象とする研究として倫理的に配慮されていなければならない（秋田ほか編，2005, pp.257-268；難波編，2007, pp.323-330）。各教科教育学会では，倫理綱領や倫理規定が制定されてきている（「日本音楽教育学会倫理綱領」2013；「日本体育科教育学会研究倫理綱領」2013；「大学美術教育学会研究倫理規定」2015；「日本家庭科教育学会倫理綱領」2015；「全国社会科教育学会研究倫理・投稿倫理・査読倫理規定」2015）。研究方法論と同時に，研究実施の各過程での具体的な倫理上の配慮や手立てを考えていくことが必要であり，それが自覚的な方法論・研究方法の選択と反省的省察の遂行に繋がっていくと考えられる。

（佐藤　園）

〇引用参考文献

秋田喜代美ほか編（2005）『教育研究のメソドロジー』東京大学出版会.

池野範男（2014）「教育研究の類型と特質」日本教育方法学会『教育方法学研究ハンドブック』学文社，pp.50-55.

伊東亮三（1971）「社会科教育学の構造」内海巌編著『社会認識教育の理論と実践』葵書房，pp.38-79.

草原和博（2012）「日本の社会科研究の方法論的特質」全国社会科教育学会『社会科教育論叢』48, pp.97-108.

草原和博（2015）「社会科教育学研究論文の作り方・書き方」草原和博ほか編著『社会科教育学研究法ハンドブック』明治図書，pp.13-45.

森分孝治（1983）「教科教育学の領域と方法」広島大学教科教育学会『教科教育学会紀要』2, pp.13-18.

森分孝治（1999）『社会科教育学研究―方法論的アプローチ入門―』明治図書.

森分孝治（2001）「社会科教育学論・研究方法論」全国社会科教育学会『社会科教育学研究ハンドブック』明治図書．pp.14-18.

中原忠男（1993）「数学教育の研究」数学教育学研究会『新数学教育の理論と実際―中学校―』聖文社，pp.224-233.

難波博孝編（2007）『臨床国語教育を学ぶ人のために』世界思想社.

日本音楽教育学会（2000a）『音楽教育学研究1―音楽教育の理論研究―』音楽之友社.

日本音楽教育学会（2000b）『音楽教育学研究2―音楽教育の実践研究―』音楽之友社.

岡出美則ほか編（2015）『新版　体育科教育学の現在』創文企画.

岡崎正和（2007）「数学教育研究方法論としてのデザイン実験の位置と課題」全国数学教育学会『数学教育学研究』13, pp.1-13.

関口靖広（2010）「研究方法論」日本数学科教育学会『数学教育学研究ハンドブック』東洋館出版社，pp.9-15.

竹内理ほか編著（2014）『外国語教育研究ハンドブック【改訂版】―研究手法のより良い理解のために―』松柏社.

戸北凱惟（1988）『理科教育研究の視点と方法』東洋館出版社.

全国大学国語教育学会（2002）『国語科教育学研究の成果と展望』明治図書.

全国大学国語教育学会（2013）『国語科教育学研究の成果と展望Ⅱ』学芸図書.

全国大学国語教育学会（2015）『国語科教育研究手法の開発』学芸図書.

質的研究としての教科教育研究

1. 質的研究とは，発話記録や，記述物，行動記録などといった質的データを主要な拠り所としながら，ある社会的・文化的状況の特徴やそこに置かれた人々の行為の特徴を解明し，その理論化を図る研究あるいは研究方法の総称をいう。
2. 近年の質的研究では，研究者や実践者が教育的介入を行う教授実験やデザイン実験，アクション・リサーチなども展開されている。
3. 質的研究の基本的手順としては，「研究課題や研究仮説の設定」「質的データの収集」「質的データの分析と理論化」がある。

I 質的研究の意味と特徴

「質的研究（qualitative research）」とは，発話記録や，記述物，行動記録などといった質的データを主要な拠り所としながら，ある社会的・文化的状況の特徴やそこに置かれた人々の行為の特徴を解明し，その理論化を図る研究あるいは研究方法の総称をいう。質的研究は，もともと文化人類学や社会学などに端を発するものである。教科教育研究でも，近年，教室における教授・学習過程や子どもたちの意味構成の過程などを社会的かつ文化的な営みとしてとらえ，そうした複雑な営みを解釈しようとする質的研究が精力的に展開されるようになっている（末尾の引用参考文献を参照）。

教科教育研究における質的研究の主要な特徴としては，次の3点があげられる。
①自然な教育環境下における参与観察やインタビュー，記述物の収集などを通じて，教授・学習過程や意味構成の過程，教室文化の形成過程などの実態を解釈，解明しようとする。
②質的データの収集，分析をもとに，新たな研究課題や仮説，理論の創出，洗練に主眼を置いている。
③集団の全体的，平均的な特徴の分析よりも，個人やその個人を取り巻く小集団，教室共同体の営みを個別的，長期的に分析する。

①について，質的研究では，研究者が分析対象の教室共同体にできるだけ自然な形で溶け込み，寄り添いながら，参与観察などの手法によって質的データを収集，分析することを基本とする。そして，ある時には研究者の視座から，また，ある時には，教師も含めた教室共同体のメンバーの視座から，個々人の内面で進行する意味構成や教室内のメンバー間の相互行為の特徴を解釈，解明しようとする。

②について，量的研究では，一般に，

何らかの仮説や理論的枠組みが予め設定されており，事前調査と事後調査との比較や実験群と統制群との比較などによって，仮説や理論的枠組みの検証が行われる。一方，質的研究の場合，とりわけ研究の初期の時点では，明確な仮説が必ずしも設定されているとは限らない。むしろ，質的研究では，複雑かつ混沌とした教育事象を対象としながら，多様な質的データの収集，分析によって，新たな仮説や理論的枠組みの創出，洗練が主要な目的となる。そして，質的データの収集と分析を繰り返すことによって，そうした仮説や理論的枠組みの妥当性の検証，洗練を図ることになる。

③について，質的研究では，集団の平均的，全体的傾向の分析よりも，ある特定の教室集団に属する個々人の行為の特徴や教室文化の醸成過程などを個別的かつ長期間にわたって分析することに主眼が置かれる。そのことによって，全体的，平均的な特徴には反映されなかった個々人の行為や教室文化などの特徴を顕在化させることが可能になる。

こうした特徴をもつ質的研究は，今日，実に多様にとらえられている。実際，質的研究という用語は，エスノメソドロジー，エスノグラフィー，ケース・スタディ，ナラティブ・リサーチ，グラウンデッド・セオリー・アプローチ，教授実験，デザイン実験，アクション・リサーチなどのような研究アプローチ，研究方法を総称する用語として用いられることがある（メリアム，2004；シュワント，2009；関口，2013；戈木クレイグヒル，2013）。

エスノグラフィックな研究を典型とする質的研究では，参与観察などによって，当該の社会的・文化的状況あるいは集団の正確な実態解明が基本的な目的になる。そのため，原則として，研究者が分析対象に対して積極的に介入し働きかけることはない。一方，最近の教科教育研究では，研究者や実践者が教育的介入を行う質的研究も展開されるようになってきている。その好例が，教授実験やデザイン実験，アクション・リサーチである。

教授実験やデザイン実験では，研究者による直接的な教育的介入のもとで，子どもたちの学習過程や意味構成の過程に関する質的分析が行われる。例えば，数学教育では，構成主義を認識論的基盤とした教授実験が精力的に行われており，社会的相互作用に基づく子どもたちの数学的意味の構成過程に関する知見が蓄積されている（例えば，Cobb & Bauersfeld, 1995）。また，近年では，教授実験の考えを発展させたデザイン実験が注目されるようにもなってきている（例えば，Kelly, Lesh & Baek, 2008；岡崎，2007）。デザイン実験とは，工学研究と同様に，教育的介入を「学習環境全体の組織的なデザイン（設計）」ととらえた上で，新しい指導法や教材，教育方法などを新たに開発，提案するものである。デザイン実験では，一般に，研究者と実践者とが協働しつつ，学習環境のデザイン，実践，検証，改善の一連のサイクルを繰り返しながら，研究が進められる。

一方，アクション・リサーチは，主として，実践者である教師自身が自らの実践的課題の解決を目的として行う研究活動をいう。例えば，同じ学校に勤務する教員が同一の実践的課題を協働的に検討，改善する「授業研究」は，アクション・リサーチの一つととらえることができる。

Ⅱ　質的研究の手順

前節でも述べたように，今日，質的研究は多岐にわたる。しかし，質的研究に共通する研究の基本的手順としては，「研究課題や研究仮説の設定」「質的データの収集」「質的データの分析と理論化」の3つがある。以下では，これらについて概観しておきたい。

1．研究課題や研究仮説の設定

既に述べたように，質的研究の主要な目的は，ある文化的・社会的状況下の個人や集団の行為について，当該の人間や集団の視座から解釈し，意味づけることである。それ故，ある教室共同体における子どもたちが，「どのような意図で，どのように行動したのか」や，「なぜ，そのように行動したのか」などといった行為の解釈や意味づけが，教科教育研究における質的研究の主要な研究課題（リサーチ・クエスチョン）になる。このように，質的研究では，人の行為に関する「いかに」「どのように」「なぜ」といった疑問が研究課題の中核になる。

なお，こうした研究課題に対する何らかの仮説は，研究の当初から，必ずしも明確になっているとは限らない。むしろ，質的データの収集，分析の進行にともなって，研究課題の明確化，見直し，焦点化，洗練がなされることが多い。

2．質的データの収集

当面の研究課題を設定したならば，質的データを実際に収集することになる。質的研究におけるデータ収集の代表的方法としては，「参与観察」「インタビュー」「各種の記述物の収集」がある。

参与観察とは，研究者が，ある状況や集団の中に比較的長期にわたって身を置きながら，調査対象者がとっている日常的行動や思考などを観察する方法をいう。調査対象者の行為の実態をできるだけ正確に把握，解釈するためには，対象者との信頼関係の構築も重要になる。

参与観察では，後々の分析のために，観察した事柄を詳細に記録しておく必要がある。ビデオによる録画やデジタルカメラによる撮影は有効な記録方法である。こうした映像的記録とともに，研究者自身が観察記録をつけることも重要である。こうした観察記録は「フィールドノーツ」とよばれる。フィールドノーツには，観察した事実を記録することはもちろんのこと，観察の際に考えたことや気づいたこともあわせて記録しておくことが望まれる。また，フィールドノーツの記録をもとに，観察の対象や視点を徐々に焦点化していく努力も必要になる。

インタビューには，一般に，次の二つの方法がある。第一の方法は，予め検討，

設定した質問事項をもとに，系統的，組織的に質問を行う構造化インタビューである。第二の方法は，質問事項を予め決めておくのではなく，調査対象者に自由に話してもらう非構造化インタビューとよばれる方法である。

各種の記述物としては，例えば，ノートやワークシート，プリント類をはじめ，子どもたちの学習に関わる公的記録などがあげられる。こうした記述物は，参与観察やフィールドノーツ，インタビューに基づく分析を裏づける貴重なデータとなる。

3．質的データの分析と理論化

質的研究では，収集した様々な質的データをもとに，混沌とした複雑な事象の特徴をボトムアップ的に抽出する組織的な方法が提案されている。例えば，グレイザーとストラウスによって提唱された「グラウンデッド・セオリー・アプローチ」（以下，GTA）では，質的データから仮説や理論を生成するための組織的な手法が提案されている（グレイザー＆ストラウス，1996；戈木クレイグヒル，2013など）。GTAでは，共通性や関係性といった視座から，断片的な現象の特徴をグループ化し，一つの「カテゴリー」として抽出する。そして，当該のカテゴリーの特徴を分析し，何らかの定義づけを行うことによって，そのカテゴリーを概念化していく。さらに，様々な概念の関係性や階層性を検討しながら，分析対象となっている個人や集団，組織，文化などの特徴を徐々に理論化していく。

なお，こうした一連の概念化や理論化の過程は，質的データのラベルづけを意味する「コーディング」とよばれる作業と同時並行的に行われる。このコーディングについては，カテゴリーの抽出あるいは理論の生成といった目的に応じて，オープン・コーディング，軸足コーディング，選択的コーディングといった使い分けもなされている（関口，2013，p.125）。GTAでは，以上のようなコーディングに基づくカテゴリー化，概念化に基づいて仮説や理論の生成を行う。そして，こうした一連のプロセスを繰り返すことによって，社会現象や人間の行為に関する仮説や理論の洗練を図る。

以上のようなGTAの手法に限らず，質的研究では，分析結果や理論化の客観性，妥当性，一般性を担保することが重要なポイントになる。そのために，質的研究では，「トライアンギュレーション」が重視されている。これは，できるだけ多くの異なる質的データを突き合わせることによって，分析結果や理論化の客観性，妥当性，一般性を高める手法である。

Ⅲ　質的研究の事例：数学的規範の分析

質的研究の事例の一つとして，「数学の教授・学習における数学的規範の日豪比較」（関口，2010）を取り上げてみたい。本研究は，「学習者の観点からの授業の国際比較研究（LPS）」の一環として行われたものであり，日本とオーストラリアの数学科授業の分析，比較によって，両

国の数学科授業における「数学的規範」の特徴を明らかにしようとしたものである。本研究の節構成と概要は以下のとおりである。

はじめに
1．理論的枠組み
2．研究の方法とデータ
3．データの分析と考察
　3-1　日本のサイトにおける数学的規範の分析
　3-2　オーストラリア・サイトにおける数学的規範の分析
　3-3　日本とオーストラリアの数学的規範の比較考察
おわりに

私たちの日常生活が様々な「きまり」によって成り立っているように，授業にも様々な「きまり」が潜在し，それらが教授・学習過程や教室文化に影響していると考えられる。本研究では，そうした「きまり」を「規範（norms）」とよんでいる。こうした規範には，「社会的規範」と「数学的規範」の二つがある。前者は，例えば，「自分たちの推論を説明し正当化しなければならない」のように，教科を問わず，授業全般にかかわる規範である。一方，後者は，いわば数学に固有の規範である。例えば，「数学的に多様な考えを追求すべきである」などはその一例である。

本研究では，数学的規範に関する先行研究を考察した上で（1節），両国の授業ビデオやインタビューのトランスクリプトをもとに，前述のGTAの手法を使って，数学的規範に関する「カテゴリー」の生成を図っている（3節）。分析の結果，両国の数学科授業について，「特定のサイト」あるいは「複数のサイト」において同定された様々な数学的規範が報告されている。また，こうした両国の分析結果をもとに，日本とオーストラリアの数学的規範の違いも報告されている。そうした違いの中でも，「授業事象の生起パターン」による数学的規範の違いは特に興味深い。分析によれば，日本の数学科授業は問題解決型授業であるため，多様なアイデアの提案に関する数学的規範が生じており，そうした数学的規範が日本の授業の後半の話し合いやまとめを媒介しているという。一方，オーストラリアの授業の場合，問題解決型授業とは異なる授業パターンであるため，同定された数学的規範の多くは，解答を書く手順やルールの使用に関するものであったという。

以上のように，本研究では，GTAの手法によって，日本とオーストラリアの数学科授業に潜在し，子どもたちの数学観の形成に影響を与えていた数学的規範の抽出に成功している。それとともに，両国の授業パターンの違いが数学的規範の違いにも影響を及ぼしていることが指摘されている。以上の諸点を質的研究の手法によって新たに導出した点において，研究としての大きな意義や価値がある。

Ⅳ　質的研究の課題

質的研究は，量的研究と対比的に議論

されることが多い。しかし，近年では，それらを相補的にとらえ，組み合わせる研究も徐々に指摘されてきている（日野，2010, pp.48-49）。研究目的やデータ分析の視座から，両者の組み合わせ方を展望することは，今後の課題の一つである。

（山口武志）

○引用参考文献
(1) 質的研究全般
デンジン，N.K., リンカン，Y.S.編，平山満義監訳（2006）『質的研究ハンドブック（1巻～3巻）』北大路書房．
フリック，U.著，小田博志監訳（2011）『新版 質的研究入門』春秋社．
グレイザー，B.G., ストラウス，A.L.著，後藤隆ほか訳（1996）『データ対話型理論の発見：調査からいかに理論をうみだすか』新曜社．
平山満義編著（1997）『質的研究法による授業研究』北大路書房．
メリアム，S.B.著，堀薫夫ほか訳（2004）『質的調査法入門』ミネルヴァ書房．
日本教育方法学会（2014）『教育方法学研究ハンドブック』学文社．
戈木クレイグヒル滋子編（2013）『質的研究法ゼミナール（第2版）：グラウンデッド・セオリー・アプローチを学ぶ』医学書院．
シュワント，T.A.著，伊藤勇ほか監訳（2009）『質的研究用語事典』北大路書房．
関口靖広（2013）『教育研究のための質的研究法講座』北大路書房．

(2) 各教科
Bikner-Ahsbahs, A., Knipping, C. & Presmeg, N.(eds.)(2015) *Approaches to Qualitative Research in Mathematics Education*. Dordrecht: Springer.
Cobb, P. & Bauersfeld, H. (eds.)(1995) *The Emergence of Mathematical Meaning: Interaction in Classroom Cultures*. Hillsdale, NJ: Lawrence Erlbaum Associates.
藤森裕治（2013）「国語科授業研究・学習者研究の動向」全国大学国語教育学会『国語科教育学研究の成果と展望Ⅱ』学芸図書，pp.521-528．
日野圭子（2010）「数学教育における質的研究について」清水美憲編『授業を科学する─数学の授業への新しいアプローチ─』学文社，pp.45-66．
Kelly, A.E., Lesh, R.A. & Baek, J.Y. (eds.) (2008) *Handbook of Design Research Methods in Education*. NY: Routledge.
草原和博，溝口和宏，桑原敏典編著（2015）『社会科教育学研究法ハンドブック』明治図書．
日本社会科教育学会（2014）『社会科教育研究』121（質的研究論文特集）．
岡崎正和（2007）「数学教育研究方法論としてのデザイン実験の位置と課題：科学性と実践性の調和の視点から」『数学教育学研究』13, pp.1-13．
関口靖広（2010）「数学の教授・学習における数学的規範の日豪比較」清水美憲編『授業を科学する─数学の授業への新しいアプローチ─』学文社，pp.67-89．
鈴木理（2015）「質的研究の成果と課題」岡出美則，友添秀則，松田恵示，近藤智靖編『新版 体育科教育学の現在』創文企画，pp.256-268．

第3章 量的研究としての教科教育研究

1. 量的研究とは，実験データ，テスト得点，質問紙などといった量的データを主要な拠り所としながら，統計的手法を用いて研究対象を特徴づける変数の傾向を把握したり変数間の関係を検討したりする研究あるいは研究手法の総称をいう。
2. 量的研究においては，質の高いデータを得ることが第1条件となる。教科教育研究においては，学力や学習意欲といった抽象的な概念を対象とすることが多いため，データ収集に使用するツールの妥当性と信頼性が重要になる。

I 量的研究の意味と特徴

取り扱うデータの種類に依拠して教科教育研究を分類すると，発話記録や資（史）料などの質的データを分析する質的研究，テストや質問紙などの量的データを分析する量的研究，質的データと量的データを組み合わせて分析する研究，という3つに大別できる。一方で，どのようなデータを取り扱うのかについては，研究の目的や方法などに依存することから，研究デザインと密接に関わるといえる。本章では，主として量的研究について整理するとともに，教科教育研究としての量的研究の事例や課題について述べる。

「量的研究（quantitative research）」とは，数値で表現されたデータを扱う研究であり，実験データ，テスト得点，質問紙などといった量的データを主要な拠り所としながら，統計的手法を用いて研究対象を特徴づける変数の傾向を把握したり変数間の関係を検討したりする研究あるいは研究手法の総称をいう。

教科教育研究における量的研究では，学習者や教師を対象に，限られた時間でデータを収集する必要があるため，評定尺度法による質問紙やテスト形式の調査問題などがよく用いられる傾向にある。また，教科教育研究では学力や思考力，学習意欲など直接観察して測定することが困難な特性（構成概念）を調査対象とすることが多いため，データの収集に際しては測定ツールの信頼性や妥当性の確認が重要になる。

II 量的研究の手順

研究の基本的な進め方を基盤に，量的研究の手順を，「研究課題の設定」「調査計画とデータ収集」「量的データの分析」の3つに分けて概説する。

1．研究課題の設定

適切な研究課題を設定することは，量

的研究であるかどうかにかかわらず，研究の第一歩として重要である。適切な研究課題とは，当該領域における先行研究のレビューに基づき，明らかにしたい事項が検証可能な課題として明確に位置づけられている課題である。

研究課題につながる種（たね）そのものは，自分自身の素朴な疑問や日頃の指導経験に基づく課題意識など，我々の身近なところにも存在している。素朴な疑問や課題意識であっても，関連していると思われる先行研究を収集・整理し，明らかにしたい事項が当該領域の研究のどこに位置づくのかを明確化することができれば，研究課題として芽を出すことができる。また，教科教育研究は教科の教授や学習の改善，発展に何らかの形で寄与するものとなるよう，研究課題を吟味し価値づけることも大切である。

2．調査計画とデータ収集

研究課題が定まると，調査の枠組みやどのようなデータを収集する必要があるのか具体的に検討することができるようになる。よって，量的データが必要になるか否かは，研究課題や調査の枠組みに依拠しているともいえる。

次に，調査の枠組みや必要なデータが具体化されてくると，データを収集する方法の検討が必要になってくる。量的データを収集する方法は数多くあるものの，教科教育研究における代表的方法としては，「質問紙」と「調査問題」が挙げられる。以下においては，データ（変数）の分類について示した後に，これら2つの方法の特徴を整理する。

(1) 変数の分類

実験や調査などによって得られるデータは対象によって値が変化するものであり，変数（variable）ともいう。変数は，その性質や測定方法との関連から，以下の表1に示すように4つの水準に分類できる。このうち，調査結果の報告によく用いられる平均値等の算出は，変数が間隔尺度および比率尺度の場合にのみ可能となる。

表1　変数の分類

尺度水準	例
名義尺度の変数	性別，血液型，クラス
順序尺度の変数	成績や徒競走の順位
間隔尺度の変数	摂氏や華氏の温度
比率尺度の変数	絶対温度，長さ，人数

(2) データ収集の方法

・質問紙

質問紙は，児童・生徒を対象に学習習慣や学習意欲，学ぶことに対する意識などを調査したり，教師を対象に指導の実態や指導観などを調査したりする際によく用いられる。

質問紙に用いる項目は，必ずしも新しく開発する必要はない。調査が必要な内容について，妥当性や信頼性が十分に検討されている質問紙が既に存在するのであれば，それを利用すればよい。既に存在する質問紙を利用することにより，自分の研究で得られた結果と先行研究で得られた結果の比較が容易になり，考察の

幅も拡がる。新たな質問紙を開発する場合は，質問の意図を明確にするとともに，1つの文章で複数の内容を聞くようになっていないか，回答を特定の方向に誘導するようなリード文になっていないかなど，入念な吟味が必要となる。

また，質問項目に対する回答の形式は，自由回答法や選択肢法（単一回答法，複数回答法，一対比較法，評定尺度法，SD法など）があり，教科教育研究においては，選択肢法の1つである評定尺度法を用いることが多い。評定尺度法では，「まったく当てはまらない」「あまり当てはまらない」「どちらともいえない」「少し当てはまる」「とてもよく当てはまる」といった複数の段階の選択肢を設けて回答を求める。そして，分析においては選択肢と対応させてそれぞれ1点，2点，3点，4点，5点というように程度の違いを数量化する。この場合，5つの選択肢の間が等間隔である保証はないため，厳密には順序尺度である。しかし，評定値の分布が大きく歪んでいるなどの問題がない場合，間隔尺度と判断して扱っている。これは，間隔尺度として扱うことにより，平均値を算出したり，複数の平均値の差について検定したりできるなど，広範な分析手法が適用できるからである。

・調査問題

調査問題は，研究対象となる知識や能力などについて実態把握をしたり，何らかの処遇の前後における変容の有無を調査したりする際に用いられる。

教科教育研究における調査問題では，調査する内容に応じて多様な形式が用いられる。具体的には，通常の学習評価にも用いられる知識や概念を問う評価問題（ペーパーテスト）のみでなく，研究対象となっている概念のイメージを表現させる描画法や自由記述，レポート，授業に用いるワークシートなどを用いることにより，「できる・できない」「知っている・知らない」といった単純な情報のみでなく，「どのように理解しているのか」「どのように考えたのか」といった多様な情報を得ることができる。なお，このような形式の調査結果を適切に数量化するためには，明確な評価基準を用意しておく必要がある。

(3) 信頼性，妥当性の検討

得られたデータを分析し，意味のある解釈をするためには，データが適切に収集されていることが前提となる。特に，新しく質問紙やテストを作成して使用する場合，得られたデータの信頼性や妥当性を確認することが重要となる。

・信頼性

信頼性とは，測定結果がどの程度安定しているかということを表す概念であり，クロンバックのアルファ係数などを算出することによって確認する。一般に，学力や学習意欲は相互に関連のある複数の項目によって測定されており，アルファ係数はこれらの調査項目の内的整合性を確認することになる。

・妥当性

妥当性とは，測定結果がどの程度測りたい特性を的確にとらえているかという

ことを表す概念である。例えば，体重計であれば，体重という特性を測定できているか否かは一目瞭然である。しかし，学力や学習意欲は直接観察することが困難な特性（構成概念）のため，妥当性を明示的に確認する必要がある。

妥当性の確認に際しては，構成概念妥当性という考え方があり，構成概念についてある程度の理論を持っていること，他の変数との関連を仮説に照らして評価（関係が想定される変数との間に相関が認められ，関係がないと想定される変数とは無相関に近い，など）すること，複数の証拠があることなどが求められる（井上，2003）。しかし，実際のところ日本においてこれらの要件をすべて満たしている研究は少ない。今後は，これまでよりも妥当性の検討を丁寧に実施していくことが望まれる。

3．量的データの分析

量的データの分析に用いられる統計法は多岐にわたっており，本章においてそのすべてを紹介することは不可能である。また，統計法に関する書籍は数多く出版されているため，章末の参考文献での例示にとどめることにする。次節では，これまでの教科教育研究における具体的な分析事例を紹介する。

Ⅲ　量的研究の事例

量的研究の事例として，「英語学習に対する意識調査」「学習指導法の効果検証」「IRTを用いたメタ認知尺度の構成」という，研究の意図や分析方法が異なる3つを紹介する。

1．英語学習に対する意識調査

「フィンランドの小学生の英語学習に対する意識調査に関する研究—教科としての指導は英語嫌いを生み出すのか—」（伊東，2009）では，英語を教科として学習しているフィンランドの小学生299名を対象に，英語学習に対する意識を明らかにすることを目的として，質問紙を用いた調査を実施している。本論文の章立ては以下のとおりである。

1. はじめに
2. フィンランドの学校英語教育の概要
3. 小学生対象英語学習意識調査の概要
4. 英語学習意識調査の結果

本研究で使用した質問紙は，現地での授業観察や教師への聞き取り調査，先行研究などを参考にして32項目（分析対象は30項目）で構成されており，回答方法は，「①まったくそうは思わない」～「⑤強くそう思う」までの5件法であった。分析においては，主に，個別の質問項目について学校間比較，男女間比較，学年間比較をするために，Wilcoxonの順位和検定を用い，「少なくとも現時点では，教科としての学習が英語嫌いを生み出すことにはなっていないと判断できる」との結論を得ている。

2．学習指導法の効果検証

『科学的思考としての「主張の評価」に関する研究—小学校理科における学習指導法の考案—』（川崎・松浦，2014）では，

小学5年生99名を対象に，科学的思考力としての「主張の評価」に着目し，この能力を育成するための学習指導法を考案し，その効果を実証することを目的としている。本論文の章立ては以下のとおりである。

1. はじめに
2. 科学的思考力の育成における足場かけ
3. 研究の目的
4. 学習指導法の考案
5. 実践及び効果検証
6. 考察

この研究では，先行研究において開発されている科学的思考力としての「主張の評価」を評価する調査問題（4問）をプレ・ポスト形式で実施するとともに，実践で使用したワークシートを回収して児童の記述を収集しており，量的データのみでなく質的データについても取り扱っている。分析においては，プレ・ポストテストの調査問題の各設問を3点満点で採点し，合計得点の平均値をプレ・ポスト間で比較するためにt検定を用いた結果，ポストテストの方が合計得点の平均値が有意に高いことが明らかになっている。また，ワークシートにおける児童の記述を質的に分析し，本研究における学習指導が有効に機能していたことを確認している。

3．IRTを用いたメタ認知尺度の構成

「項目反応理論を用いたメタ認知尺度の構成に関する基礎的研究—理科学習における観察・実験活動を中心にして—」（松浦・木下，2008）では，中学生626名および70名を対象に実施した調査結果に基づき，IRT（項目反応理論）を用いた観察・実験活動における生徒のメタ認知尺度の構成とその有効性について検討することを目的としている。本論文の章立ては以下のとおりである。

1. はじめに
2. 問題の所在と研究の目的
3. 方法
4. 水平テストの構成
5. 有効性の検討
6. おわりに

本研究で使用した質問紙は，計14問で構成していた「観察・実験活動における生徒のメタ認知を評価する質問紙」の項目を計29問に拡充したものであり，回答方法は，「①当てはまらない」〜「⑤当てはまる」までの5件法であった。また，メタ認知の変容を質的にとらえるために，自由記述によって回答する刺激再生質問紙を用いている。分析においては，中学生626名を対象に実施した調査結果に基づき，IRTを用いた項目分析および水平テストの構成を行っている。さらに，中学生70名を対象とした，メタ認知を育成するための指導法の効果検証に関する実践研究において実施した刺激再生質問紙によって，質的に分析したメタ認知の変容と水平テストに基づく変容の一貫性について事例的に確認することで，メタ認知尺度の有効性について検証している。

Ⅳ 量的研究における今後の課題

例えば，100点満点のテストの得点を男女で比較したとき，平均値の差が0.5点であっても，被験者の数が非常に多い場合は$p<0.05$となる。これは，p値が被験者の数の影響を受けるためである。しかし，100点満点のテストにおいて0.5点の差に実質的な意味があるとはいえないであろう。量的研究においては，ともすると統計的な有意差の有無にばかり関心が向いてしまい，得られた数値の実質的な意味についての考察が不十分になってしまうことがある。研究の質を高めるために，今後は検定力や効果量といったこれまであまり注意が払われていなかった統計指標への理解を深めていく必要がある。

さらに，近年においては，ベイズ統計学に基づくデータ分析が急速に広まっており（豊田，2016），従来から用いられている有意性検定（t検定，F検定，カイ二乗検定など）の利用は今後減少していくものと推察される。このため，統計を用いた分析（主に，有意性検定）を実施する際には，常に最新の動向を把握しておくことが肝要となる。　　（松浦拓也）

○引用文献

井上隆（2003）「4 測定の妥当性」日本教育心理学会『教育心理学ハンドブック』有斐閣，pp.159-169.

伊東治己（2009）「フィンランドの小学生の英語学習に対する意識調査に関する研究―教科としての指導は英語嫌いを生み出すのか―」『日本教科教育学会誌』32(3)，pp.41-50.

川﨑弘作，松浦拓也（2014）「科学的思考力としての『主張の評価』に関する研究―小学校理科における学習指導法の考案―」『日本教科教育学会誌』36(4)，pp.59-68.

松浦拓也，木下博義（2008）「項目反応理論を用いたメタ認知尺度の構成に関する基礎的研究―理科学習における観察・実験活動を中心にして―」『日本教科教育学会誌』30(4)，pp.1-7.

豊田秀樹（2016）『初めての統計データ分析』朝倉書店.

○参考文献

森敏昭，吉田寿夫（1990）『心理学のためのデータ解析テクニカルブック』北大路書房.

National Research Council (2001) *Knowing what Students Know The Science and Design of Educational Assessment.* Washington, DC: National Academy Press.

繁桝算男，柳井晴夫，森敏昭（1999）『Q & Aで知る統計データ解析 第2版』サイエンス社.

豊田秀樹（2009）『検定力分析入門』東京図書.

吉田寿夫（1998）『本当にわかりやすいすごく大切なことが書いてあるごく初歩の統計の本』北大路書房.

第4章 新しい研究としての教科教育研究

1. 教科教育学には境界領域の研究としての位置づけがある。
2. 学習に関する理論への着目が重要である。
3. 教科の特性に関する理論への着目が重要である。
4. 教育実践に根ざすことが重要である。
5. 実証的であることは，理論と実践を結ぶ上で重要である。

Ⅰ 定義と説明

教科教育学の研究は，教科，教育，学習，その他にかかわる研究の境界領域の研究と位置づけることができる。佐藤 (2016) は，教科教育研究を，固有のディシプリンではなく，教科の背景となる学問研究の応用領域であり，同時に教育学研究の応用領域であると主張するが，「応用領域」だけでは片付けにくいのが境界領域の研究である。

蛯谷 (1980) は，「教科教育学の本質は子どもの中にある」と繰り返し述べた。そこには，学習者である子どもの認識活動に注目することなく，教育内容や教育学の研究を行っても，教育実践の本質に切り込むことはできないという信念があったと思われる。教科教育学は，学校での教育活動の大半を占める「教科」にかかわる子どもの具体的な学習を変えることに結びつく境界領域の研究であることに，一つの存在理由がある。

Ⅱ 新しい研究の方法論としてのデザイン研究の事例

1．タイプの定義と説明

子どもに注目する教育研究に取り組もうとするとき，現時点では，新しい学問領域としての「学習科学」の理論や方法論が利用可能である。日本の学習科学研究を切り拓いてきた三宅・大島・益川 (2014) は，教科の枠を越えて科学的実践を設計するという意味で，「デザイン研究」が研究の「新たな武器」になると指摘している。

「デザイン研究」は，認知心理学者のアン・ブラウン (Ann Brown, 1992) によって，多様な要因が複雑に関係して成立する授業への教育的介入を，繰り返し行われる実践で検証する研究方法論として提唱された。一つの要因に着目し，実験群と統制群を設定して，その効果を検証するという，既に確立された方法論の限界を乗り越えようとするものである。

デザイン研究は，航空力学の研究を一

つのモデルとしている。この方法は，学習にかかわる理論を参照し，実践的な実現可能性を考慮しつつ，学級の特性，研究者としての教師／生徒，教育課程，テクノロジー，その他の要因をインプットすることで学習環境を具体的に設計し，教育目標としてあらかじめ設定した事柄をアウトプットとして評価するというものである。

ここでは，デザイン研究の方法論を用いて実践現場で研究成果を出した研究事例を取り上げる。

2．事例と論文の構成

坂本ら（2010）は，科学技術に関する公共的な意思決定にかかわる問題は，初期状態，目標状態，操作子のいずれか，またはすべてが明確に定義できない「不良定義問題」に属することを指摘した上で，このような問題の定義を小学校の児童が主体的に行うことができるようにするための研究に取り組んでいる。

この教育実践では，次の2つの「デザイン原則」を設定している。
① 問題の定義から始まる問題解決サイクルを，他者と協調して意識的に繰り返すこと
② 学習者が分散的に行う問題解決の途中経過を外化・共有・比較することによって，状況を改善できる可能性への気づきを促進すること

児童らは，原子力や再生可能エネルギーの安全性と可能性を含めて今後の電力供給と消費の問題に対して，グループで資料収集や検討を繰り返し，CSCLシステム[1]を使用して，グループでの問題解決の途中経過を外化・共有・比較する学習活動を繰り返した。

問題解決の1回目のサイクル終了後と，2回目のサイクル終了後に，「今後さらに学習を進めていくとしたら，私たちは，どのようなことを調べたり考えたりする必要があると思いますか」と問いかけ，各児童に自由記述式で回答させた。これらの回答を，児童が生成した「問い」とみなして，「内容」と「深さ」の2つの観点で評定を付与し，1回目と2回目での学級全体での評定を比較した。

このようにして得られた問いの深さに関する知見をもとに，最初に設定したデザイン原則の有効性を検討している。

この研究メンバーの一人であった山本は，坂本ら（2010）と同じ研究フィールドにおいて，小学校理科授業において児童のアーギュメント構成能力の育成を目指す研究に取り組んでいる（山本，2015）。彼の研究の特徴は，児童が科学的な説明を，適切な証拠と理由づけを用いて口頭や論述で行う力を育成するために，2000年代に入って国際的に盛んに取り組まれているアーギュメント研究の成果や理論と，前述のデザイン研究の方法論を用いたことである。

この研究では，「アーギュメントの意義を理解させる」「アーギュメントの構造を理解させ，その構造を利用できるように促す」「アーギュメントを行う際に内容知識を利用できるように促す」の3つのデ

ザイン原則を設定している。そして，小学校理科のいくつかの単元で教育実践を行い，ルーブリック評価によってこれらのデザイン原則の有効性を検証している。

3．研究の手続き

これらの研究では，手続きとして，次のようなことが行われている。

①研究の背景と教育課題の明確化

教科の目標として必要性が認められているにもかかわらず，学習者において十分に実現されていない事柄を明確にする。

②学ばれるべき事項の明確化

教科の目標と内容を分析し，どのような知識・能力・態度などが身につけばよいのかを評価可能なレベルで具体的に明らかにする。

③実施可能な教育実践の明確化

先行研究のレビューによって，学習者の特性，利用可能な教育資源，ツール，教育環境の諸条件を明らかにし，どういった教育実践が可能で，何が障害であるかを明らかにする。

④デザイン原則の定義

教科の教育の知見と学習科学の知見に基づいて，デザイン原則を定義する。

⑤評価方法の策定

教育実践のアウトプットを評価する方法を検討し，学習者にとって有意味であり，かつ，実践の評価に利用可能な学習活動のあり方を決定する。

⑤教育実践の実施と評価のサイクル

デザイン原則に基づいた教育実践を実施し，その評価を繰り返し行う。

⑥考察

各サイクル後の学習者のアウトプットの評価結果を比較検討し，デザイン原則の有効性を考察する。

4．研究上の意義

教科教育学の研究が，具体的な教科学習の質の向上を目指そうとするとき，その主張は証拠と合理的説明に基づくことが求められる。書物などの資料に基づく理論的な研究の知見は，基礎研究として教育実践に重要な示唆を提供するが，その知見によって授業が変わったのかどうか，あるいは何が変化したのかを確認することはできない。

一方，児童・生徒などの学習者の特性を明らかにする実証研究や，教師や授業の実態を明らかにする実証研究は，教育課題を明確にするものの，どのような教育介入が適切なのかを知ることはできない。

指導法に関する従来からの研究方法では，学習者の実態や教科や教育の理論に基づいて，成功しそうな方法論についての研究仮説を立て，実験群と統制群を設定してその効果を検証するが，一つ一つの要因の改善を積み重ねただけで，授業が実質的に改善するという保障はない。

デザイン研究の手法は，このような問題点に対して，過去の知見，理論，現実の教育諸条件を同時に「インプット」し，実践と評価を繰り返しつつ改善することによって研究成果を得ようとするものである。

この方法論には、次の利点がある。
① 研究フィールドの授業が改善される。
② 統制群とされた学習者の不利益を懸念する必要がない。
③ デザイン原則が、これからの授業への指針となる。
④ 実践者自身も研究者として位置づけられ、授業改善に取り組む力量の向上が期待できる。

5．研究の課題

デザイン研究の手法を教科教育研究に取り入れることは、実践と理論を結びつけるという点で注目に値する。しかし、手軽に取り組めるわけではないという点で課題もある。ここで取り上げた二つの研究の対象となった授業には、理科教育研究者、認知心理学の研究者、小学校の教師などが主体的にかかわっている。これらの協力によって、取り組むべきデザイン原則、単元計画、授業の実施、評価などが有効に行われている。どのメンバーが欠けても、実施が難しいのがデザイン研究による教育実践の特徴である。

理論と実践を融合する研究手法として注目に値するが、多様な領域の研究者と、授業を知り尽くした実践者の協力において成り立つのがデザイン研究の強みでもあり、難しさでもある。

Ⅲ　教科教育学研究の位置づけ

教科教育学の研究には、教科の背景学問、哲学、心理学、教育学、工学などから複数の理論を援用することがある。その意味で、教科教育学研究は数多くの学問と境界を接している。そのような境界に位置しながら、理論と実践を深いレベルで具体的に結んで、教育課程や授業を探究するのが教科教育学である。新しい教育研究においては、いっそう教科教育学の視点が不可欠なものとなる。

（中山　迅）

〈註〉
1) CSCL は "Computer Supported Collaborative Learning" の略称で、協働学習支援システムが学習者の協働的な知識構築を支援する学習の総称である。

〇引用参考文献

Brown, Ann L. (1992) Design Experiments: Theoretical and Methodological Challenges in Creating Complex Interventions in Classroom Settings, *The Journal of the Learning Science* 2(2), pp.141-178.

蛯谷米司（1980）private communication

三宅なほみ、大島純、益川弘如（2014）「学習科学の起源と展開」『科学教育研究』38(2), pp.43-53.

坂本美紀、山本智一、山口悦司、稲垣成哲、大島純、大島律子、中山迅、竹中真希子、村山功（2010）「科学技術問題の解決を目指した協調学習のデザイン研究：電力問題を取り上げた単元における『問題を定義すること』の学習」『科学教育研究』34(2), pp.145-153.

佐藤学（2016）「教科教育研究への期待と提言」『日本教科教育学会誌』38(4), pp.85-88.

山本智一（2015）『小学校理科教育におけるアーギュメント構成能力の育成』風間書房.

第5章 卒業・修士論文研究としての教科教育研究

卒業・修士論文研究は，次の要件を満たす必要がある。
①先行研究の分析：先行研究を整理・分析し，問題を見いだす。
②新規性・独創性：先行研究の分析結果をもとに，新規性・独創性を明確に示す。
③論理的整合性・証拠立て：論理的な筋道と結論を導くための根拠を示す。
④研究倫理：引用とデータの収集，収集したデータの扱いに留意する。

I 論文に必要な要件

論文とは，研究成果を学術的に整理し，筋道立てて論述したものをいう。例えば新堀（2002）は，論文を「学問のある分野において，先人の研究成果である著書，論文などの先行研究業績を理論的・批判的に精査・分析した結果に基づき，何らかのユニークな視点から説得力のある自己の独創的意見を新しい知見として論理的に展開し，もって学問のさらなる発展に寄与する文章群」と定義している。また，八杉（1971）は「論文は，それぞれの学問分野で専門の研究者によって書かれるもので，その著者が自分の研究でえた結果を報告し自分の意見をのべたものであり，それによってその学問分野に新知見をもたらすものである」と定義している。

これらのことから，卒業論文や修士論文などの学術論文（以下，論文と記す）は，①先行研究の分析，②新規性・独創性，③論理的整合性・証拠立てという要件を満たす必要があるといえる。加えて，④研究倫理に留意することも重要である。

そこで，これら4つの点から，卒業・修士論文研究としての教科教育研究について述べることにする。そして最後に，修士論文の一例を取り上げ，解説する。

II 先行研究の分析

一般的な報告書やレポートであれば，事実や自分の考え・主張を述べるのみでも問題はないが，論文においては，先行研究を収集し，分析することが重要である。ここでいう先行研究とは，新聞や情報誌ではなく，国内外の学会誌に掲載された学術論文や書籍などを指す。

先行研究の分析にあたっては，これまでに何がどこまで明らかにされており，どこから明らかにされていないのかを見極める視点，研究の手続きや結論の再検討が必要か否かを吟味する視点が重要である。例えば，「子どもの言語力を高める構想を提案しているものの，実際の指導までは行っていないため，授業実践を

取り入れて研究を拡張する余地があるのではないか」「子どものテスト得点のみから指導の効果があったと結論づけているが，ノートの記述分析も行ったうえで結論を出すべきではないか」といった視点から，先行研究を分析しなければならない。このことは，後述する自身の研究の新規性や独創性を明確にすることにつながる。

III 新規性・独創性

論文においては，これまでの研究で明らかにされていない新たな成果や，独自の考えによる成果を示す必要がある。つまり，別の研究者がすでに明らかにしていることを，同じ手法や分析によってもう一度研究しても，それは論文にならないということである。

したがって，前項で述べたように，自分が研究しようとする分野・領域の先行研究がどれくらい蓄積されており，何が明らかになっていないのかを把握したうえで，新規性・独創性を明確に示さなければならない。そのためには，ある視点のもとに先行研究を整理・分析し，仮に着目する内容は同じであっても見方を変えたり，扱う内容を絞り込んだりする必要が生じることもある。

例えば，「理科授業における圧力の誤概念に関する先行研究を収集・分析したところ，理論的なアプローチから歴史的・体系的に整理・検討したものは多く見られたものの，実践的なアプローチから子どもの誤概念を打破する教材や単元を開発したものは見られなかった」といった場合，「圧力の誤概念」という内容に対して，アプローチの仕方を変える（先行研究ではなされていない実践的な側面からアプローチする）ことにより，独自性が生まれるのである。

以上のようにして，自分の研究が分野・領域全体からみたとき，どこに位置づくのかがわかるようにするとともに，後進からみたときには，一つの先行研究とならなければならない。

IV 論理的整合性・証拠立て

上述したように，論文の作成に向けては，まず先行研究を収集し，そして整理・分析し，諸説の違いに気づくことから問題を発見すること，つまり新規性や独創性を見いだすことが重要である。加えて，論文という限りにおいては，単に感想を述べたり，根拠のない意見を述べたりするのではなく，論理的な筋道と結論を導くための根拠が必要である。

ここでは，論文の根幹ともいえる論理的整合性・証拠立てについて述べる。

1．論文の構成および論理的整合性

論文には必ず研究テーマがあり，そのテーマに対して一定の成果を得ることを目指して研究を行い，「序論」「本論」「結論」という大きな3つのまとまりで整理し論述するのが一般的である。

まず「序論」では，先行研究の分析によって明らかにした問題の所在を示し，研究の意義や研究テーマを設定するに至

った理由を述べる。このとき，唐突に研究の意義やテーマ設定の理由を示すのではなく，研究の背景や動向を筋道立てて示しながら，次第に焦点化していくべきである。

次に「本論」では，「序論」において導出した先行研究の問題や研究の意義を踏まえ，自分の研究の目的および仮説を示す。続いて，目的を達成するための手続き，対象や用いる材料（データ），結果を示す。このとき，自分以外の研究者が再現できるように，丁寧かつ忠実に手続きや材料などを示しておくことが重要である。例えば，新たな教材や指導法を開発した場合，同じ条件下では誰でもそれを再現できるようにしておかなければならない。

そして「結論」では，設定した研究テーマに即し，目的や仮説と対応する形で考察を示す。つまり，研究を通して明らかにした成果と課題を示す，まとめの部分である。ここでは，考察が目的や仮説と論理的に整合しているかどうかを吟味することが重要である。

ここまで述べてきた「序論」「本論」「結論」は，筋道に沿って論理的な展開されなければならないが，つながりを欠き，それぞれが羅列的になってしまうことも少なくない。そこで，論理的な不整合を避けるために，絶えず確認と修正を行うことを前提として，図1に示すような研究全体の構想図を描いておくことが望ましい。

2．結論を導く証拠立て

論文において最終的な結論を導く際，妥当な証拠立てが必要である。十分な証拠のないまま結論を出してしまっては，主観による考えを述べているに過ぎない。そこで例えば，Aという事実，Bという事実，Cという事実，これらの事実からDという法則を帰納的に導く方法や，Aという法則からBという事実，Cという事実，Dという事実を演繹的に導く方法などを用いて証拠立てをすることが重要である。このとき，示した事実や法則からは導くことのできないところまで述べてしまっては，合理性を欠くことになるため，論理に飛躍が生じないよう留意すべきである。すなわち，結果を厳密に捉え，「○○の条件においては～」「○○の範囲では～」のように，条件や範囲を示したうえで，言い過ぎのないよう論決する必要がある。

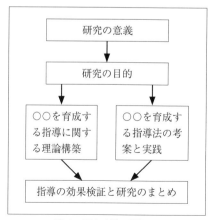

図1　研究全体の構想図

V 研究倫理

　ここまで示してきた論文に必要な要件に加え，論文作成において重要な研究倫理について述べる。とりわけ，引用とデータの収集，収集したデータの扱いに関する留意点を述べることにする。

1．引用の際の留意点

　例えば，「序論」の中で先行研究を取り上げ，他者の主張や着想を引用することがある。このとき，たとえ故意でなくとも，それをあたかも自分の主張や着想かのように述べることは，著作権上の問題が生じる。この場合，必ず「いつ，誰が，どこに記した文章なのか」ということを明記しなければならない。特に，言い換えや要約ではなく，他者の表現をそのまま引用する場合は，鉤括弧を用いて原文を正確に記さなければならない。加えて，いわゆる孫引きをせず，必ず元の出典を参照することが重要である。

　以上のことに関しては，著作権法の第32条第1項に「公表された著作物は，引用して利用することができる。この場合において，その引用は，公正な慣行に合致するものであり，かつ，報道，批評，研究その他の引用の目的上正当な範囲内で行われるものでなければならない」と規定されている。さらに，第48条において，このようにして利用する場合は，著作物の出所を明示することが義務づけられている。

2．データの収集・収集したデータの扱いの留意点

　例えば，新たな教材や指導法を考案し，その効果を検証するために実験群と対照群を設定して調査を行う場合がある。このとき，「教育的な効果があるだろう」という仮説のもとに新たな教材や指導法を用いようとしているにもかかわらず，実験群ではそれらを用い，対照群ではそれらを用いないというのは，教育上問題がないとはいえない。そこでこの問題を解決するために，もし実験群で用いた新たな教材や指導法が有効であった場合，次の単元では対照群にもそれらを用いるなど適切な措置を取る必要がある。

　また，論文をまとめる際には，子どものテスト得点やノートの記録，発話・行動の記録など，収集した様々なデータを処理することになる。多くの場合，これらのデータを量的に分析したり，質的に分析したり，あるいは両方をミックスさせて分析したりするが，このとき元のデータを事実と異なるデータに置き換えることは，決して許されない改ざん行為である。併せて，収集したデータの扱いには細心の注意を払い，子どもの個人情報が漏洩しないよう留意する必要がある（学校に調査などの協力を依頼する場合，事前に，収集したデータは厳重に管理することを丁寧に説明しておくべきである）。

VI 研究事例

　最後に，修士論文の一例を取り上げて

解説する。

1．論文タイトル

批判的思考力育成のための理科学習指導に関する研究

2．論文構成

まず序章において，問題の所在，研究の意義，研究の目的，研究の方法を示している。また，批判的思考の概念を規定している。次に第1章では，中学校理科において批判的思考を育成するための指導法を考案し，授業実践を通してその効果を検証している。次いで第2章では，高等学校物理において，第1章と同様に指導法の考案および授業実践による効果検証を行っている。そして第3章では，考案した指導法を用いた単元開発を行っている。最後に終章では，研究全体の総括を行っている。以上を整理すると，図2のようになる。

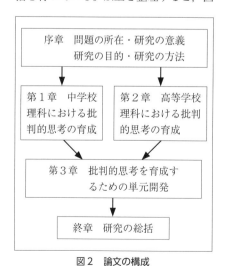

図2　論文の構成

3．研究の手続き

最初に，批判的思考の概念を規定し，それをもとに生徒の批判的思考を育成するための指導法を考案している。具体的には，批判的思考を可視化するツールとして「因果関係マップ」を試作し，それを用いた指導法を考案している。続いて，批判的思考を捉えるための尺度やワークシート，評価規準などを作成している。そして，授業実践を通して，考案した指導法の効果を検証している。分析の手法としては，尺度による得点を用いた量的な分析およびワークシートの記述を用いた質的な分析を行い，得られた結果をもとに考察している。

4．研究の意義

批判的思考の重要性が指摘される中，理科教育においても研究が盛んに行われてきたものの，未だ十分な蓄積があるとはいえない状況である。その状況において，児童・生徒の批判的思考の実態把握や育成法などに関する研究を行い，新たな知見を集積していくことは喫緊の課題であり，この点で研究を進める意義が認められる。

5．研究の課題

批判的思考の育成を目指した研究であるが，教師の支援が生徒の批判的思考を支えている可能性もある。このため，教師の支援を排除した状態での授業実践を

行い,その環境下で生徒の批判的思考が働くか否かを調査する必要がある。また,データの収集・分析については,生徒の発話記録や評価問題などを用いることにより,さらに詳細な検討が可能になると考える。　　　　　　　　　（木下博義）

〇引用文献

John W. Creswell 著,操華子,森岡崇訳（2007）『研究デザイン―質的・量的・そしてミックス法』日本看護協会出版会.

草原和博,溝口和宏,桑原敏典（2015）『社会科教育学研究法ハンドブック』明治図書.

森田信義,山元隆春,山元悦子,千々岩弘一（2010）『新訂国語科教育学の基礎』渓水社.

森分孝治編著（1999）『社会科教育学研究―方法論的アプローチ入門―』明治図書.

新堀聰（2002）『評価される博士・修士・卒業論文の書き方・考え方』同文館出版.

斉藤孝,西岡達裕（2002）『学術論文の技法　新訂版』日本エディタースクール出版部.

八杉龍一（1971）『論文・レポートの書き方』明治書院.

全国大学国語教育学会（2009）『国語科教育実践・研究必携』学芸図書.

〇参考文献

芳賀香昌（2009）「高等学校家庭科における障がい理解教育を取り入れた授業実践の提案（平成20年度修士論文要旨）」『日本家庭科教育学会誌』52(2), p.142.

久冨洋一郎（2014）「高等学校数学における理解を深めるための授業構成に関する研究（平成25年度修士論文要旨）」『広島大学大学院教育学研究科修士論文抄』pp.79-80.

大野綾香（2015）「高等学校国語科における論理的思考力を高める学習指導の研究―「読むこと」と「書くこと」を関連づけて―（平成26年度修士論文要旨）」『広島大学大学院教育学研究科修士論文抄』pp.139-140.

高橋裕子（2010）「学校における食育のあり方―中学生の食生活の実態と家庭科との関連をふまえて―（平成21年度修士論文要旨）」『日本家庭科教育学会誌』53(2), p.129.

山中真悟（2012）「批判的思考力育成のための理科学習指導に関する研究（平成23年度修士論文要旨）」『広島大学大学院教育学研究科修士論文抄』pp.71-72.

第6章 博士論文研究としての教科教育研究

1. 博士論文とは，個別の学術論文を学問固有の視点を踏まえて再構成したものである。
2. 博士論文の各章は，一貫した研究上の問いと方法に基づいて構造化される。
3. 構造化のし方は，研究上の問いと方法に応じて適切に選択されなければならない。
4. 教科教育の研究は，①教科のあり方・理念，②理念を実現するための実践の方法論，③実践のされ方・受けとめられ方，それぞれに関する問いと方法に大別できる。

I 博士論文の審査の構造

巷には博士論文の書き方に関するハウツー本が溢れている。それらのなかには海外で（とくに欧米で）版を重ねる人気書の翻訳も少なくない。これらの翻訳本を参考にするとき注意しなければならないのが，審査体制の違いである。

教科教育の研究で博士の学位を授与している日本の大学では，大学院在籍中に2本程度の査読付き学術論文の採択を博士論文提出の要件としているところが多い。博士課程の大学院生にとって，最大の難関は査読論文を通すことで，博士論文の執筆は，極論すると最後のまとめに過ぎない。

一方，諸外国で学ぶ大学院生にとって，博士論文提出前の学術論文の採択は必須ではない。研究の妨げになる学会誌への投稿を積極的には奨励しないガイドブックさえある（フィリップス・ピュー，2010, p.112）。なぜなら，欧米の大学院では，方法論を含む膨大なコースワークを修め

た上で，オリジナルな論文を執筆できることの能力証明として博士論文を提出するからである。博士の審査は，実質，大型の査読付き論文一本を通すことと変わりない。ゆえに審査には，他大学の関係者を含めて指導教員以外の専門家が携わるし，大学院生は必至のディフェンスを繰り広げることになる。

乱暴な分類をお許しいただくならば，このようなシステムの違いは，学位授与の学術的なゲートキーパーを，専門分野の学会誌の編集者と査読者（第三者）に委ねるのか，それとも教育機関の指導プログラムの内部に留保するのかの教育・研究観の相違に由来すると言えるだろう。

上の違いは博士論文の構成と指導のあり方にも影響を及ぼす。我が国の教科教育研究の博士論文の指導で，しばしば「いかに筋を通すか」「章立ての構造がクリアか」が厳しく問われるのは，大学院生は学会誌に採択された基礎論文を既に複数もっていることが前提だからである。しかし，基礎論文の寄せ集めでは博士論

文としての独創性と価値が損なわれる。そこで志願者は，①個別論文に内在する新規性と，②博士論文のストーリーが生み出す学術的・社会的な貢献を，いかに両立させるかに知恵を絞ることになる。換言すると，個別論文の編集と再構築の妙が問われているし，審査の関心もそちらに向かう傾向にある。なぜなら個別論文の質は学会誌の査読で担保されているからである。

II　教科教育研究の博士論文の構造

　個別論文を組み立てる論理には，学問分野の特性が投影されやすい。なぜなら個別論文（章と章）のつながりは，研究上の問い（research question）の質と，それを解いていく方法とプロセスに深く規定されるからである。

　もちろん研究のスタイルは自由であり，研究者の数だけ独自の問いとその解き方があってよい。しかし，教科教育学の歴史と固有性を踏まえると，それらは，①教科のあり方・理念（rationale）に関心を寄せる理論研究，②理念を実現していく方法論（methodology）に関心を寄せる実践研究，③実践のされ方・受けとめられ方（context）に関心を寄せる事例研究，の3タイプに集約できるのではないか（草原・溝口・桑原, 2015, pp.25-35）。それぞれの研究デザインの違いが，章と章の組み立て方の違いとなって現れてくる。以下，具体的にみていこう。

III　博士論文の構造の3類型

1．システムの比較としての理論研究

　第1のパタンは，教科の目的とそれを実現する教科指導の理論を抽出し，それらを比較，総合していく構成である。教科指導のあり方に関する理論は決して1つに集約されることはない。学界や行政，実践の場には，多様な考え方が提起されており，それらは対立・競合もすれば，関連・接続もしている。

　そこで1つひとつの章では，文献資料等を手がかりに，一定の課題解決が見込まれる教科指導の理論を，目標-内容-方法の連関で成り立つシステムとして再構成していく。博士論文全体では，システム相互の包摂関係を説明し，教科のあるべき思想や理念を提起しようとするものである。なお，博士論文の基礎となる学術論文は，教科の思想・理念を体現しているシステムを個別に切り出して，発表されるケースが多い。

　ここでは，本類型の特質がよく現れた後藤賢次郎の博士論文をみてみよう。題目は「アメリカ社会科教育思想研究―社会科本質論の包括的解釈のパラダイム」である。

序章　研究の目的と意義
　　略
第1章　研究方法
　　略
第2章　現実社会との関わりを強調する
　　立場における社会科教育思想
　　第1節　オチョアの進歩主義的社会科

カリキュラム観
　第2節　ヘスの主体的教師を中核とした教材観
　第3節　エバンズの社会科教育のメタ認識としての社会科研究者観
第3章　人文・社会諸科学の成果を強調する立場における社会科教育思想
　第1節　ラヴィッチの本質主義的教材観
第4章　子どもの主体性・活動・経験を強調する立場における社会科教育思想
　第1節　オチョアの民主主義的学習環境観
　第2節　バンスレッドライトの過去と現在の文脈を架橋する教師観
第5章　アメリカ社会科教育思想の構造と特質
　略
終章　アメリカ社会科教育思想の構造から見える社会科本質論の新たな展望

　本論文では，アメリカ社会科を支える3つの最大公約数的な「思想」とそれを代表する複数の理論家の「観」が取り上げられる。第2章から第4章の各章は並列的な関係にあり，章で扱われる「思想」は節の「観」に枝分かれしていく重層的な構造で叙述されている。これらの内容は，第5章でトータルに比較・関連付けが行われ，終章であらためて（アメリカの）社会科という教科の特性として概括される構成となっている。

　学会誌に投稿される個別論文の段階では，理論家ごとの観とその体系が強調された。しかし博士論文では，それらは3つの類型の中に位置付けられ，意味付けられるとともに，さらに大きな社会科本質論へと止揚されていることが分かる。

　本論文は，「社会科の本質とは何か」「社会科をなぜ教えるか」の問いに理論的かつ哲学的に答えるように，章構成の体系化を図っている点で注目される。

2．デザインの過程としての実践研究

　第2のパタンは，教科の目的を達成するカリキュラムや授業，学びの場をデザインし，それを実践に移していく構成である。立派な教科の目標も，リアルな状況下で効果を発揮する内容構成論や方法論をもたない限り，机上の空論に過ぎないからである。

　論文を構成する各章は，問題状況→理論にもとづく授業や評価法のデザイン→実践・検証→効果の評価…の流れに沿って配列される。博士論文全体では，教科の目的を達成し，指導上の課題を解決する方略の定式化が目指される。なお，博士論文の基礎論文には，一連の開発・実践の過程のヤマ場と見做されるカリキュラムや授業のデザインとその検証場面が選ばれる傾向にある。

　ここでは，本類型の方法論で修士論文の成果を博士論文に発展させた，川﨑弘作の博士論文「科学的思考力育成のための小学校理科学習指導に関する研究」をみていこう。

序章　研究の目的
　略
第1章　科学的思考力の概念規定
　略
第2章　科学的思考力の評価問題の開発

第1節　評価問題の作成
第2節　評価問題の妥当性・信頼性の検討
第3節　まとめ
第3章　科学的思考力の育成を志向した理科学習指導法の考案1:「主張の評価」
　第1節　「主張の評価」を育成するための学習指導法の考案
　第2節　考案した学習指導法の効果検証及び改善
　第3節　改善した学習指導法の効果検証
　第4節　まとめ
第4章　科学的思考力の育成を志向した理科学習指導法の考案2:「問題の区別」
　略
終章　研究の総括

　本論文では，小学校理科教育の中心的な目標と考えられる「科学的思考力」の指導法開発が目指される。そのために，第1章から第2章では，まず目標概念と評価の手続きを，PISA2006が提起する「科学的能力」を参考に確立している―修士論文の成果が基盤となっている―。続く第3章と第4章では，前章を受けた指導法の「考案」と「効果検証」を，「主張の評価」と「問題の区別」の2つの思考力別に実施するとともに，終章であらためて科学的思考力の育成方略が総括される構成となっている。

　なお，学会誌への投稿論文は，指導法のデザインと効果に焦点化した実証研究としてコンパクトに仕上げるほかない。しかし博士論文では，その前後に予備的調査とまとめを入れることで，不足するパートを補っている。

　本論文は，「理科の科学的思考力はいかにして育成できるか」の問いに理論的かつ実践的に答えるように，章構成を整序している点で注目される。

3．コンテクストに差異ある事例研究

　第3のパタンは，目標を達成するために行われている多様な実践とそれを規定しているコンテクストを記述し，そこに生起する課題や解決策を見出そうとする構成である。教科指導のあり方は，前節のモデル論文の結論には反するが，必ずしもすべてが一般化できるわけではない。実践をとりまく社会的文化的な状況が異なれば，その場ごとに多様な学びと指導の現実が存在するからである。

　そこで論文を構成する各章では，過度な一般化に走ることがないよう，学習者の認知構造や学習環境，文化的背景や経済的水準などが異なる状況下での個別の取組が描き出される。博士論文全体では，コンテクストの違いを踏まえた課題解決の可能性が提起されることになる。博士論文の基礎論文では，コンテクスト別の「事例研究（ケーススタディ）」が詳細な数量データや当事者の語り・作品の収集をもって再現され，考察される傾向にある。

　ここでは，本類型の発想を取り入れた調査・研究を，子どもではなく教師（候補者）の学びを対象に行った，嘉数健悟の博士論文「教員養成段階における体育授業間の様態に関する事例研究―教育実

習を中心にして—」を例に検討したい。
　序章　研究の背景と研究目的
　　第1節　わが国における教師教育研究の現状
　　第2節　体育教師教育研究の現状と課題—体育教師志望学生の「信念」研究に着目して—
　　第3節　本研究の目的と課題
　　第4節　研究方法
　第1章　「教科の指導法に関する科目」の授業前後における体育授業観の様態
　　第1節　本章の目的
　　第2節　研究方法
　　　第1項　調査対象とその属性
　　　第2項　データの収集方法
　　　第3項　データの分析方法とその手順
　　　第4項　授業概要と授業の到達目標
　　第3節　結果と考察
　　第4節　まとめ
　第2章　「教育実習」前後における体育授業観の様態
　第3章　教育実習後の「体育実技」における体育授業観の様態
　　　略
　終章　本研究の成果と今後の課題

　本論文は，体育科教員養成で目標とされる体育科授業のあり方に関する「信念」がどのように形成されるかを解明しようとしたものである。そのために，第1章では，先行研究を手がかりに教員養成でキーとなる資質や契機を確定しておく。第2章から第4章にかけては，学習の履歴や教師としての経験値を異にする「教科の指導法に関する科目」「教育実習」「体育実技」の受講生が抽出され，それぞれの場における学生の変容が詳述される。そして終章では，これらのデータから明らかになる各段階ならではの教員養成の課題が示される構成となっている。

　学会誌への投稿論文では，事例研究の成果を個別に切り出しておけばよい。しかし博士論文の段階では，各事例の差異や意味を明確にすることが求められる。

　本論文の各章は，「体育科教師をいかに養成すべきか」の問いに実証的かつ帰納的に答え，ささやかながらも意味ある仮説を生成するように構造化されている点に注目したい。

Ⅳ　博士論文研究の留意点

　これまで見てきたように，博士論文の執筆には戦略が必要である。博士論文の最終形を見通して研究のデザインを練り，1つひとつの学術論文の完成度を高めつつ，個別論文の成果や新規性を活かして臨機に全体構造を見直し，博士論文としての意義をたえず高めるように努めたい。

　とりわけ教科教育の研究は，

① 何のために○○という教科を教えるのか。

② ①の目的を達成するためには，何を，どのように実行すればよいか。

③ ②の内容・方法を通して，当初の目的は本当に達成されているか，なぜできているか・いないか。

　これらの視点から，カリキュラムや授業を，また教科を学ぶ子どもや教科を教える教師のあり方を究明していくところに独自性がある。もちろん，形式にとらわれ過ぎてはいけない。しかし，上述の

３つの類型も参考にして，個別論文の寄せ集めではない，「筋の通った」「章立ての構造がクリア」な博士論文を執筆したい。

(草原和博)

〇引用参考文献
(1) 教科共通
秋田喜代美，佐藤学，恒吉僚子編（2005）『教育研究のメソドロジー―学校参加型マインドへのいざない―』東京大学出版会．
Cohen, L., Manion, L., & K.Morrison (2011) *Research Methods in Education*, Routledge.
J.W. クロスウェル著，操華子，森岡崇訳（2007）『研究デザイン―質的・量的・そしてミックス法―』日本看護協会出版会．
兵庫教育大学大学院連合学校教育学研究科(2006)『教育実践学の構築―モデル論文の分析と理念型の提示を通して―』東京書籍．
川崎剛（2010）『社会科学系のための「優秀論文」作成術―プロの学術論文から卒論まで―』勁草書房．
G. キング，R.O. コヘイン，S. ヴァーバ著，真渕勝監訳（2004）『社会科学のリサーチ・デザイン―定性的研究における科学的推論―』勁草書房．
S.B. メリアム著，堀薫夫，久保真人，成島美弥訳（2004）『質的調査法入門』ミネルヴァ書房．
日本教育方法学会（2014）『教育方法学研究ハンドブック』学文社．
E.M. フィリップス，D.S. ピュー著，角谷快彦訳（2010）『博士号のとり方―学生と指導教官のための実践ハンドブック―』出版サポート大樹舎．

(2) 各教科
草原和博，溝口和宏，桑原敏典編（2015）『社会科教育学研究法ハンドブック』明治図書．
森分孝治（1999）『社会科教育学研究―方法論的アプローチ入門―』明治図書．
日本音楽教育学会（2000）『音楽教育学研究１・２』音楽之友社．
日本数学教育学会（2010）『数学教育学研究ハンドブック』東洋館出版社．
岡出美則，友添秀則，松田恵示，近藤智靖編（2015）『新版 体育科教育学の現在』創文企画．
竹内理，水本篤（2014）『外国語教育研究ハンドブック―研究手法のより良い理解のために―』松柏社．
寺川智祐編著（1995）『理科教育そのダイナミクス』大学教育出版．
全国大学国語教育学会（2009）『国語科教育実践・研究必携』学芸図書．

教職大学院における教科教育研究

1. 教職大学院における教科教育研究の方向性は，授業力の形成，あるいは授業構成理論の形成に主眼が置かれる。
2. 教科教育研究が教科教育実践として結び付くための実践理論となるためには，「意義のある実習」と「意義のある省察」が繰り返されることが重要である。
3. 教職大学院における教科教育研究においては，「省察」の観点や質が問われる。

I 教職大学院における学びの特質

Zeichner, K. (1981) は，教員養成期間中に理解し，発達させた教育理論や教育思想が，教育現場で経験を積むにつれ，「洗い流されていく」(pp.7-11) 現実を指摘する。理論に基づき，高度な教育実践を試みても，理論通りにうまくいかないことはある。この言及は，理論を適用することの困難さを体験し，このことが積み重なっていくことにより，本当に有益な理論が意味のないものとして認識されていく現実を指摘したものであることを理解しなければなるまい。

教職大学院の学びは，教科教育研究の成果を踏まえないものではない。教職大学院の学びの中心は，「理論と実践の往還」，あるいは「理論と実践の融合」という点に集約されるであろう。とするならば，「理論と実践の往還」，あるいは「融合」とは，教育現場に即した理論を構築し，教育実践を行い，省察を通じて，理論の修正を行う。さらに，この過程を繰り返し，より現場に適応する理論を構築することにあることを明記しなければなるまい。注意したいのは，教職大学院においては，単に理論を学ぶだけではないということと同時に，理論に裏付けされない実践を行うことでもないという点である。また，指導技術の支援を行うのでもないということを確認したい。教職大学院においては，教育現場における「実習（教育実践経験）」が重視されることになるという事実に注目することも求められよう。教育現場における「実習（実践）」を行い，「省察」を通じた気付きに基づく理論の再構築，新たな実践理論の構築が求められるのが，教職大学院の学びの姿ということになる。

教科教育においては，教科の原理や方法を学修することが中心的な課題になる一方で，教職大学院においては，教育現場で直面する課題を解決する力を育成することが中心となる。とするならば，教職大学院における教科教育研究の中心は，「高度な実践的指導力」の育成，あるい

は形成に向けた，育成すべき資質・能力の内実の把握と，その向上ということになると言えよう。また，このことを明らかにするために，「実習（教育現場における経験）」の位置付けの明確化，ならびに「省察」の質的変容が焦点化されることになる。

　教職大学院が設置されてからまだ8年である。この短い時間の中で，教職大学院における教科教育研究の特質や，研究の在り方を探ることは研究の蓄積という観点からは難しいのかもしれない。しかしながら，教職大学院の設置の理念からすると，「現場の思考」をもとにして授業構成理論を確立すること，実習と省察を通じて，「洗い流され」ることのない理論を形成し，確かな授業力を身に付けることにあることは疑いようのないことである。ここでは，授業構成理論の構築が目指される教職大学院の学びの実際を取り上げ，研究的に位置付けようとする試みのいくつかを紹介し，教職大学院における教科教育研究の特質や研究の方向性について言及していきたい。

II 「教科教育学研究」の位置付け

1．教職大学院の教科教育研究の課題

　教職大学院における教科教育研究としては，「高度な実践的指導力」の育成ということが主眼となる。ここでいう「高度な実践的指導力」の内実は，教科教育研究の領域としては，学習指導論，授業構成理論の構築が議論の中心となることは明らかなことである。

　例えば，米田（2010）は，教職大学院で指導する院生の「教育実践課題解決研究」と「実習」における学びのプロセスを，「①問題意識→②理論研究→③授業モデルの作成→④実習→⑤リフレクション→⑥理論研究（理論の修正）→⑦授業モデル（改善1）の作成→⑧実習→⑨リフレクション→⑩研究成果報告書の作成（授業モデル（改善2））」（米田，p.15）と整理し，「授業力」の構成要素を「カリキュラム開発，単元開発，教材開発，授業設計，授業展開，授業分析，授業評価」の7つの観点に整理し，これらの諸構成要素の向上を，「実習」経験を通じての「省察」や他者による評価によって，「実践的指導力」，「授業力」の形成の実態を把握しようとしている。

　また，教職大学院の学びにおいて，「実習」が重視されるという現実を踏まえると，学習指導論，授業構成理論の構築に向け，理論研究が授業実践によって繰り返し検証されることが前提であるということを意識することが求められる。このことが，「教職大学院の特徴を生かした研究」（米田，p.15）であると同時に，「理論と実践を往復させることにより『授業力』を育成する」（米田，p.15）という，教職大学院における教科教育研究の役割を担うものでもある。

　以上のとおり，米田は，「実習」を通じた学習指導論，あるいは授業構成理論の検証こそが，「教職大学院」の学びの特質であることを言及するとともに，「高度な実践的指導力」，「学習指導力の

育成」と「向上」こそが，教職大学院における教科教育研究の目的，役割であることを示唆する。こうした「実習」を軸にした授業モデルの開発という，教職大学院における教科教育研究は，米田（2012）の言を借りれば，結果として「教科教育『研究』と，教育現場における教科教育『実践』が結びつく」（米田，2012，p.114）ことを意味している。

2．教科教育の課題と実習の省察

しかしながら，ただ単に「実習」を行って，「現場における経験」をすればいいのかというとそういうわけではない。この点について，黒﨑ほか（2016）においては，「教職大学院生の「授業力」をはぐくむための「実習」は，「省察」との関連の中で進められていくものであること，そしてこの「省察」のためには，「現場の思考」から出発し，高度職業人としての直観的な気付きの生成を意識した学びが求められる」（黒﨑ほか，2016，p.124）ことを言及している。事実，入学直後に院生が形成している教科学習に関する課題のイメージは，「「知識を習得させることが課題」，「思考力・表現力の育成が課題」，「学び合いが課題」，「活動により意欲を育成することが課題」」（黒﨑ほか，2016，p.126）とする単純なものが多いことが報告されている。こうした院生の課題イメージの現実に対して，「あるイメージから脱却するためには，現場における実習経験をもとにして，モノローグから脱却するイメージや意味を生成すること

が求められている」（黒﨑ほか，2016，p.126）ことを言及し，単に「実習」を取り入れること，あるいは経験させるだけでは意味がないこと，また「理論知」を押し付けるのでもなく，「実践知」を押し付けるのでもなく，教育現場における「実習」で経験したことを振り返り，院生を「省察」せざるを得ない状況に置き，気付きを生成させることが重要となることを指摘している。こうした「実習」と「省察」の意義については，Fink, L. D.（2003）も同様の指摘を行い，「実習」という経験において，「行動する」，「観察する」等を通して，「意義ある学習経験」を創出することの重要性を指摘し，「意義ある学習経験」の創出のためには，「実習」における体験をいかに「省察」することができるかという点に集約されることを言及している。

3．省察過程の充実（他領域との往還）

教職大学院の教科教育研究の特質を一言で言えば，「実習」と「省察」を通じた，より現場の思考に即した授業構成理論の確立を目指したものであると位置付けることができる。また，教職大学院の学びの特質を考えると，他領域の研究との往還の中で省察の観点を豊かにしつつ，授業構成理論や授業実践を検証できる点は，特筆すべきことでもある。

例えば，山内（2015）は，「社会科教育を中軸として，教育内容の質的な向上を図るために歴史学の教育方法や評価方法の質的な向上を図るために教授学習心理

学の知見に学んだ。重要だと言えることは，他領域から学んだことを，教科教育の場において発表なり検討なりして，領域間の往還をすることである。筆者自身，他領域の先生方から受けた指導内容をゼミの場で発表し，社会科歴史学習の授業構想や授業実践，授業評価に組み込むことができたことで，研究を充実させることができた」(山内，2015，pp.42-43) と報告するとともに，「統計に関する知識や実践の評価方法について具体的に学べたことで，探索的な実態把握や指導の効果を実証的に測定する方法を修得」(山内，2015，p.41) することができたと言及している。このことは，実習経験の省察の方法と観点をさまざまに獲得したことによる，研究の深化を報告したものとして位置付けることができる。

　授業実践上の課題に対して，教科教育の学習を基盤としつつも，他領域の研究成果や知見を組み込みつつ，授業を構想し，実際に授業を行い，省察することによって，現場で使える理論，授業構築理論を構築することに，教職大学院の教科教育研究の意味がある。また，教職大学院においては，さまざまな視点から省察せざるを得ない状況に自らの身を置くことになり，そのことによって省察の観点を明確化しつつ，理論と実践の双方の成果と課題を客観的に明らかにし，授業構成理論を形成することにもなる。

　以上のとおり，教職大学院における教科教育研究の特質は，一人ひとりの院生の学びの軌跡を捉え直し，「授業力」の形成を中心とした「高度実践的指導力」の形成がいかに図られていったのかを究明する「個体史研究」，あるいは教師としての実践的力量形成の過程を解き明かそうとする「ライフヒストリー」的な研究の側面を有していることが，その特質として挙げられる。そして，ここで重要となることは，「省察」という行為の観点の創出と質ということになるのである。

Ⅲ　研究の実際

　教職大学院における教科教育研究の一例として，西村（2012）を事例に取り上げる。論文名は，「教職大学院における教材開発と実践を活用した社会科教師の専門性―裁判員制度の導入に対応した教科書教材開発を事例として―」(『社会科教育研究』114，日本社会科教育学会，2012，pp.103-115) である。

　西村は，教材開発と授業実践を中心にした教職大学院における教員養成カリキュラムが，社会科教師の専門性の向上を促すプロセスとして機能していることを明らかにしようとした。

　論文構成は以下のとおりである。

1．研究課題の設定
2．先行研究からみた本研究課題の位置付けと検証方法
　(1) 社会科教師の専門性
　(2) 日本社会科教育学会の課題研究において検討された社会科教師の専門性
3．社会科教師の専門性の検証
　(1) 開発者の紹介

(2) 教師個人モデルの自己省察
4．教職大学院における教科書教材開発と授業実践
　(1) 授業のねらいと内容
　(2) 教科書研究及び先行研究の動向を踏まえた教材開発のねらい
　(3) 開発のねらいを生かしたN教諭の開発教科書教材
　(4) 開発した教材を活用した授業実践の概要
　(5) 本実践の成果
　(6) 本講義内容と社会科教師の専門性との結び付き（向上の成果）
5．共同的学びとしての内部評価・外部評価
　(1) 教科書教材の開発に関する評価
　(2) 開発教材を活用した授業実践に関する評価
6．結語―研究の成果と課題―

　論文の構成を見てみると，社会科教師としての専門的力量の形成を分析の主眼として，研究が進められていることが明らかになる。研究の手続きとしては，一人の教職大学院生（現職派遣院生）の学びの過程を事例として取り上げ，院生の教師としての職能成長，とりわけ教科の専門性，授業力が，いかに形成されていったのか，あるいは向上していったのかという点を明らかにしようとした研究である。
　そして，西村の成果として特筆すべきことは，「自己省察の過程として，教材研究・開発→模擬授業の授業構想・実践→他者の評価を参考にした開発教材の改善事例のサイクルを示すことができた」（西村，2012, p.114）ということと同時に，「自己省察を行う行為により「教材研究と開発力を活用した授業構想・実践力」に関する社会科教師としての実践的省察力が専門性の向上に有効となることを明らかにすることができた」（西村，2012, p.114）ことを挙げることができよう。
　さらに，西村の成果は，研究対象とした当該院生が，実際に取り組んだ単元開発を中心とした研究に関する自己省察の記録と，単元開発に関わったプロジェクトのメンバーによる評価，開発した教材や単元に基づく授業実践に関わった教師や生徒の評価をもとにしながら，院生の教師としての専門的力量の形成の過程を把握しようとした点であり，院生の省察の観点が豊かになる過程と，授業力が連動して形成されていることを明らかにした点にある。院生自身が，自己省察を行い，「教材研究・開発力を活用した授業構想・実践力」の向上という課題意識を明確化した上で，教材開発の理論と授業理論を習得し，実際に教材開発を行い，開発した教材をもとにして実践を行っている点は，実践上の課題を克服していく過程を描いたものとして位置付けられる。また，教材開発と授業を対象として，他者からの評価を受けながら，理論と実践の問題点を省察し，具体の教材を改善する中で教材開発の理論をより精緻化していること，同時に教材を開発するための視座を再構築し，授業モデルを再構築していくという「理論と実践を往還する」サイクリックな学修が行われ，こうした学修を通じて，院生自身の教材開発の視

座が確立され，授業構成理論が形成されていく過程を捉え直したことの意味は大きい。

Ⅳ　おわりに

　教職大学院では，教科の原理や方法よりも，現場の課題解決に役立つ力の育成を重視したカリキュラムが設定されているのが現実である。こうした学習環境の中でも授業構成理論をはじめとした「高度な実践的指導力」が形成される，あるいは向上することがさまざまな報告から明らかになっている。

　このことは，教職大学院の学びの特質である「実習」と「省察」に着目した分析が必要となることを意味している。今後，「意味ある実習」，「意義ある省察」とは何かということを追究することが求められるし，このこと自体が「反省的実践家」を育てる営みでもあるのかもしれない。

　教職大学院における学び，カリキュラムが，教師としての専門性向上にいかに有効に働いたのかという点についてより詳細な分析を加えることが，教職大学院における教科教育を考えるには重要な視座となる。また，授業構築理論の構築という意味でも，教科教育研究の一翼を担うことになる可能性を有している。

（宮本浩治）

○引用参考文献

秋田喜代美，キャサリン・ルイス編（2008）『授業の研究　教師の学習―レッスンスタディへのいざない―』明石書店.

Fink, L.D. (2003) *Creating significant learning experiences: An integrated approach to designing college courses*. San Francisco, CA : Jossey-Bass.

米田豊（2010）「社会科教員の授業力：教育現場の現状と教職大学院の実践から」『社会科教育研究』110，pp.6-16.

米田豊（2012）「社会科授業実践開発の基盤の再点検，再構築―社会科教育学栄えて，社会科教育滅ぶにならないために―」『社会系教科教育学研究』24，pp.113-114.

コルトハーヘン，F著，武田信子監訳（2010）『教師教育学―理論と実践をつなぐリアリスティック・アプローチ』学文社.

黒崎東洋郎，渡邉満，宮本浩治，金川舞貴子，住野好久，岩堂秀明，仲矢明孝，徳山順子，藤枝茂雄，村松敦（2016）「院生の授業力をはぐくむ課題発見・課題解決実習の省察―批判的思考力の育成を観点にして―」『日本教育大学協会年報』34，pp.121-132

西村公孝（2012）「教職大学院における教材開発と実践を活用した社会科教師の専門性―裁判員制度の導入に対応した教科書教材開発を事例として―」『社会科教育学研究』115，pp.103-115.

佐藤学（2015）『専門家として教師を育てる―教師教育改革のグランドデザイン―』岩波書店.

ショーン，D.著，佐藤学，秋田喜代美訳（2001）『専門家の知恵―反省的実践家は行為しながら考える』ゆみる出版.

山内敏男（2015）「理論と実践を融合した学びができたか」『平成27年度日本教職大学院協会研究大会　パネルディスカッション要項』pp.39-43.

Zeichner, K. (1981) Are the Effects of University Teacher Education 'Washed Out' by School Experience? *Journal of Teacher Education* May 32(3), pp.7-11.

第8章 各学校における教科教育研究

1. 学校における教科教育研究は，学校全体から単一の教科指導，異校種にまで広がっている。
2. 学校における教科教育研究は，授業実践研究が主となり，そのための組織運営が行われている。研究を豊かにする方策として，実践知への注目と学習指導案の工夫が考えられる。

I　学校における研究スタイル

　学校における教科教育の研究を考える場合，およそ学校全体の教育課程を射程に入れて進める研究と，単一（あるいは複数）教科を対象とした研究に分けることができよう。前者の例としては，「教科開発型研究」が考えられる。このタイプは，文部科学省の研究開発学校などにも見られるように，既存の教科枠にとらわれないで新しい教育課程を模索する中で新しい教科枠やその内容を設定する研究である。後者の例としては「教科指導型研究」があてはまる。既存の教科の内容をどのように指導すべきかに関する研究と言える。それら二極の中間的なものとして，既存の教科枠を維持しながら，合科的指導や関連的指導のあり方を研究する「教科架橋型研究」も存在する。
　さらに異校種の連携の立場から検討する教科教育も考えられる。例えば「子どもの学び・育ちを連続させる幼・小連携教育課程のあり方」「小・中・高一貫教育としての○○科教育の展開」などのテーマによってイメージされるタイプである。
　最近のわが国の初等・中等教育では，生活科や総合的な学習の時間が設定され，それらはその性格上，他の教科内容や他校種と関連・連携しやすいことから，既存の校種内教科単独の研究に加えて，教科架橋型や異校種架橋型も成立している。しかし，従来の教科枠を保ち，その中での深化・発展を求めていく「教科指導型研究」は，どの学校種においても重視され，恒常的に行われている。それは，学校における教師向けの研究としては，ポピュラーであることはいうまでもない。

II　研究内容の特徴

　「教科教育」という用語成立の背景を追いかけるまでもなく，その特質からすれば，教科専門的な内容と教職的な内容が相まって成立する研究として受け止めることができる。学校においては，次の3点が想起できる。本章では，それらを便宜的に「教育文化研究」と「教材分析

研究」,「授業実践研究」と呼んでおく。

まず「教育文化研究」では,教育の学術的・学問的見地からの教科内容の位置付け,教科の意味・意義などが対象化される。教育原理に関わる先行研究の分析・解釈などが中心となり,個人的な研究が主ともいえるが,学校ベースで進めようとするならば,それらに関係する研究者や専門家を交えた講演会形式の研究会等を設定する場合もある。

「教材分析研究」には,3つのタイプに分けられる。その一つとして「文献資料収集・分析タイプ」がある。研究対象とする教材を詳細に検討するために,様々なところから文献資料等を収集し,分析を進めるものである。対象とする資料は,国内にとどまらず,国外からの調達もある。このタイプは,個人または,グループで文献資料を収集・分析を行う取り組みが一般的である。

前のタイプに対して「体験・経験・実験等報告タイプ」は,現地を訪問したり,教材の活用を直接体験したり,あるいは教材の基礎実験に取り組んだりすることをメインとしている。すなわち学校近隣に位置する自然公園や文化施設に出かけたり,理科室内の教材を使って重力加速度を詳細にデータ化したりする等,そこで得られた体験知を整理し,報告書にまとめたり,指導立案の教材観に利用したりする。学校現場では,それらは研修メニューとして導入されることもあり,グループで体験を共有するフィールドワークやサイエンスラボ等も採り入れられている。

「調査の実施・分析タイプ」は,教材にかかわるアンケート調査を用意することである。調査対象は,指導する児童生徒に限定する場合が通常ではあるが,専門家や地域住民に拡張して実施し,その分析を行うことも含まれる。

高等学校はもちろん,小・中学校においても,これらの3タイプを複数採用して「教材分析研究」と位置付け,教科内容論に通じる教科教育研究としていく場合もある。

「授業実践研究」については,学校全体,グループ,個人で行う「校内授業公開」方式と市町村レベルから県・地方・全国レベルまで広げて行う「校外授業発表」方式で取り組まれる。いずれの場合においても,校内で研究主題を掲げ,実践的な仮説を設定し,授業実施後に検討する「仮説・検証型」が一般的であるが,学校種によって授業実践研究のスタイルが若干異なる。例えば,小学校のように教師間に共通点が多い場合には,ターゲットとなる教科に対して研究主題を設定し,授業を全体(教師全員)で観察し,授業直後に研究会をもって検討する(Aタイプ)。それに対して中学校のように,教科担任制がベースとなっている場合,どの教科等にも当てはまる研究主題を設定し,研究会を教科担任グループによって研究が進められることが通例である(Bタイプ)。高等学校や専門学校等では,校内で共通の研究主題を掲げて取り組むよりも,個人または個人が所属する外部の研究グループの中で進めていくことが

多く見られる（Cタイプ）。

Ⅲ　小学校に見る教科教育研究

　小・中学校の現場では，教科教育に関する研究は，実際の授業実践を通して行うことがほとんどである。「授業実践研究」の位置付けで，個人研究は，あまり行われず，学校全体（A，Bタイプ）で「校内授業公開」方式か「校外授業発表」方式のいずれかが選択されることが多い。それゆえ研究体制と運営の仕方等は，重要な課題となる。ここでは兵庫教育大学附属小学校：教科教育研究（Bタイプ）の研究体制と運営法をサンプルとして取り上げよう。またそこで行われる教科教育学の研究例として生活科に注目する。生活科研究は，教科指導型でありながら，教科開発型研究にも通じ，架橋型の可能性がある。加えて，幼小連携につながりやすい特徴も備えている教科である。また，昨今話題になっているアクティブ・ラーニングの面からも，活動中心の授業研究を主とする生活科は，今後の教科教育研究の参考になりやすいからである。

1．附属小研究の組織と運営

　同校研究主任（2015年度）への電子メール回答（2016.6.21）等から，組織・運営は，以下のようにまとめられる。
　まず研究推進のコアとなる研究主任及び数名で構成される「研究部」によって毎年研究テーマが提案される。年度初めに大まかなテーマを，その後，微調整をしながら最終的なテーマを決定することとなる。テーマのたたき台としては，前年度の各教科の取り組みで明らかとなった成果や課題をそれぞれの「教科部（専門としている教科ごとに数名で構成）」が発表し，それをもとに作成される。また「教科部」は，この全体の研究テーマをもとに，教科の研究テーマを決定する。
　研究組織としては，「研究部」のほかに，各教科担当で組織する「教科部」と3～4つの教科部で構成する「ブロック研究部」がある。ブロック研究部の長は研究部のメンバーが担当し，ブロック研究部での成果や課題，今後の見通しなどを研究部に持ち帰る。また，研究部で決定したことをブロック研究部に伝える役割も担う。ブロック研究部の会合は，各教科部の要請に応じて開かれる。
　研究授業は，期間集中・限定（5月中旬～6月中旬，10月中旬～11月中旬）で，教科部に属する全ての教師が行う。研究授業は，以下のように分類される。
- 全体授業研究：ブロック各1名（計3名）が行う。全員参加。
- ブロック授業研究：教科部各1名が行う。ブロック内のメンバーが参加。
- 教科部授業研究：上記の授業をしない教師が行い，教科部内で検討。

　研究授業に至るまでに，教科部及びブロック研究部で学習指導案の検討が行われる。研究授業実施後の検討会は，授業を見た者が参加する形で行われる。テーマに合う授業が展開されたか，授業者の意図と子どもの姿はつながっていたか等が検討され，成果と課題を明らかにする。

こういった研究推進のためのシステムや手続きは，オーソドックスであり，他の学校と大差ないといえる。なお同校の教師たちは，校外においても，例えば全国的な学会等のメンバーとして活躍し，自校の研究と関連させ，研鑽を続けている。このような個人的な研究活動を十分に受け入れる体制も学校における教科教育研究の良質化に寄与するといえよう。また，大学教員の継続的なサポートシステムも研究の活性化につながっている。

2．「生活科」における取り組み

直近の「生活科」研究は，3年間をひとまとまりとして，以下のように取り組まれた（兵庫教育大学附属小学校，2015，2016）。

全体テーマ「子ども―文化―教師をつなぐ」（2013～2015年度）のもと，生活科では，「子どもの生活文化から学ぶ価値を見出す授業づくり」がテーマに掲げられた（2013年度）。自然散策などに見られる断片的な気付きを収集するための手立てとともに，ワークシート等の個人で行う作業や友だちに伝え，共有化を図る発表・交流活動に注目している。前年度研究での成果を引き継ぐ「オノマトペ表現」を取り入れつつ，「戻して考えさせる」「比較させる」「つなぐ」「共有させる」など実践上の指導ストラテジーをまとめた。2014年度では，「子どもと教師がともに学びをひらく生活科授業」のもと，手立てとなる「絵本」の活用，オノマトペや比喩による表現，名前を付ける活動（命名活動）が提案されている。さらに，2015年度では，「子どもと教師がともに気付きを深め合う生活科授業」に取り組んだ。「気付き」を生み出し，深めるための手立てとして，「意識化」する，「表出」させる，「つなげる」というキーワードで整理している。その具体的支援として，「ラーニングスケッチ」[1)]を取り入れている。このラーニングスケッチは，教師にとっては「学びの見通しをもつための計画書（学習指導案）」であり，子どもにとっては，「気付きを記入するためのワークシート」として活用させている。

Ⅳ　教科教育研究への期待

前節からも推察できるように，学校が教科教育研究に携わる際，教師は「授業実践」を中心におく研究が最も重要であると認識している。そのための組織運営を行い，校内研修や対外発表によって自己を振り返り，授業力向上に努める。本節では，こうした研究の芯となる「実践知」（金井・楠見，2012）形成と学習指導案の工夫にふれる。

1．実践知

ここでいう実践知は，授業を支える実践知である。それは，「授業を想定した教科内容知識（pedagogical content knowledge）」（Schulman, 1987）であり，教科内容の知識を授業や子どもたちの知識と結び付けて再構成したものである。暗黙知的で，事例的，個人史的な性質であること（ポランニー，1980；Elibaz, 1981；佐藤，1997）から，メタファや金言によって伝えられたり，

実践の思い出として語られたりする。その形成は，次のような過程上に現れる。すなわち教師が，教科内容と子どもたちの有する知識，授業方法の知識とともに，それらを関連付けた知識を用いて①授業計画をする，②実践する，③その後の省察から次の授業計画へと向かうプロセスである。つまり，実践—省察の繰り返しの過程の中で形成されるのである。そうした特徴を有している点，同僚の実践に学びながら，より個性的で一貫した授業をつくり出す原動力となる。また，それは，コミュニティの中での形成とメンタリングでの相互性とも述べられている（金井・楠見，2012, pp.174-193）。言い換えれば，「実践知」は，教師の教育実践経験等に基づく「持論（practical theory in-use）」（金井・楠見，2012, pp.59-104）ともいえ，個人的でユニークでありながら，言語化され，語り合われ，語り継がれ，磨かれていく側面も有している。その点において，それを意識的に対象化していく校内の授業研究は，教科教育研究の要となる。そして，最も重要な点は，教師の「持論」の語りと記録を保持する点にある。それによって教師自身のメタ認知が働き，自らの持論を刷新していくきっかけとなるのである。語りは一過性の脆弱さがあり，とらえにくいのが欠点である。いくつか分析方法が開発されているものの，常時の分析としては定着しにくい。実際には，実践記録が手軽に何度も振り返って確かめることができ，持続的・継続的に省察等に活用することができる。また単に出来事を記録するのではなく，はじめにとらえていた授業構想（学習指導案）を「たどる」「なぞる」ように記す。それは，授業実践を行う前に，模擬授業で確かめるのと同様であり，予定と実際との差異を明確にするのに役立つ手法といえる。こう考えると，授業研究会においても，形式化され，隅に置かれがちだった学習指導案の存在が中心的位置を占めるようになる。

2．学習指導案

先の附属小「生活科」実践でふれた学習指導案としてのラーニングスケッチは，まさにその勘所を具現化しているツールといえる。その理由の一つが，授業場面を空間的に切り取り，スケッチングする手法を取り入れているため，子どもの動的な様相をシミュレーションしやすいことである。また，それを見ている教師は，どのように働きかけるかという点を吹き出しなどで表記できるからである。二つめの理由としては，子どもにとっても実際に学ぶ場面を切り取った部分であることから，それと同じ形式のシートが手元にノートとして用意される点，教師の予想と子どもの取り組む結果が比較しやすくなる。当然そこに省察のきっかけが生まれることになる。三つめの利点として，そのラーニングスケッチが，教師のリフレクションマップになるのと同時に子どもにとってもアセスメント効果をもたらし，ポートフォリオやプランニングシートとして扱うことができる点にある。

ところで，教育実践等の記述や記述法に関しては，活動中心の生活科の場合，特に乳幼児を対象にした保育実践の記録法等が参考になろう。例えば，日本のそれらとともにニュージーランドのテファリキやラーニングストーリー，スウェーデンのドキュメンテーションなどが挙げられる（河邉，2013；Carr，2001；文部科学省，2013；大野，2014）。しかしながら，近年の子ども，とりわけ乳幼児の発達について確認しておく必要があろう。なぜならば，幼児たちのもつ科学的な有能さを実証する研究成果が多く提出され，乳幼児の発達観が見直されてきているからである（外山・中島，2013）。つまり，それらを踏まえた記録法の開発・改善もなされる必要がある。

今後，生活科の教科教育研究を学校現場で一定のポジショニングを得て，根付かせる一つのきっかけは，これまで先人が培ってきた授業研究や校内研修の文化の中で，学習指導案のあり方を再確認・再評価する作業ではないだろうか。そうなれば，生活科教科論を支える教材分析研究や教育原理等が指導案の舞台に上がりやすく，かつ確かな教科教育研究となっていくだろうと考える。また，他教科の教科教育研究にも連動し，未来の教科教育の姿が現れることになろう。

（溝邊和成）

〈註〉
1) 附属小の場合，ラーニングスケッチは「活動する場所の地図」「単元の流れを図式化したもの」であり，「予想される気付き（気付かせたい価値）」や「気付きが生まれる場所（図形等で表示）」，「気付きのつながり（矢印等で表示）」，「授業での留意点」をその要素としている（渡邉，2016）。

〇引用参考文献

Carr, M.（2001）, *Assessment in Early Childhood Settings: Learning Stories*, SAGE Publications Company/ 大宮勇雄，鈴木佐喜子訳（2013）『保育の場で子どもの学びをアセスメントする─「学びの物語」アプローチの理論と実践』ひとなる書房.

Elbaz, F.（1981）The teacher's "practical knowledge" report of a case study, *Curriculum Inquiry* 11, pp.43-49.

兵庫教育大学附属小学校教育研究会（2015）『授業実践の窓 叢書9 教材の力を引き出す授業プラン』明治図書, pp.60-67.

兵庫教育大学附属小学校教育研究会（2016）『授業実践の窓 叢書10 子どもが学びに夢中になる授業プラン』明治図書, pp.62-71.

金井壽宏，楠見孝編（2012）『実践知 ～エキスパートの知性～』有斐閣.

河邉貴子（2013）『保育記録の機能と役割─保育構想につながる「保育マップ型記録」の提言』聖公会出版.

溝邊和成（2016）「動的学びを支援する活動可視化型学習指導案の構想～生活科に見られる学習指導案の工夫を手がかりに～」『日本理科教育学会第66回全国大会論文集』p.354.

文部科学省（2013）『幼稚園教育指導資料第5集 指導と評価に生かす記録』チャイルド本社.

大野歩（2014）「スウェーデンにおける保育評価の変容に関する研究：2011年教育改革後の教育学的ドキュメンテーションに着目して」『保育学研究』52(2), pp.150-161.

マイケル・ポランニー著，佐藤敬三訳（1980）『暗黙知の次元』紀伊国屋書店.

佐藤学（1997）『教師というアポリア～反省的実践へ』世織書房.

Shulman, L, S.（1987）Knowledge and teaching: Foundations of the new reform. *Harvard Educational Review*, 57(1), pp.1-22.

外山紀子，中島伸子（2013）『乳幼児は世界をどう理解しているか』新曜社.

第9章 学社連携としての教科教育研究

1. 教科教育研究には学校と社会の連携が前提である。
2. 生涯学習社会を前提とする教科のあり方は，研究目的となる。
3. 多様な社会への参画のために学社連携を位置づける必要がある。
4. アクティブ・ラーニングのために開かれた教科教育を編成する。
5. 学習者の尊厳を確保し社会の持続可能性を保障する。

はじめに

　生涯学習社会の到来を予期して，学校教育・教科教育と社会教育・生涯学習との役割関係の重視を図る政策意図から，「学社連携」や「学社融合」が展開された。他方，学校・社会教育機関と地域・コミュニティとの急速な接近で，連携論は単なる手段から，学習者重視の目的へと新たな段階に入ったと考える。

　教科教育研究では，学校と社会の教育資源を峻別することの意義は薄れ，教科の指導にとどまることなく，積極的に社会参画・社会還元を目的とする支援活動の要素が強くなり，教科の学習は子供達の生存や尊厳の確保に不可欠なものとなりつつある。そこで小論では今後の学社連携に資する教科教育のあり方の面からこれまでの経験を基に少し整理する。

I　学社連携のかたちと教科教育

　少子高齢化・高度情報化・グローバル化などによる「知識社会」の一層の拡張・進展は子供や教科を取巻く社会のあり方を変え，基礎学力の重視・伝達型が想定する教科教育とは異なる。例えば実社会に積極的に関与する学習やそれにフィットする教科群を対象とする教科教育研究を求めるようになってきた。諸学問もダイナミックな変動性のある知識情報群へと変貌し，これらを基礎とする教科の固有な役割や機能も変わりつつある。

　ときにこの変化の始まりの一つは，生涯学習社会論を基底にする学校教育と社会教育の連携を謳い，「総合的な学習の時間」を起爆に教科の機能をより社会に開かれたものにしようとした「地域における生涯学習機会の充実方策について」（生涯学習審議会答申，1996）であった。

　同答申以降，社会教育・文化・スポーツ施設や学校の学習での活用が叫ばれ，「学社連携」が教科教育研究の大きな要素となるに至る。この動きは，教科教育研究の要素の追加を意味する以上に，研究の質の変化をもたらす契機となり，もはや知識伝達型研究では収まらなくなる。

もちろん教科教育のある種の肥大・拡散化は，教科研究の節度や伝統を守ることの難しさに直面するが，避けることで展望が見えるものでもない。その意味でアクティブ・ラーニング・リサーチとして，教科教育論を学社連携の点から考究することは，一つの典型的な研究のかたちである。

現在，学習指導要領改訂の方針としての『教育課程企画特別部会・論点整理』(2015) が示され，「社会に開かれた教育課程」として「……よりよい学校教育を通じてよりよい社会を創るという目標を持ち，教育課程を介してその目標を社会と共有していくこと」(同3頁)，「教育課程の実施に当たって，地域の人的・物的資源を活用したり，……社会教育との連携を図ったりし，学校教育を学校内に閉じずに，その目指すところを社会と共有・連携しながら実現させること」(同4頁) などが強調されている。

これは，社会に開かれた教科教育を自明とし，一層地域社会の未来を切り開く役割を，各教科指導に期待するものであり，学社連携・学社融合の論点は，今後の教科教育研究においては明白な教育目的・目標になっていると考える。

なお産業・スポーツ界，さらには弁護士，医師などの専門家集団との連携は，より社会に開かれた教育課程を創造するために不可欠であり，教科教育研究は狭い意味のアカデミズムのみにその基盤を求める時代は終わりつつある。

Ⅱ　尊厳と社会に資する学社連携へ

このように学社連携として教科教育をとらえるとき，教科教育研究が優先して確保すべきことは，学習者が「自由で公正な社会」に参画するために必須な知識・理解・技能・価値などのまとまりを，子供・学校・教員・保護者に，具体的に例示・範示することが大切となる。

『論点整理』では「学校とは，社会への準備段階であると同時に，……子供たちや教職員，保護者，地域の人々などから構成される一つの社会でもある。……様々な人と関わりながら学び，その学びを通じて，自分の存在が認められることや，自分の活動によって何かを変えたり，社会をよりよくしたりできることなどの実感を持つことができる」(同2頁) として「社会的意識や積極性を持つ」ことを教育課程政策的には求めている。

他方，学社連携重視の教科教育では，子供の健全な発達のために，学問性に裏打ちされた適切な知識・技能・価値等を「社会」をとらえやすく編成することが，とくに大切である。ちなみに「社会」とは，国家・地域社会・市民社会といった実体的なもの，政治・経済・法社会といった機能的なもの，倫理・宗教社会といった理念的なもの，文化・芸術・娯楽社会といった情操的なもの，さらには道具的な言語社会，身体的な健康・スポーツ社会などまでも含むもので，実際には多種多様な社会である。

そのため各教科教育では，これらの○

○社会に応じて，その研究のあり方の重点を正確に見極めて，わかりやすく教科を学ぶ人々に伝える責務を負うことを研究者は自覚すべきである。この研究行為自体が，広義の意味での学社連携としての教科教育研究であるとも考える。

さて狭義の生涯学習支援システム構築の教育政策的要請から，個人的に博物館・資料館の社会科教育への活用，地域コミュニティの教材開発等の実践的なことを幾つか行ってきた。いわば教科教育の現実的情報の裾野を広げるタイプの教科教育研究は，理論と実践を繋ぐ教科教育研究として，今後も蓄積すべきものであり，教員との日常的交流を可能とする不可欠な研究である。各教科教育のスペシャリスト・コーディネーター等々として，教科の固有な目的・機能に応じ，対象社会の理解や活動を，子供に役立つために教育課程編成を行うことが，子供と社会に資する研究になる。

他方，学社連携・学社融合の重心が表層的な現実社会に偏ることなく，生存の基層となる普遍（抽象）社会にも架橋されるべきと考えている。

近年の教科教育研究は，学校が遠ざけてきた普遍的な社会の知恵を，教科の目的・内容・方法・評価等々に積極的に生かすという意味で，学社連携がもっと標榜されてもよい。実際，社会科・公民科・家庭科等では，政治・経済・法律等の専門組織や中立の学校支援的な政府機関やNPOと連携した社会に開かれた教科教育の構築が不可欠なものとなっており，こうしたある意味の普遍的な連携こそが教科教育研究の質の向上に資すると考える。

ちなみに筆者は公民教育の研究の一環として「法教育」「交渉教育」にここ十年以上取り組み，例えば関東弁護士会連合会・法教育センターによる教育推進と研究活動に積極的に関与し，人間・個人の尊厳や子供の法的権利等を学ぶ法教育カリキュラムの研究や開発に関与している。この取組みは，学社連携としての教科教育研究の質的向上に資するとともに，学習者の人間としての尊厳を基にする教科教育のあり方の普及に直接役立つもので，他教科においてもこのような社会を後見的に支える実務家集団の見識を積極的にカリキュラム編成に生かすことが求められるし，実際多く試みられている。

学問的なことを専門としない人々の，社会でのよりよい幸福の追求・実現を目的にする教科教育であればこそ，各人の個性を尊重し，それぞれの人格の尊厳を守ることの価値がよく見えてくる。

法教育の研究から，例えば「①個人の尊厳，②平等，③自由，④公共，⑤権力と権威，⑥正義あるいは公正，⑦責任，⑧信頼，⑨真実」の基礎概念を元に法的な知識・技能・理念等を整理して，その基礎・基本を実際の学習指導要領にもとづく教科指導の中で学ぶことのあり方を，関東弁護士会連合会・法教育センターより『私たちの社会と法・学ぼう！　法教育』（商事法務，2016）として刊行する。手前味噌だが他業種の専門家集団との連

携の試みと充実こそが，今後の学社連携としての教科教育研究の姿ではないだろうか。

Ⅲ　公共と持続可能に資する教科教育研究へ

「これからの学校教育を担う教員の資質能力の向上について」(中央教育審議会答申，2016)では，「…教育課程の改善に向けた検討と歩調を合わせながら，教科教育等の指導に関する専門知識を備えた教えの専門家としての側面や，教科等を越えたカリキュラム・マネジメントのために必要な力，アクティブ・ラーニングの視点から学習・指導方法を改善していくために必要な力，学習評価の改善に必要な力などを備えた学びの専門家としての側面を備える必要がある。さらに，教員が多様な専門性を持つ人材等と連携・分担してチームとして職務を担うこと……」(同1頁)と指摘し，「チーム学校」の実質的な形成の意義を要請している。

こうした動きは，教科教育研究にも強く影響し，教育課程の改訂と歩調を揃え，教科教育の態勢や方向が定まっていく。そのため学社連携という観点は，広く社会の動きを注視するという意味でも研究では重要となる。

ちなみに教員研修・養成では，新たな教育課程に対応する内容として，「①アクティブ・ラーニングの視点からの授業改善，②ICTを用いた指導法，③道徳教育の充実，④外国語教育の充実，⑤特別支援教育の充実」があげられており，今後はこの方面での教科教育的な研究の充実が図られることになろう。ただし定期的な政策変更に伴う研究力点の移動ではなく，学社連携という側面からみれば，多種多様な社会の下で人々の幸福が守られるべきであるとする「公共の福祉」などの［公共性］からの要請，多種多様な人々の社会的なあり方を許容する［多様性］からの要請，さらには世代や地域を越えて持続する人々の生活や文化・伝統等々の［持続可能性］からの要請として，研究の責務を果たすことが強く求められる。

Ⅳ　学社連携の研究事例の紹介

学社連携としての教科教育をより具体化するために，ここでは3事例により概略的にだが例示する。

まず社会教育研究の領域から，教科教育とクロスすることを提案する鈴木眞理／佐々木英和編著『社会教育と学校』である。学社連携の研究では，謙虚に社会教育の研究史や理論史等に学ぶべきであり，すぐに学習指導要領の歴史や傾向に代替することはむしろ慎むべきであろう。教科教育研究としては，学習指導要領の変遷や直近の中央教育審議会を追いかけることで，教科教育の射程を論じるが，錯覚に陥る危険もあり，他の教育学的な研究の理論展開に着目しつつ，学習指導要領や各教科の解説書等の背景的側面を考慮して，教科教育研究のあり方を意識すべきである。

ちなみに『社会教育と学校』の構成は，

「第1章・学校教育と社会教育の概略的見取り図，第2章・学校の意味の問い直し，第3章・学校と地域社会——その歴史的展開，第4章・学社連携論と学社融合論，第5章・子どもの生活と社会教育，第6章・学校教員と社会教育，第7章・もうひとつの学校：フリースクール・学習塾・ホームスクール，第8章・学校と地域社会の新しい関係，第9章・生涯学習社会における大学，特論1・情報社会と学校，特論2・学社連携・融合の展開とその課題」（全240頁）である。

緒論では「学社連携」という教育政策的理念に出会った学校，教科，教師，大学，文部科学省等の各々が何に向き合って，実際にどう対応しようとしているのかが幅広い側面から論及され，各論考から教科教育研究との接続チャンネルが豊富に見つけられる。質の高い研究には，概論的であっても教科教育研究のシーズが豊富に含まれていることを実感する。そのシーズは教科以外の教育研究や社会・人文科学研究にもあり，教科教育ではそれらを見つけ，育むことが大切である。また自身の学社連携の事例の一つに，学社連携・融合・生涯学習社会・合校といったスローガンが展開される時期に試みた「地域社会」を理念型でとらえる地域社会連携重視の教科教育の実践研究がある。

長崎大学の教科教育の教員らと行った『地域教材の開発と実践・水際の教育と生活科』では，道徳・社会科・理科・家庭科の教科教育研究者と学校教員らとの協同によって生み出された地域に特化したモデル教材の倉庫群の構築を想定して地域社会連携の教科教育の模索を行った。すなわち「第1部　長崎という場を生かす教育　序章　水際・長崎，第1章　水際に根づく学校の実践，第2章　長崎の歴史と文化を生かした教育，第3章　長崎の自然を生かした教育，第4章　長崎の生活を生かした教育，第5章　水際の民話を生かした教育，第2部　生活科—地域を生かした教育，第3部　資料編」（全253頁）の論点と事実から，教科教育研究の特徴的な取組みを提示した。

筆者はこの過程で地域の博物館・資料館・歴史文化遺跡等が社会科教育では欠かせない要素であることに気付き，知的遺産であることに着目して社会連携の社会科教育的アプローチをささやかながら試み，可能な限り地域の特性を継承する博物館・資料館といった社会教育機関との連携を社会科教育実践として本書で提案した。

このような各地域の理念型をもとに，地域社会とそこに暮らす人々を優先的位置に置く教科教育研究は，今後も各地域で展開されるべきであり，教科教育研究は決して一極集中のものでないことをむしろ積極的に提示すべきである。

もう一つの事例は，今後の学社連携のモデルと筆者が考えたい『わたしたちの社会と法　学ぼう・法教育』のアプローチである。本書の構成は「第1章　基本的価値・概念：個人の尊厳，平等，自由，公共，権力と権威，正義あるいは公正，

責任，信頼・真実，第2章　法：法と道徳等（以下詳細略），第3章　憲法の原理と原則，第4章　権力（国家）と民主主義，第5章　人権，第6章　紛争解決，第7章　司法権，第8章　私法，第9章　民事紛争，第10章　罪と刑罰，第11章　刑事手続，第12章　法教育の意義と学習のあり方」（全175頁）であり，法律実務家集団が共有する法知識を，教員に分有してもらう意味から作成された法の基礎・基本のシラバスとでもいえるものを教科教育に位置づける試みであり，社会的専門家集団の知恵や経験と知識・理解の一般性・普遍性とを，教科に積極的に取り入れる試みが今後の研究として不可欠である。こうした異業種の専門家集団をつなぐ側面からの研究の充実こそが，学社連携としての教科教育研究の一つの姿ともみたい。ちなみに本書では，アメリカ社会で展開された法教育の社会普及をモデルにした法教育を目指しており，教科教育研究者として積極的にグローバル社会での教科教育研究スタイルを応用することも大切な要素である。

学社連携でとらえる「社会」は，多様であるがゆえに，幅広い側面から，そのあり方が検討されるべきである。地域社会から普遍社会までも見据えて，人々の教育に有効な社会連携としての教科教育の研究が，一層進められるべきであろう。

おわりに

社会科・公民科の教科教育研究に長年関わってきた経験から研究分析したというより，研究のあり方提言として「学社連携」に論及した。

社会科の英語名は 'Social Studies' 'Social Education' であり，いずれも「社会」の学習，教育であり，すでに教科に社会が組み入れられている。実はすべての教科も，社会に連携してその固有性を確保する存在であり，学社連携は「学習」と「社会」との連携として論じられ，学校教科の研究の歩みをさらに一歩進め，社会の教科の研究として発展することを期待したい。　　　（江口勇治）

〇引用参考文献
(1)「社会連携」と学校の研究
　鈴木眞里，佐々木英和編（2004）『社会教育と学校』学文社.
　岡東壽隆（1997）『地域における生涯学習の支援システム』東洋館出版社.

(2) 筆者の社会連携の試みについては，初期であれば地域の博物誌や博物館等との連携や融合を試みた長崎大学教育学部教科教育学研究会（著者，橋本健夫等）（1990）『地域教材の開発と実践：水際の教育と生活科』（大日本図書）を参照してほしい。ここでは長崎という地域を歴史，文化，自然等の諸事実から「水際」地域・社会の理念型でとらえ，それに当てはめる方向で社会（教育）と学校の教科教育との横断的連携を示したもので，現在でも有効性は検討されるべきであろう。また最近のものとしては，関東弁護士会連合会（2016）『わたしたちの社会と法学ぼう・法教育』商事法務．を参照してほしい。本書は社会を形成しつつその修正を試みる専門家集団としての法律家・弁護士との連携を試みたものであり，一つの社会還元的な社会連携研究・実践・実務であろう。

第3部 教科教育学の研究領域

教科教育の研究領域のとらえ方

1. 教科教育学の研究領域の設定方法には，演繹的方法と帰納的方法が存在する。
2. 個々の教科教育学は，歴史的，社会的文脈の中で研究領域を設定してきた。そのため，個々にみた場合，各教科教育学の研究領域の体系には差異がみられる。
3. 教科教育学の研究課題が，質の高い授業の実現に向けた理論構築であると考えた場合，個々の教科を他教科と識別する目的，目標，内容論，教科内容の習得に向けた学習指導論，質の高い授業を実現できる教師教育，研究の質を保証する研究方法論の開発を含む科学論が必要になる。
4. 社会的要請の変化に伴い，個々の教科教育学の研究領域も変化していく。特に，教科の再編や学術研究の改編の動きの中では，個々の教科教育学は自らの研究領域の体系を改めて問い直す時期を迎えている。

I 教科教育学の研究領域の設定方法

第二次大戦後の教育改革の中で教育学が中心となって一つの学部を形成するようになり，教育学部に大学院が設置されるようになった。教科教育学の成立，発展には，その影響が大きい。大学における教育学部の形成は，教育学の飛躍的な発展をもたらすとともに，多くの教科教育学の発展を促すことになった（日本教育方法学会，2014，p.20）。他方で，現時点でも教科教育学が学問領域としては成立し得ないとの指摘がみられ，数学教育学の学的体系化が今後の大きな課題であると指摘されている（日本数学教育学会，2010，p.6）。研究領域の体系化は，その意味では個々の教科教育学の存在根拠を示す重要な課題といえる。

では，個々の教科教育学の研究領域は，どのようにして設定されるのであろうか。ここでは，演繹的な方法と帰納的な方法が考えられる。

演繹的な方法は，社会の変化の中で自らの存在根拠を問われる形で提案されていくことが多い。例えば，社会科教育学で，大学における教員養成制度の成立や教員養成大学・学部における大学院設置にかかわる理論的根拠づくり進められる過程で，社会科教育学の研究領域の体系が提案されていった（全国社会科教育学会，2001，p.14）ことである。

これに対して帰納的な方法は，実際に展開されている研究を踏まえて研究領域を設定していく方法である。例えば，2015年度の日本学術振興会科学研究費助成事業データベースから教科教育学をキーワードとして抽出された助成研究をみれば，個々の教科に集約されないテーマ

がみられる。例えば，「最新の森林研究をふまえた高校の森林・林業教育の見直しと習得基準の提案」である（日本学術振興会）。

このことは，教科教育学の研究領域の体系が，実際に展開されている研究により常に修正を求められ続けることを示唆している。

では，現状，教科教育学の研究領域はどのように体系化されているのであろうか。

以下では，我が国の複数の教科教育学のハンドブック等を手がかりに，この点を確認したい。

Ⅱ 我が国の教科教育学にみる研究領域

個々の教科の制度的な位置づけは，社会的，歴史的，文化的文脈に応じて変化していく。そのため，初等中等教育や高等教育において個々の教科が制度的な位置づけを確保するためには，その理論的根拠を示すことが必要になる。教科教育学は，そのような根拠を提供することを期待される科学でもあり，その問いに答える過程で，自らの研究領域や研究成果が問い直されることになる。この過程では，教科教育学の性格に対する理解もまた，変化していく。

例えば，社会科教育学を対象とした研究が積極的に展開されるようになったのは1960年代であったが，それは学としての性格や構造を明らかにすることを意図していたという。これに対し，1970年台には社会科教育学の科学化の方向を探る研究方法論研究が展開されていき，すでに1970年には，社会科教育学の研究方法論として，理論的方法，歴史的方法，比較（教育学的）方法並びに実験実証的方法が示されていた（全国社会科教育学会，2001，pp.14-17）。また，『新社会科教育学ハンドブック』（社会認識教育学会，2012）は，(1) 社会科の本質，(2) 社会科の性格規定，(3) 社会科の内容構成，(4) 社会科の方法原理とその評価，(5) 社会科授業における技術と原理，(6) 社会科における論争点，(7) 社会科のアイデンティティ，(8) 教育史にみる社会科らしい実践とその構造，で構成されている。この目次構成は，旧版（社会認識教育学会，1994）の (4) に評価が加えられたのみである。

数学教育学は，1960年代初頭，その研究領域として1）目的論，2）教育課程論，3）教材論，4）方法論，5）評価論の5領域が提案されていた。また，日本数学教育学会が1991年～2000年に発刊された論文発表会での発表論文をレビューした際の研究領域は，1）カリキュラム，目標，内容，2）教授と学習，3）学際的領域（その1）（認識論，情意，概念形成，問題解決等），4）学際的領域（その2）（言語学，人類学，民俗学等），5）テクノロジーと教材開発，6）アセスメント，7）教師論と教員養成，8）数学教育の歴史，であった。これに対し，全国数学教育学会が2004年に発刊した10周年記念誌では，学会誌に掲載された176の論文が

1) 認識論と社会・文化的アプローチ，2) 問題解決と認知論，3) コミュニケーション（相互作用）・言語・表現，4) 教材論，5) 学習指導，6) コンピューター活用，7) 評価，8) 創造性，9) 調査研究，10) 教師教育，11) 数学教育史，12) 国際比較と国際協力，に分類された（日本数学教育学会，2010，pp.4-5）。また，「数学教育学ハンドブック」（日本数学教育学会，2010）は，(1) 数学教育論・研究方法論，(2) 目的目標論・カリキュラム論，(3) 教材論，(4) 学習指導論，(5) 認知・理解・思考，(6) 学力・評価・調査研究，(7) 数学内容論，(8) 数学教育史，(9) 学際的領域，(10) 数学教師論・教員養成論，で構成されている。

全国大学国語教育学会が学会創設50周年を記念して2002年に出版された『国語科教育学研究の成果と課題』は，国語科教育学の研究方法論の特性が，理論的研究，歴史的研究，比較国語教育学研究，実践的・実証的研究の4つの相から論究された（山元，2003，p.79）。また，同著の出版以降，教員養成や教師教育カリキュラムへの国語科教育学研究の成果の反映のさせ方が問題にされている（山元，2003，p.85）。

その後に出版された『国語科教育学研究の成果と展望Ⅱ』（全国大学国語教育学会，2012）は，(1) 国語教育の基礎論，(2) 話すこと・聞くことの学習指導，(3) 書くこと（作文）の学習指導，読むことの学習指導，(4) 日本語基礎事項の学習指導，(5) メディア教育，(6) リテラシー，(7) 国語科教師教育，(8) 国語科教育学研究方法論から構成されている。前著に，国語科教師教育が新たに章立てられるとともに，リテラシーが章タイトルに組み入れられた。

なお，同著でいう国語教育の基礎論には，目標論，教育課程論，学力論，評価論，国語思想論が位置づけられている。これを一括してカリキュラム論と総称すれば，それ以外に学習指導論と教師教育論，研究方法論に研究領域が大別できる。

他方で，同書では，「メディア教育，リテラシーに関する研究の成果と展望」，「国語科教師教育に関する研究の成果と展望」，「国語科教育学研究方法論に関する成果と展望」が「国語科教育学研究の成果と展望」（全国大学国語教育学会，2002）以降の学の進歩を踏まえた章設定となっている。また，『日本語基礎事項の学習指導に関する研究の成果と課題』が教育行政の変化に対応した章名になっている（全国大学国語教育学会，2012，p.2）。加えて，2000年以降の国語教育の動向が，教育基本法，各種審議会答申，学習指導要領等の教育行政を大きく関連しながら進められてきたこと，そのため将来的には国語科教育行政学といった新たな研究分野の検討が必要になると指摘されている（全国大学国語教育学会，2012，p.14）。

なお，国語科授業研究・学習者研究は，2002年を境に量的研究法に重点を置く調査研究から質的研究法による実践研究へと移行していった。この中では学習者研究は学びの実態解明を志向するようにな

っていった（全国大学国語教育学会，2012，pp.525-526）。

『英語教育学の今』（全国英語教育学会第40回研究大会記念特別誌編集委員会，2014）では，(1) 小学校における英語教育，(2) リスニング，(3) スピーキング，(4) リーディング，(5) ライティング，(6) 語彙，(7) 第二言語習得と文法，(8) テストと評価，(9) 学習者要因，(10) 教師論「成長する英語教師」，(11) 教授法，(12) 授業学，(13) 英語教育におけるICTの活用，(14) 国際理解教育と英語教育，で構成されている。

『教育方法学研究ハンドブック』では(1) 教育方法の思想史研究，(2) 子ども理解・子ども研究，(3) 教育課程・カリキュラム研究，(4) 教材・教育メディア研究，(5) 授業づくり研究，(6) 学習集団研究，(7) 授業研究，(8) 学力と評価研究，(9) 生活指導・生徒指導・特別活動・道徳教育研究，(10) 学級論・学校論研究，(11) 幼児教育研究，(12) 特別支援教育研究，(13) 教師教育研究，(14) 高等教育研究，(15) 教科・領域の研究，があると指摘されている（日本教育方法学会，2014，p.54）。

以上の状況は，教科教育学には共通の研究領域が設定されることを改めて示唆している。それらは，(1) 教科教育学の科学論，(2) カリキュラム論，(3) 学習指導論，(4) 教師教育論である。日本体育科教育学会（2011）は，この体系を採っている。

教科教育学の科学論は，教科教育学の科学としての体系や制度的な位置づけ，研究方法論を検討する領域である。質的研究，量的研究，混合的研究の区分が生み出されてきたことは，研究方法論の発展ともいえる。実際，英語教育では過去20年間で研究デザインに対する意識が高まったと指摘されていることも（全国英語教育学会，2014，p.28），科学論の発展の一つの証左といえる。

カリキュラム論は，教科の目的や目標，教育課程，教科内容の編成方法が対象として設定されることになる。ある教科が他教科と異なる教科として制度的に位置づけられるためには，独自の教科内容の体系の提示が求められるためである。なお，教科が異なろうとも，個々の教科の教科内容は，情意，社会，認識，運動といった領域に対応して設定されることになる。学習集団論の形成に関わる教科内容もまた，社会領域のカリキュラムにおいて検討されることになる。また，カリキュラム評価は，質の高い教科内容の提案という観点からみて重要な研究課題といえる。

学習指導論には，授業研究，学習者論，教科書やICTやメディアを含めた教材，教具論，教師行動，学習指導モデル研究，学習評価論が包摂されることになる。

教師教育論は，養成段階の学生の養成並びに現職教員の養成カリキュラムやその効果的なプログラム開発等が含まれることになる。また，教師教育者の養成もまた今後の重要な研究課題である。

これらの4つの領域をクロスオーバー

する研究領域も設定可能である。例えば，授業研究では，学習者の認識や教師の価値観，教師行動，評価法等を研究対象に据えることも可能である。同様に教師教育に関しても，教員養成システムの歴史や国際比較，さらには，教師教育カリキュラムや教材，教具開発，教師教育プログラムの評価も研究対象としては重要になる。また，研究領域は，カリキュラムや学習指導，学習者，評価等のテーマと同時に哲学や歴史学，社会学等，研究で用いられる理論によっても方向付けられる。教科カリキュラムの社会学や歴史学といった領域設定である。

本書の第3部では，これらを踏まえて設定されている。以下では，その内容を概観したい。

Ⅲ　各章の概要

1章では，歴史研究には通史研究と個別研究，比較教育学研究が類型化されるとともに，研究事例が紹介されている。

2章では，教科の目標研究には3つの視座が設定し得ることが指摘されるとともに，それらに対応した研究事例が紹介されている。

3章では，教科教育の内容論における教科内容と教材の区別を確認された上で，学習者の学びを踏まえた教科内容論の再考が必要になっていることが指摘されている。また，その過程では教科論的アプローチと社会文化的アプローチの統合の仕方が問われることが示唆されている。

4章では，教授＝学習の手段としての教材という捉え方が主流であることを確認した上で，教材開発と教材解釈の違いが説明されている。

5章では，カリキュラム概念の整理を踏まえ，日本においても自主編成のカリキュラムが作成，試行されてきたこと，また，学び続ける教師像の提案が主体的にカリキュラム構築に関わっていく教師の役割を明確化させることにつながったことが紹介されている。

6章では，教科教育学の研究方法がテーマと連動していることが指摘された上で，取り上げた研究の方法論上の共通点が説明されている。

7章では，単元研究における単元の内部構成と外部構成を区別された上で，実施された単元の研究と単元をつくる研究に大別されている。

8章では，授業研究が研修的授業研究，運動的授業研究，教科教育的授業研究に大別されている。また，教科教育的授業研究には授業解明研究と授業開発研究があること，授業実践の分析手法には量的研究と質的研究があることが紹介されている。さらに，実証主義的授業研究とアクション・リサーチが区別されている。

9章では，教育評価の定義に基づき，評価概念の変遷が紹介されるとともに，「思考力・判断力・表現力等」を評価する実践的な評価研究と「自己評価」の適切さを検討した研究の例が紹介されている。

10章では，教員養成に焦点化した研究では教師の力量形成と省察が主要な研究

課題であったこと，現職教育に焦点化した研究では教師の力量形成とキャリア形成が主たる研究課題であったことが紹介されている。その上で，今後の研究課題が教師教育者の養成も含めて，紹介されている。

11章では，道徳教育の概念並びに研究成果が紹介されている。

12章は，教科の枠を越えたテーマで構成されている（1）ESD，（2）NIE，（3）食育，（4）シティズンシップ，（5）メディア・ICT，（6）リテラシー，（7）キャリア教育，（8）特別支援教育，（9）生涯学習がそれらである。

IV　まとめ

高校理科教育において物理・科学・生物・地学を融合化した教科の統合や，数学と物理，化学，情報，生物と家庭科，保健体育，地理と地学等，教科・科目の壁を越えた教育内容の再構築は必然的方向であると指摘されている（日本学術会議，2016，p.10）。また，2018年度から新システムに移行する科研費の審査区分のキーワードから「教科教育学」が消えたこと（文部科学省，2016）は，教科教育学の学としての位置づけを問い直すべき状況が生み出されていることを示している[註]。

研究領域の細分化は，研究の専門化を可能にする反面，ややもすれば研究者の孤立化を生み出す。その結果，研究成果の関連づけが困難になる。それはまた，質の高い授業の実現に向け個々の教科教育学の知見が活用されにくい状況を生み出しやすい。それだけに，より構造化された研究領域の体系化が求められる。

（岡出美則）

〇引用参考文献

文部科学省（2016）「科学研究費助成事業（科研費）審査システム改革2018」に関する意見募集について　http://www.mext.go.jp/a_menu/shinkou/hojyo/__icsFiles/afieldfile/2016/04/22/1370049_01.pdf　（2016.08.09閲覧）.

日本学術会議科学者委員会・科学と社会委員会合同広報・科学力増進分科会（2016）「提言　これからの高校理科教育のあり方」http://www.scj.go.jp/ja/info/kohyo/pdf/kohyo-23-t224-1.pdf　（2016.08.09閲覧）.

日本学術振興会科学研究費助成事業データベース（https://kaken.nii.ac.jp/ja/　で教科教育学を入力して検索）（2016.10.24閲覧）.

日本教育方法学会（2014）『教育方法学研究ハンドブック』学文社.

日本数学教育学会（2010）『数学教育学ハンドブック』東洋館出版社.

日本体育科教育学会（2011）『体育科教育学の現在』創文企画.

社会認識教育学会（1994）『社会科教育学ハンドブック』明治図書.

社会認識教育学会（2012）『新社会科教育学ハンドブック』明治図書.

山元隆春（2003）「国語教育学の研究動向と展望」『日本教科教育学会誌』25(4)，pp.79-88.

全国英語教育学会第40回研究大会記念特別誌編集委員会（2014）『英語教育学の今』全国英語教育学会.

全国大学国語教育学会（1981）『新版　国語教育学研究』学芸図書.

全国大学国語教育学会（2013）『国語科教育学研究の成果と展望　II』学芸図書.

全国社会科教育学会（2001）『社会科教育学研究ハンドブック』明治図書.

編集者註

最終決定の科学研究費補助金の審査区分では，小区分「教科教育学と初等中等教育学関連」となった。

教科教育の歴史研究

1. 教科教育学における歴史研究は、歴史的資・史料に立脚して教科教育学の研究課題を解明する実証的研究である。
2. 教科教育学並びに教育学等関連科学の先行研究を丁寧に確認し、研究目的に相応する一次資料及び根拠資料を用いることが重要である。
3. 類型化、構造化による比較、授業記録等の活用に際しては、研究手続きの妥当性を説明することが重要である。

はじめに　定義及び趣旨

教科教育学としての歴史研究は、学校教育における「実践的教育場面では最大の領域」（奥田・生江ほか，1986，p.5）を構成する教科及び領域を対象とし、教科教育学並びに教育学等の研究の成果をふまえて研究主題を設定し、歴史的資・史料を用いて解明する、実証的研究である。教科教育学としての歴史研究においては、これまで、通史、教育課程、教員制度、教科書等（出来，1994，pp.7-8）など、多様な角度からのアプローチが試みられ、教育と学習の実体を精緻に解明してきた。

I　主な先行研究

1．通史研究

教科教育史を系統的に整理し概観する研究は、教科及び領域の基本的な事実を提供する、教科教育学に不可欠な基礎研究である。教科教育学の各領域においては、田近（2013）、吉田（2001）、出来（1994）、清水（2010）、植田（2010）、供田（1996）、金子（2003）、上野（1981）など、貴重な研究が蓄積されてきた。教科教育史研究の成果にみる時代区分は、教育学の概括的な時代区分に収斂されない、教科及び領域に特有の歴史を解明してきた。個別研究の際には、対象とする教科や領域、関連教科の通史的研究に学び、研究の位置づけを確認することが不可欠である。

2．比較教育学

日本は、戦後占領期はもとより、明治期以降、昭和戦前期、戦後と、今日に至るまで欧米の教育論や教育政策の影響を少なからず受けてきた。比較教育学の成果は、日本の教科教育研究において、研究を相対化し客体化するための貴重な資料を提供してきた。例えば、森分（1994）の研究は、アメリカのNEA（全米教育協会）の主導による歴史教育改革運動、10人委員会、AHA（アメリカ歴史学会）の改革資料等を用い、アメリカ社会科の成立

期を，歴史教育改革運動論，公民的科目教育改革運動，地理教育改革運動として再構成し，歴史的に位置づけた。

3．個別研究

　学術雑誌に掲載される研究論文の多くは個別研究である。学位論文も，個別研究を統合する形で単著となるものが少なくない。個別研究は，研究内容と時期区分をもとに大別すると，教科成立期の研究，明治～昭和戦前期の研究，戦後教育課程成立期以降の研究に，分けることができる。

　教科成立期の研究　教科及び領域の成立期は，教科等の定義，戦前戦後の連続と断絶にかかわる理解によって，必ずしも同一ではない。伊達（2013）は，明治期において「世界の数学的展開」を相対化し受容した近代日本の数学教育の原点を明らかにしている（p.iv）

　戦後の新学制，新教育課程，新教科の設定を研究対象とする成立史研究も，多くの成果をあげてきた。

　「新教科」とされた社会科に関しては，社会科教育学の領域において，戦後初期社会科を対象とする研究が蓄積されてきた。平田ほか（1986）が多くの論考をもとに研究の深まりをみせて以来，小原（1998）では，生活学習型，生活問題解決学習型，社会問題解決学習型，研究問題解決学習型に分類する形で，全体像が整理されるまでになった。片上（1993）は，日本側の邦語資料，関係者の伝聞，聞き取り等による研究をふまえながら，さらにGHQ／SCAP資料を先駆的に活用し，成立期研究を史料批判に基づく実証研究へと歩を進めた。近年では，木村（2006）による精緻な比較研究の成果が得られている。また，梅野（2004）は，加藤（1980）による占領政策の考察をふまえ，GHQ／SCAP史料を用いて，占領期の歴史教育政策を検証してきた。

　戦後における教科成立期の研究は，歴史的事実の解釈に資するだけでない。教科教育の今日的課題を，その源流・原点にさかのぼって考察するための，歴史的事実と根拠を提供する研究，教科教育学の学術的基盤を支える研究といっても，過言ではない。

　明治～昭和戦前期の研究　戦前期を対象とした個別研究としては，瀧口（2009）が，1920～1930年代の国語教育において「形象化」概念が具体化される過程で視覚メディアが形成されてきたことを指摘し，現代のメディア・リテラシー教育に示唆を与えるものと指摘している。

　中西（2007）は，1938～40年頃の第1種検定教科書が関数を重視した先進性を指摘している。上野（1981）は，芸術教育運動を，山形鼎による自由学園の自由画教育の授業などが具体的に記録から考察されている。いずれも，資・史料にもとづき，丁寧に歴史的事実を確認することで教科教育学研究の進展に寄与するものとなっている。

　戦後教育課程成立期以降の研究　占領期の終了，1947，1952年度版学習指導要領に付されていた「試案」の文字が消え

（1955年度版），官報告示となった1958年度版学習指導要領以降の時期を対象とした研究も，今日の教科教育をめぐる課題と直接重なる研究課題として，多くの成果を得ている。

宮脇・花篤（1997）は，戦後「児童画」の研究を考察した著書である。学術雑誌の掲載論文においても，富安（2008）は，昭和20年代後期から30年代中期に漢文法が重視された要因について，教科書編集者の発言を文献資料で再構成し，教育実践者，大学入試などの諸要因を導き出している。

孫（2006）は，1958年度版体育学習指導要領交付前後の時期に焦点をあて，生活体育から運動文化中心の体育へと移行する過程で，生活体育提唱者の論説の変化を丁寧に跡づけている。また，大谷（2002）は，戦後技術・家庭科の成立期について，審議会の議論，学習指導要領等をもとに技術教育と理科教育の類似性と個別化が図られた過程を明らかにした。

Ⅱ 研究事例

研究論文として成立する基本的条件を，木村（1999）を参照する形をとって整理したい。木村（1999）は，次のように構成されている。

```
1 はじめに—研究経過と問題の所在—
2 中等学校用ヴァージニア・プランの
  カリキュラム構成
 （1）スコープ （2）シーケンス
 （3）カリキュラム表
3 中等学校用ヴァージニア・プランの
  単元構成
4 おわりに
```

木村論文の研究上の特質は，歴史研究を進める上で必要な3つの手続きを丁寧にふまえている点にある。

1つ目の特質は，研究目的と方法を先行研究をふまえて記述することである。

木村論文の1では，昭和22年版学習指導要領のうち，第7学年から第10学年までの社会科の内容（『要領Ⅱ』）に援用されたのは，通説とされてきたミズーリ・プランではなく中等段階のヴァージニア・プランであること，『要領Ⅱ』においては，主題，学年のテーマ，単元の目標，教材の配列，学習効果の判定などの箇所に，ヴァージニア・プランの翻案と考えざるを得ない箇所が明確に確認できること，さらには，GHQ／CIE, Conference Report, Trainor Collection から，CIE教育課が，中等学校においてもヴァージニア・プランの参照を意図していたことを示す史料を確認できたことが，記されている。

先行研究をふまえて新しい成果が目指され，その成果の根拠が，資・史料をもとに丁寧かつ明確に説明されている。

2つ目の特質は，根拠資料をふまえて結論を導くことである。木村論文の2及び3は，研究上の仮説を検証するため，先行研究において資料確認がなされていなかった，1930〜1940年代のヴァージニア州コース・オブ・スタディ，中等学校第1〜4学年用指導事例集と『要領Ⅱ』

とを比較している。また，1934，1938～1941年版の中等学校用ヴァージニア・プランを記述と表に整理し，CIE教育課Weekly Report等を用いることで，両者の翻訳関係を的確に論証している。

3つ目の特質は，実証し論証した史実と事実をふまえて考察することである。木村論文は，4において，ヴァージニア・プランと『要領Ⅱ』は，翻訳の関係にある箇所を確認できる一方で，社会科の性格，カリキュラム観，教育観が異なっていること，ヴァージニア・プランは，普遍性や概括的認識を重視するカリキュラム構成であったのに対して，『要領Ⅱ』には，歴史や地理など個別的な知識を習得させようとする本質主義の教育観が残存していたことを指摘し，日本の中等社会科は，「アメリカのプラグマティズムの教育論と機能主義的なカリキュラムに学びつつも，伝統的な日本の教育観と教育内容をも残存させていた」(p.9)こと，『要領Ⅱ』のカリキュラムが，表面的には総合社会科としての形態を整えながら，今日の中学校・高等学校へつながる分化社会科の芽を確認できた，と考察を加えている。

木村論文は，①先行研究をもとに，論文を学術的に成立させる前提を明確に説明していること，②研究目的に対応する歴史的資・史料を用い，史料によって論証できる範囲の結論を記述し，その上で，成立期社会科の，戦後教育の評価の根底にかかわる考察を加えていること，③②の結論部分と，範囲を広げての言及部分を区別して記述していること，以上3つの特質を有している。これらの特質は，いずれも，教科教育学としての歴史研究に有益な示唆を与えるものといえる。

Ⅲ　研究の課題

教科教育学としての歴史研究に求められる条件を整理しておきたい。

第一に，教科教育学としての歴史的研究においては，研究課題，研究目的の記述において，現代的問題関心や教科教育上の課題と関係づけることが少なくない。その際には，先行研究上の蓄積を丁寧に把握し，自身の研究を先行研究のどこに位置づけるのを，明確に記述することの重要性である。研究の独創性を説明するために，恣意的に先行研究の価値を減じて記述することは，かえって自身の論文の質を貶めることになりかねない。謙虚な姿勢をもって先行研究を精読し，研究目的を設定することが大切である。

第二に，研究目的に対応した一次資・史料を用いること，資料をもって説明可能な結論の範囲に限定して研究目的を設定することの重要性である。歴史研究は複数の評価が可能である。研究である以上，独自に仮説を設定することの意義は少なくないが，その際も，歴史研究の基本は，一次資・史料をもって解明可能な範囲でのみ結論とすることができるという原則を，忘れないようにしたい。

木村（1999）が，ヴァージニア・プランの，指導事例集，GHQ／CIE関係文書を根拠資料とし，資料によって検証可

能な範囲に目的を限定し，結論を整理している点を，確認していただきたい。

第三は，類型化，構造化による比較研究の可能性である。森分（1994），小原（1998）ほかの研究においては，教育，学習の実体の詳細な分析や考察を加えるために，共通のフレームを設定し，比較考察することの有効性が示されてきた。学術的な歴史研究に適用可能な構造化や類型化のあり方についても，活用と応用が期待される。

第四は，今後の可能性と課題である。情報機器の普及に応じて，過去の歴史的な教育実践についても，授業記録等を用いた分析的研究が進展するものと思われる。過去の授業記録等を用いた質的研究，量的研究を，教科教育学としてどのように説明し論述するべきか，積極的な提案が期待されるところである。

教科教育学としての歴史研究は，教科及び領域の教育課題を，教育と学習の実際と実体，教育実践に即して解明する学術研究である。

教育的課題や眼前の教育実践の意義を，教科教育学の膨大な研究成果，実践及び実践研究をもって相対化し，歴史的に位置づけ，意義づける研究は，教育実践が重視される中でこそ，むしろ一層重要となってきている。

（梅野正信）

○引用参考文献
（1）教科共通
稲垣忠彦（1966・増補版1995）『明治教授理論史研究』評論社.
奥田真丈監修，生江義男ほか編（1985）『教科教育百年史』建帛社.
佐藤学（1990）『米国カリキュラム改造史研究』東京大学出版会.
（2）各教科
（国語科）
甲斐雄一郎（2008）『国語科の成立』東洋館出版社.
田近洵一（2013）『現代国語教育史研究』冨山房インターナショナル.
瀧口美絵（2009）「国語教育における視覚メディアの教育に関する考察―1920年代から1930年代にかけての『形象化』論を中心に―」『日本教科教育学会誌』32(2), pp.1-10.
冨安慎吾（2008）「漢文教育における学習内容の固定化―昭和20年代後期から昭和30年代中期における『漢文法』学習に注目して―」『日本教科教育学会誌』31(1), pp.41-50.
吉田裕久（2001）『戦後初期国語教科書史研究』風間書房.
（英語科）
出来成訓（1994）『日本英語教育史考』東京法令.
上原義徳（2006）「沖縄県における明治期の中学校と高等女学校の英語教育―中学校英語教育課程の進展を中心にして―」『日本教科教育学会誌』29(3), pp.1-10.
（社会科）
平田嘉三ほか（1986）『初期社会科実践史研究』教育出版センター.
片上宗二（1993）『日本社会科成立史研究』風間書房.
加藤章（1980）「社会科歴史論の成立過程」『長崎大学教育学部教科教育学研究報告』3, pp.1-16. この論文は，加藤章（2013）『戦後歴史教育史論』東京書籍 に所収.
木村博一（1999）「中等学校用ヴァージニア・プランの特質と全体像 ―『学習指導要領社会科編Ⅱ（試案）』との対比を中心として―」『カリキ

ュラム研究』(8), pp.1-12.
木村博一（2006）『日本社会科の成立理念とカリキュラム構造』風間書房.
小原友行（1998）『初期社会科授業論の展開』風間書房.
森分孝治（1994）『アメリカ社会科教育成立史研究』風間書房.
梅野正信（2004）『社会科歴史教科書成立史』日本図書センター.

（数学科）
伊達文治（2013）『日本数学教育の形成』溪水社.
中西正治（2007）「第一種検定教科書『數學』における関数教育について」『日本数学教育学会第40回数学教育論文発表会論文集』pp.745-750.
清水静海（2010）「明治期」日本数学教育学会『数学教育学研究ハンドブック』東洋館出版社, pp.410-418.
植田敦三「大正・昭和期」日本数学教育学会『数学教育学研究ハンドブック』東洋館出版社, pp.419-424.

（音楽科）
供田武嘉津（1996）『日本音楽教育史』音楽之友社.
日本音楽教育学会（2000）『音楽教育学研究1』音楽之友社.

（家庭科）
朴木佳緒留（2000）「課題と展望　家庭科教育史研究の課題と展望」『日本教育史研究』19, pp.57-70.
日本家庭科教育学会（2000）『家庭科教育50年：新たなる軌跡に向けて』建帛社.
上野ヨウコ（1992）「木下竹次の教育論：家庭科教育史上における木下の技術教育論」『奈良女子大学教育学科年報』10, pp.1-12.

（体育科）
孫喜和（2006）「前川峯雄における『体育目標』に関する考察―体育学習指導要領（1958年）の公布前と公布後の変化を中心として―」『日本教科教育学会誌』29(1), pp.11-17.
高橋健夫ほか（2010）『新版　体育科教育学入門』大修館書店.

（美術科）
金子一夫（2003）『美術科教育の方法論と歴史』中央公論美術出版.
上野浩道『芸術教育運動の研究』(1981) 風間書房.

（技術科）
大谷忠（2002）「技術・家庭科成立時における理科教育と技術教育の系統的な科学技術教育の試み」『科学教育研究』26(2), pp.113-120.

教科教育の目標研究

教科教育の目標研究には，以下のような類型の研究がみられる。
1．第一は，並列する一教科としての固有性の面から，その教科の役割や目指すべき目標を明らかにする，歴史や比較を用いた本質規定研究である。
2．第二は，目標－内容－方法を貫く教科教育の原理の面から，その教科が人間形成において果たす役割や領域を明確にし，めざす目標を規定する理論・原理研究である。
3．第三は，教師が，教科の目標を具体化し実践する方法や実態の面から，教科の目標とそれに基づく教科教育実践を描き出す臨床的目標研究である。

I　目標研究の類型

　教科の目標を研究するとは，何を，どのように研究することか。研究対象をどのように定め，どのような方法で研究すればよいのか。本章では，教科の目標に係る研究の方法論を検討しよう。

　まず研究対象である教科の目標をどう捉えるか。従来の研究では，大きく三つの視座を見出すことができる。一つは，教科の固有性から目標を捉える視座である。教科は，並列して存在する他の教科群から独立した，固有の特質をもっており，またもつべきである。それぞれの教科が人間形成において果たすべき機能や役割があるゆえ，教科独自の目標を見出すことが求められるし，そのための研究方法が必要となる。

　二つは，教科の目標だけでなく内容や方法に至るまでその教科のあり方を貫く原理から目標を捉える視座である。教科教育は子どもに獲得させたい資質や認識を目標として設定し，それに沿って内容や方法も設定される。目標－内容－方法を貫く資質形成の論理とその実際的帰結を明らかにしてこそ，その教科が人間形成において果たしうる役割や領域が明確になり，教科目標も明らかにすることができる。それゆえ教科独自の目標を実現させる原理を明らかにする研究が求められる。

　三つは，教科教育の実践を担う教師の選択や判断から教科の目標を捉える視座である。教師は教科の目標をふまえて実践を行うが，実際には，課程や単元，授業のレベルで目標を分節し，柔軟に組み替え，統合しながら実践に取り組んでいる。こうした，個々の教師が目標を独自の方法で設定し，編み変え，束ねる方法や過程に着目し，それをつぶさに記述することこそが，実際的な教科教育の目標を研究することになるだろう。

　以下，各視座からなされた研究事例を挙げながら，目標研究の方法を検討しよ

Ⅱ 比較による教科の固有性研究

1．定義と説明

ある教科の固有性は，他の並列する教科からその教科を区別するものであり，それは教科の目標に現れる。歴史研究や海外の教科の研究によって，教科に固有の目標を見出そうとするのがこの型の研究である。この型の研究は，そもそもその教科がつくられる目的，教科の存在理由を説き明かす研究と，過去・現在の内外の教育にみられる教科目標から，普遍的な，その教科固有の目標を明らかにしようとする研究に大別できる。前者の事例には一般的教育目的から算数・数学の目的を演繹し，批判的に検討している中原（1995）の研究が，後者には，内外の国語科の目標や目標設定の理論を検討し，国語科固有の目標を検討した輿水（1975）の研究が挙げられる。

2．研究事例の構成

中原の研究論文は以下の構成を採る。

```
1  はじめに
2  算数・数学教育の目的
3  目的の批判的検討
4  学習指導要領における目標の変遷
5  これからの算数・数学教育の目的
```

1では，数学教育の直面する課題として教科の目的の混迷を述べ，2では，一般的な教育目的から演繹し，精緻化を図った算数・数学教育の目的群を仮説的に構成する。3では，それらの目的への批判と反論を述べ，4では，学習指導要領の目標が，当初の実用的目的から今日の数学的な考え方の育成という独自性のある目標に至った過程を概観した上で，これからの算数・数学教育の目的として，自律性の育成，数理認識能力の育成，算数・数学という文化の享受を挙げ，数学の内容・方法の基盤をなす数学観や価値観の変革を図ることを展望している。

輿水の研究論文は以下の構成を採る。

```
1   国語科の目標の考え方と研究法
 1-1 国語科教育の目標の考え方
 1-2 目標設定のために必要な調査研究
 1-3 国語科教育目標の分類学
2   価値目標対技能目標の問題
 2-1 価値目標と技能目標との区別
 2-2 第一次目標と第二次目標との区別
```

輿水は，1-1で戦前戦後の国語科の目標の変遷や，欧米諸国との目標の比較から，国語科の目標を生活での言語使用を軸に関連づけるべきことを指摘し，1-2では目標設定の科学的方法として，求められる言語的能力に関する有識者や教師への調査を提起する。1-3では目標分類学の知見をもとに，より根本的な国語科の目標分類の必要性を説き，2-1では言語活動を通して得られる価値（内容）と言語活動を遂行する技能（能力）の目標を区別する。その上で2-2では，文学作品など国語科固有の教育内容となりうる第一次目標と，話す・聞くなど指導において随時達成を図るべき第二次目標とを区別し，前者は国語科で，後者は他教科

や生活指導で達成を図るという重層的目標観を説いている。

3．研究上の手続き

両者の研究に共通してみられる手続きは比較による固有性の解明である。中原は、教育の一般的目的と比較・関連づけることで教科目標の固有性を導きだす。輿水は、内外の国語科の目標を検討するとともに、ブルームの目標分類学に着想を得て、価値目標と技能目標を対比させ、国語科固有の目標と他教科も包含する言語教育の目標という重層的な目標設定を導きだしている。

4．研究の意義と課題

教科教育は人間形成という学校教育全体に係る諸目的から遊離して存在するのではない。中原研究は教育全体のマクロな視点から一教科の固有性と存在理由を論じるところにその特徴がある。一方、輿水研究は、教科の目標として提起されてきたものを分類し、教科固有の目標を抽出するところに特徴がある。

しかし、教科教育の実践において目標は、内容や教育方法と密接に関係しており、教科で育成を図ろうとするものを、目標の検討だけで捉えきれるのか。目標－内容－方法を貫く資質形成や認識形成の考え方にこそ教科固有の形成の論理が組み込まれると考えるならば、それを捉えるための方法論が必要となる。

Ⅲ　教科教育の事実の分析・解釈による教科の原理研究

1．研究の問題関心

教科教育の実践は、「こういう人間あるいは資質を形成すべきである、形成したい、形成されるはずだ」という観点から、具体的な内容と方法を設定する論理を構築することで行われる。

しかし目標と実践の結びつきはあくまで仮説的なものに過ぎず、それ以外の目標の立て方もあり、目標設定は別の可能性や選択肢に開かれている。つまり、目標－内容－方法の一貫性をもって行われる実践であっても、その妥当性が絶えず検討されねばならない。

また、特定の教科でも多様な目標が提起しうる中、どの目標がその教科の役割を十全に果たしうるのか、目標設定の優越性・卓越性の検証が必要となる。こうした研究上の課題に取り組んだ先駆的研究として、森分（1974）の研究を検討しよう。

2．研究事例の構成

森分の研究論文は以下の構成を採る。

1	はじめに
2	「理解」主義
3	全体論
4	事実と決断の一元論
5	おわりに

1では子どもの科学的社会認識を育てる論理と方法の究明という研究課題を提

起し，今日の社会科が子どもに社会をどう認識させようとしているかを分析するという論文課題が示される。2では小学校社会科学習指導要領に見られる社会的事象の理解のさせ方として，「事実の正確な理解」「目的論的理解」「社会的意味の理解」「歴史的意義の理解」の四段階を抽出し，「理解」主義の方法として規定する。3ではこの方法の背後にある，社会的事象を認識するための全体論的な考え方を説明し，4では内容選択の基底に態度目標があることが，結果的に社会認識を方向づけることになるという問題点を指摘し，5でその他の社会認識方法の可能性と検証の必要性を説いている。

3．研究上の手続き

　森分は，小学校社会科学習指導要領にみられる社会認識形成の論理を，「目標」「内容」「内容の取扱い」，それに基づく「教科書記述」を論理的に一貫して解釈することで明らかにしている。また，形成される社会認識の質について，論理的実際的帰結の面から検討し，態度の形成のために閉ざされた社会認識形成となっているという問題点を指摘している。こうした分析手法は，ポパーが提唱する合理的批判の方法をふまえたものとなっている。

4．研究の意義と課題

　森分の研究の意義は，目標から単元や授業のあり方を論じるのではなく，実際になされている実践の事実から，その教科の教育がなしうることを究明するという発想の転換とそれを究明する方法の提起にある。

　本研究で採られた手法はこの後，森分（1978）において，「理解」「問題解決」「科学的認識」「説明」を原理とする社会科教育論の解明と「説明」主義の優越性・卓越性の主張へと発展し，社会科教育の原理を究明する一つの方法論を提起することとなった。

5．研究方法の課題

　この型の研究は，実際になされている教科教育実践の事実を，目的整合的なものと見なし，単元や授業における目標－内容－方法の一貫性を抽出する。このことが認識形成や資質育成の原理を説明する上で有効だからである。しかし一方で，一貫性から外れた実践の事実については，例外的なもの，目標に整合しないものとして扱われる可能性もある。実際，教科教育実践は，目標に沿ってシステム合理的に生み出されているわけではなく，教室を取り巻く状況の中で，柔軟に創り出されている。そうであれば，目標研究は，理論をふまえた現実の状況での教師の選択的営為を射程にする必要があろう。

Ⅳ　教科教育実践の記述に基づく臨床的目標研究

1．研究の問題関心

　教科教育の実践は，教師のもつ仮説を拠り所に行われる。草原（2006）によれば，仮説は授業計画，授業モデル，授業

理論という階層性をもった仮説の連続体として捉えることができる。教師は実践を行う際に、学校の教育目標、地域・保護者の要求、子どもの特性や実態、学級経営や学習指導・生活指導の方法をふまえて使用する教科教育の理論やモデルを選択し、状況に応じて課程や単元、授業のレベルで目標の修正を、柔軟に行う存在である。

こうした教師の営為を日常の実践と考えるならば、個々の教師が目標を独自の方法で設定し、編み変え、束ねる方法や過程に着目し、その効果をつぶさに記述することこそが、実際的な教科教育の目標を研究することになろう。教師が状況的制約の中で、自らの教科観を基に、教科目標を課程・単元・授業において具体化して実践する方法や実態を記述することで、教科の目標を階層的・重層的に実現する方途を探るわけである。

「臨床的目標研究」とも呼べる、こうした研究の事例は未だ多くはない。多様な関心と方法によって研究が模索されており、研究方法のさらなる発展が期待される。ここでは、南浦・柴田（2013）の研究事例を紹介しよう。

2．研究事例の構成

南浦らの研究論文は以下の構成を採る。

1	問題意識と目的
2	研究方法
3	結果
4	社会科「学習観」形成を促す実践の視点

5　まとめ

1で社会科に関する生徒の学習観の形成と教師の学習指導の関係の解明という研究上の問いを提示し、2では研究上の立場、対象選択の理由、データ収集と分析方法を述べる。3ではデータ分析から、生徒の学習観の変化に影響を与えた教師の意図を込めた継続的教育活動や指導言の働き、学校環境の変化を指摘する。4ではそれらの要因が連動し、長期にわたる実践のカリキュラムとして機能した背景を明らかにし、5でそうした実践が可能となるためにも教師の社会科教育目標観の確立が重要であることを指摘する。

3．研究上の手続き

本研究は、教科教育実践によって形成される子どもの学習観を、長期にわたる参与観察と質問紙および聞き取り調査によって明らかにしている。日常の授業で繰り返し試みられる学習指導の方法や指導言を記述することで、教師の教科観が生徒に伝えられる様を明らかにしている。

4．研究の意義と課題

本研究の意義は、教師の教科観は単元や授業の目標にのみ現れるのではなく、長期間繰り返し行われる学習指導の指導言にも現れ、生徒の学習観の形成に寄与することを実証的に明らかにした点にある。教科の目標はまさに教師によって具体的な教科教育の目標となることの証左にもなろう。

V 教科教育学における目標研究の展望

　教科の目標は，固定的絶対的なものでなく，常に相対的である。教科の目標は，そもそもの目標設定において他教科との関係や人間形成における役割の仮定を基に設定される。目標を実践に移す際も社会や学校，子どもの状況から教師によって絶えず組み替えられる。教科の目標研究は，このような目標の相対性を意識しつつ，その妥当性を多方面から検証する方法が必要となる。

　本章で示した，合理性をもった教科目標の構築を志向する教科教育論の研究と，実践における目標設定の実態や効果の解明を志向する教科教育臨床の研究は，教科教育の目標研究を相互補完的に進めるものであり，各々のさらなる方法論の発展が求められる。

　　　　　　　　　　　　　（溝口和宏）

〇引用参考文献

輿水実（1994）「国語科の目標」飛田多喜雄，野地潤家監修『国語教育基本論文集成第1巻　国語科教育基礎論(1) 目標論』明治図書，pp.38-64.

草原和博（2006）「教科教育実践学の構築に向けて―社会科教育実践研究の方法論とその展開―」兵庫教育大学大学院連合学校教育学研究科『教育実践学の構築―モデル論文の分析と理念型の提示を通して―』東京書籍，pp.35-61.

南浦涼介，柴田康弘（2013）「子どもたちの社会科学習観形成のために教師は何ができるか―ある中学校教師とその卒業生の事例からの探索的研究―」『社会科研究』79, pp.25-36.

森分孝治（1974）「社会科における社会認識の論理―現行学習指導要領の分析から―」『広島大学教育学部紀要．第一部』23, pp.257-267.

森分孝治（1978）『社会科授業構成の理論と方法』明治図書.

中原忠男（1995）「何のための算数・数学教育か―算数・数学教育の目的―」『日本数学教育学会誌』77 (6)・(7), pp.104-107.

《教科教育の目標研究》
(1) 教科共通

池野範明（2015）「教科教育に関わる学問とはどのようなものか」日本教科教育学会『今なぜ，教科教育なのか』文溪堂，pp.99-102.

石井英真（2009）「アメリカにおける教育目標論の展開―パフォーマンス評価論による行動目標論の問い直し―」日本カリキュラム学会『カリキュラム研究』18, pp.59-71.

スティーブン・J・ソーントン著，渡部竜也ほか訳（2012）『教師のゲートキーピング』春風社.

(2) 参考文献以外の教科
(理科)

日置光久（2007）『「理科」で何を教えるか』東洋館出版社，pp.12-25.

(家庭科)

中間美砂子編著（2004）『家庭科教育法―中・高等学校の授業づくり―』建帛社，pp.58-64.

(英語科)

小篠敏明（1994）「英語教育実践と英語教育学」片山嘉雄ほか編『新・英語科教育の研究』大修館書店，pp.38-49.

(技術科)

飯田隆一，大谷忠（2015）「科学技術イノベーションの人材育成の視点から見た技術科教育で育成される資質・能力の分析」『科学教育研究』39(2), pp.104-113.

教科教育の内容研究

1. 教科教育学において授業で何を教えるかという教科内容論は大きなテーマである。
2. 民間レベルでは，かつて「科学と教育の結合」という観点から教科内容の精選・系統化が提唱されたが，一方では，こうした学問中心カリキュラムが陥りやすい問題を克服しようとする試みも行われてきた。
3. 近年では，社会構成主義に基づく学びのパラダイム転換のもと，「計画としてのカリキュラム」から「学びの履歴としてのカリキュラム」へと転換する動き，教科内容を学びの視点から見直す動きも高まっている。
4. 授業づくりでは，教科内容に関する専門知識を土台として，授業のねらい，子どもの実態などに合わせて，習得と探究のバランスがとれた学びのデザインが課題である。

I 教科教育で何を教えるか

1. 教科内容とは何か

まず問題になるのは，授業でいったい何を教えるのかということである。かつて，学習指導要領をめぐって，民間教育研究団体の側から，教科内容が曖昧だという批判が行われたことがある。その主導的役割を果たした柴田（1967）は「科学と教育の結合」という立場から，教科内容とは一般に「科学的概念」から構成されるべきだと主張した。

その後，教科教育学は，こうした観点から教科内容を精選・系統化することが大きな課題となった。基盤となる学問的知識の中から何を取り出して，学年段階に沿って配列するかという問題である。

近年，学習指導要領もかなり改善されたが，授業レベルでは教科内容の曖昧さという問題が今でも見られる。子どもたちは盛んに活動したが，何を学んだのかはっきりしないという事態である。

2. 教科内容と教材内容の区別

授業において教科内容が曖昧になるのは，「教材を教える」と「教材で教える」の区別が不十分であることに原因がある。例えば国語科では，文章に書かれてあること（教材内容）を理解することが中心で，読み方に関する知識・技術（教科内容）は不明確になりがちだった。

つまり，教科内容と教材内容との区別が不明確だったのである。柴田（1967）は，教科内容を習得させるために必要となる「材料（事実，文章，直観教具など）」を教材と規定した。「教材で教える」という「目的―手段」の関係である。つまり，教材とは，一定の教科内容を教えるための材料である。1本のバナナも「日本の貿易」を教えるために使えば社会科の教

材となる。ペットボトル製の噴射ロケットも「圧力の原理」を教えるために使えば理科の教材となる。バナナを食べ比べたりロケットを作ったりすることを目標にしたら,「活動あって学びなし」という事態に陥るか,せいぜい「教材を教える」こと,すなわち個別の題材に関する知識(教材内容)を得るだけになる。

3．教科内容と教育内容の区別

以上のように,教科内容と教材内容を区別することは教科教育の基本であるが,学校教育では各教科の教科内容だけでなく,教科横断的な視点も必要である。鶴田(2010)はそれを教育内容と呼んでいる。これは教科内容よりも広く,教科の枠組みを越えて指導するもので,学び方,ものの見方・考え方などが含まれる。さらには,人間観・世界観・価値観・道徳観など広範な指導領域にも及ぶ。

今日,OECDのDeSeCoプロジェクトの「キー・コンピテンシー」やATC21Sプロジェクトの「21世紀型スキル」などの影響によって,教科固有のコンテンツだけでなく,教科を越えたコンピテンシー(論理的思考,メタ認知,コミュニケーション,人間関係スキルなどの汎用的能力)の育成が重視されるようになった。まさに教育内容的視点である。

こうして,教材内容,教科内容,教育内容を区別することによって,授業の目標と内容が構造化されるようになる。

II　学習者の視点からの内容研究

1．教科内容論の危機

先に述べた「教科内容─教材」という「目的─手段」関係に基づく学問中心カリキュラムは,ともすると子どもの学びの文脈や必然性から切り離された授業になるという批判がなされてきた。二杉孝司は,それが授業づくりの可能性を狭めると指摘し,藤岡(1991)の「下からの道」(素材のおもしろさを優先して教材化する方法)や「触発志向」(教師は主に問題提起者となる)の授業づくりの意義を論じている(柴田ほか,1994)。

近年,教科内容をめぐる情勢はさらに変化し,「科学的概念」や「学校知」そのものが問い直されつつある。科学技術信仰のゆらぎ,社会構成主義に基づく学習論やカリキュラム観の影響である。これまで自明であった「科学の成果を子どもたちに教える」という考え方が疑われ始めているのである。

森脇は教科内容論が「かつてない危機」を迎えているという(グループ・ディダクティカ,2000)。確かに,以前のような教科内容の精選・系統化という論理だけでは不十分であり,今本当に必要な知識・技術は何かという観点から教科内容論の見直しが迫られている。

2．二元論の克服

佐藤(1995)は,社会構成主義の立場から,「階段型」カリキュラム(プログラム型学習)から「登山型」カリキュラ

ム（プロジェクト型学習）への「変換」を主張している。しかし、「登山型」カリキュラムであっても、教科内容の設定は不可欠である。「子どもの発言や活動を受けとめ、意味を付与し、適切に関連づける」ための「地図」（森脇）として機能するからである。一方、「階段型」カリキュラムも、定型的な知識・技術の習得には必要である。こう考えると、カリキュラム観・授業観の二元論の克服が大きな課題となってくる。

これと関連して従来は、カリキュラムを所定の目標に沿って教科内容を系統的に配列したものと考える「計画としてのカリキュラム」という考え方が主流であったが、社会構成主義によるパラダイム転換のもとで、「学びの履歴としてのカリキュラム」という考え方が台頭してきた。これは子どもが何をどのように学んできたのかという学びの経験の総体を捉えようとするカリキュラム観である。前者は系統学習や目標準拠評価などが重視され、後者は課題解決学習やポートフォリオ評価などが重視される。

ここでも、「計画としてのカリキュラム」と「学びの履歴としてのカリキュラム」を二律背反的に捉えるのでなく、その両面から授業づくりを構想していくことが課題となる。実際、教科の系統に基づく学習観を否定し、社会構成主義的な学習観を一面的に強調することは現実的でない。基礎的な知識を計画的・段階的に身につける学習も必要だからである。

最近の研究動向をみても、「教科カリキュラム」と「経験カリキュラム」の「統合」（日本カリキュラム学会, 2001）、「計画」としてのカリキュラムと「経験」としてのカリキュラムの「統合」（グループ・ディダクティカ, 2000）が課題となっている。「伝統的な授業実践での学び」と「社会構成主義による学び」を「状況依存的にバランスよく使い分ける柔軟さ」も指摘されている（高垣, 2010）。

3．統合の具体的なあり方

山元（2016）は、国語科の「話すこと・聞くこと」のカリキュラムとして、その時々に教室で立ち現れる出来事に教師が向き合い、働きかけていく一方で、そうした学びの積み上げに沿って「タイムリーに意図的にあらかじめ用意していた学習材や単元をくさびのように打ち込んでいく」という「編み上げ型カリキュラム」を提案している。まさに「計画としてのカリキュラム」と「学びの履歴としてのカリキュラム」の統合である。この場合、教科内容は二つの機能をもつことになる。第一は、子どもの学びのありようを臨床的・即時的に「見取る網の目」（山元）としての機能であり、第二は、教師の側から意図的に「くさびのように打ち込んでいく」学習目標・内容としての機能である。

今後は、教科の基礎知識の習得を重視する教科論的アプローチ（計画としてのカリキュラム）と対話的・協同的な知識の創造を重視する社会文化的アプローチ（学びの履歴としてのカリキュラム）の

統合，バランスが重要な課題である。

まずは教育目標や教科内容の大まかな計画を立てた上で，子どもたちの学びの履歴・経験を見取りつつ授業を進めることが大切である。当然，最初に設定した目標や内容が実際の状況の中で脱構築・再構築される可能性もあり得る。

Ⅲ 教師の教科内容についての知識

佐藤（2015）は，かつての学問中心カリキュラム論の旗手であったシュワブ(Schwab, J.J.)を取り上げて，それを「学問的探究の共同体」として継承することを主張している。つまり，「最先端の数学の知識（中略）を伝達して説明する授業ではなく，創造的で批判的な思考による探究的かつ協同的な学びとして生徒が達成するように翻案した知識として体得すること」が必要であると言う（p.67）。そこで援用されているのが，ショーマン(Shulman, L.S.)の「授業に翻案された教科内容の知識」である。

ショーマンは，教師が持つべき知識として，a「教科内容の知識(subject matter content knowledge)」，b「授業に翻案された教科内容の知識（pedagogical content knowledge）」，c「カリキュラムの知識（curricular knowledge）」の3つをあげている。以下，aとbについて述べる。

aは，シュワブの「名辞的構造(substantive structure)」と「構文的構造(syntactic structure)」の二分法に基づいて説明されている。「名辞的構造」は学問の基礎的な概念や原理が組織される多様な方法，その学説を特徴づける用語の構造である。一方，「構文的構造」とはその学説の名辞（用語）を用いて，真偽や妥当性を決定するためのルール（文法）である。こうした「教科内容の知識」は学問上の対立や論争をどう裁定するかということに関連している。科学を権威主義から解放し，どの状況でどの学説を用いるかを決める上で，こうした構造に精通していることが教科教育の前提となる。教師は「なぜある学説が正しいのか，なぜこの知識を学ぶ価値があるのか，他の説とどう関連するのか」といったことが説明できなくてはならないのである。

bは，そうした専門的な学問内容を子どもが理解できるような形態でいくつか持ち合わせていることである。そこには教師の「実践知(wisdom of practice)」が大きな役割を果たしている。どうすれば本当にわかるか，学びやすくなるかということについての知識であり，そこには子どもが授業に持ち込む先入見や素朴概念についての理解も含まれている。さらに子どもに効果的な理解をもたらすための方略的知識も含まれている。

教科教育の内容研究において，従来，学問中心カリキュラムの本丸であるaが問題にされてきたが，今後は教師の専門性に関わるbの「授業に翻案された教科内容の知識」についての研究も求められている。何を学ぶかだけでなく，いかに学ぶかということも含み込んだ知識である。熟練教師の授業はそうした知識に支えられて，質の高い学びが展開している。

ここで注意しておきたい点は，熟練教師は探究的な学びのためには，基礎的な知識を「教える」ことも重視していることである。質の高い学びのためには，子どもによる発表や討論だけでなく，教師による適切な指導・助言も必要である。斎藤喜博 (1969) も「質の高いものをわかりやすく教える」という立場から，子どもたちの力だけでは無理な場合は教師が教えることも必要だと考えていた。

　松下佳代 (2015) は「アクティブラーニングでは，内化ばかりの講義を批判するあまり，内化がおざなりになりがちである」として，「内化と外化をどう組み合わせるかが課題となる」(p.9) と述べている。実際の授業では問題解決に必要な知識を学ぶことも必要になる。

　確かに，「最先端の科学を教える」という学問中心カリキュラムの抱える問題点は，佐藤 (2015) が言うように，「構文的構造」として「科学的探究」を授業の中心課題とすることによって克服されるべきである。つまり，「学問を教える」のではなく「学問をする」という授業スタイルである。しかし，だからといって「名辞的構造」としての体系的知識の深い理解に基づく「教え」が疎かになってはいけない。「科学的探究」のための「足場かけ (scaffolding)」の役割である。

　ここでも，「伝統的な授業実践での学び」と「社会的構成主義による学び」のバランスが必要になってくる。つまり，学びの状況に応じて基礎的な知識・技術を「わかりやすく教える」ことである。

そのためには，ショーマンが言うように，知識・技術の内容や価値を学習者の生活の文脈とのアナロジーで説明する力などが必要になってくる。要するに，教科内容に対する深い理解である。

　あらためて，教科論的アプローチと社会文化的アプローチの統合のあり方が問われているといえよう。まさに教科教育学の本質的な課題である。

Ⅳ　研究事例の紹介

　以上で述べてきた内容研究の事例として，河野順子・熊本大学教育学部附属小学校 (2013) を取り上げる。本書は，トゥルミンの論証モデルを「根拠・理由・主張の３点セット」として教育内容に設定し，各教科の授業開発を試みたものである。注目すべきは，単なる教科論的アプローチではなく，子どもの発達調査や学びの履歴・文脈・つまずきもふまえて，教科横断的に論理的思考力・表現力の育成をめざしたことである。

　本書の構成・内容は次のとおりである。

〈第１章～第３章〉
- 論理的思考力・表現力育成の背景
- 論理的思考力の発達に関する調査
- 論理的思考力（コミュニケーション能力）育成のためのカリキュラム案，教材開発，学びのデザイン例

〈第４章〉
- 各教科等における実践事例

　ここでは第３章の学びのデザイン例を紹介しよう。小学校１年の国語教科書に「くちばし」という説明文教材がある。

これは鳥のくちばしの形とエサの食べ方に関連があるという内容である。ショーマンのaのレベルでは「因果関係の論理」が教科内容として取り出せる。しかし，1年生がこの論理を理解することは容易ではない。ある熟練教師は，人間が使う道具（キリ，ペンチ，ストローなど）を例示して，ハチドリのくちばしはどれにたとえることができるかを考えさせた。ある児童は最初，形が似ている「キリ」と答えたが，意見交流の中で自分の間違いに気づき，人が牛乳をストローで飲むように花の蜜を吸うということを理解していった。このように，テキストの論理を自分の既有知識・経験とつなげて比喩的に理解させ，子どもの間違いやすい答えを選択肢に入れるという方略も含み込む形で，bの「授業に翻案された教科内容の知識」が用いられている。また，他者との対話的・協同的な学び合いによって教科内容が「なるほど」と実感的に理解されている（pp.70-72）。

本書は，教科論的アプローチと社会文化的アプローチの統合のあり方を考える上で示唆に富んでいる。この実践的課題は鶴田・河野（2014）でさらに発展的に追究されている。

（鶴田清司）

〇引用参考文献

藤岡信勝（1991）『教材づくりの発想』日本書籍.
グループ・ディダクティカ（2000）『学びのためのカリキュラム論』勁草書房.
八田幸恵（2009）「リー・ショーマンにおける教師の知識と学習過程に関する理論の展開」日本教育方法学会『教育方法学研究』35.
河野順子・熊本大学教育学部附属小学校（2013）『言語活動を支える論理的思考力・表現力の育成』渓水社.
松下佳代・京都大学高等教育研究開発推進センター編（2015）『ディープ・アクティブラーニング』勁草書房.
奈須正裕・江間史明編（2015）『教科の本質から迫るコンピテンシー・ベイスの授業づくり』図書文化.
日本カリキュラム学会（2001）『現代カリキュラム事典』ぎょうせい.
佐伯胖・藤田英典・佐藤学編（1995）『学びへの誘い』東京大学出版会.
斎藤喜博（1969）『教育学のすすめ』筑摩書房.
佐藤学（1996）『カリキュラムの批評―公共性の再構築へ』世織書房.
佐藤学（2015）『専門家として教師を育てる』岩波書店.
Schwab, J.J. (1978) *Science, curriculum and liberal education*, University of Chicago Press.
柴田義松（1967）『現代の教授学』明治図書.
柴田義松・藤岡信勝・臼井嘉一（1994）『シリーズ・授業づくりの理論2 教科と教材の開発』日本書籍.
Shulman, L.S. (2004) *The Wisdom of Practice*, Jossey-Bass.
高垣マユミ編（2010）『授業デザインの最前線Ⅱ』北大路書房.
田中耕治・森脇健夫・徳岡慶一（2011）『授業づくりと学びの創造』学文社.
田中耕治・鶴田清司・橋本美保・藤村宣之（2012）『新しい時代の教育方法』有斐閣.
鶴田清司（2010）『〈解釈〉と〈分析〉の統合をめざす文学教育―新しい解釈学理論を手がかりに』学文社.
鶴田清司・河野順子編（2014）『論理的思考力・表現力を育てる言語活動のデザイン 小学校編・中学校編』明治図書.
山元悦子（2016）「話すこと・聞くこと領域の特性に鑑みたカリキュラム作りの試み―出来事の瞬間を捉え，導く，編み上げ型カリキュラム」全国大学国語教育学会『全国大学国語教育学会発表要旨集』126. pp.179-182.

第4章 教科教育の教材（学習材）研究

1. 教材と素材，教材と学習材，教材と学習内容を区別すること。
2. 教材研究とはどのようなことか。
3. 教材解釈と教材構成（開発）との違いは何か。
4. 教材研究の事例を概略的に述べること。

I 教材について

今野・新井・児島（2014）の中で柴田は，「授業において教師の授業活動と児童生徒の学習活動との間を媒介し，教授・学習活動の成立に役立つ材料のすべてを一般に教材と呼ぶ」（p.246）と述べている。この定義は教科教育としての教材の捉え方としても妥当なものである。

歓喜，田代（1984）の中で歓喜は，「実際的に教材の役割を果たしている内実を明確にすることなしに，教材一般で教材が考えられると，教材の深められた研究と構成は進捗しない。」（p.5）と述べ，さらに，「教材は教授材料の意が強く，学習材の意識が弱いので，素材と素材内容概念をまず使うほうが適切であると考えている。そうした素材と素材内容のなかで，本当に教授と学習の素材や素材内容となったものだけを，教材と教材内容というべきであろう」（p.5）と注意している。

「素材の教材化」といわれる議論だが，それとともに，「教材と学習材」および「教材と学習内容」を区別していくことも，教材研究について考える上で大切である。

加藤幸次が，「日本でも，1980年代に入ると，子どもたちの主体的な学習活動 self-directed learning が注目されるようになり，子ども自身が学習課題を解決するのに使用する学習材の開発が行われるようなった」（安彦，2002, p.328）と述べているように，平成元年の小学校学習指導要領において生活科が導入された頃から，学習者主体の授業へと変革していく必要から，「学習材」という捉え方がなされることが多くなってきた。山口（2008）は，教材を「学習材」という観点から見直すという試みは，活用型学習の重要性が説かれ，主体的な学びを育てる学習環境をつくることの必要性が指摘されている今日の状況からみても検討に値する（p.23）と指摘している。

一方，岩田(2012)が，「学習内容」を「教材」と同一視する狭い教材観を脱却して，「教材」は「学習内容」を習得するための手段であり，その「学習内容」の習得をめぐる教授＝学習活動の直接的な対象になるものである。(中略)このような教材

概念が提案されるようになったのは1980年代の後半と言ってよい (p.19) と述べているように，昨今では，教授＝学習の目的意識に依存し，その手段としての教材の捉え方が主流となってきている。

II 教材研究（教材解釈か教材構成か）

今野・新井・児島 (2014) の中で，横須賀は，「教材研究」について，「授業の実施を前提として，事前にその教師が行う教材についての研究の全体を指す言葉」(p.247) と説明している。

岩田 (2012) は，体育科の立場から，「素材」としてのスポーツ種目や技を，教え学ばれるべき「学習内容」を見通しながら，学習者が取り組み，チャレンジしていく直接的な課題に再構成（加工，修正）していくプロセスが，教師の専門性が発揮される仕事としての「教材づくり」なのである。それをしばしば「教材構成」あるいは「教材開発」などといった用語で説明することもある (p.19) と述べている。多くの教科で行われている教材研究は，このような立場のものであり，IIIでは，岩田 (2012) のほかに，算数科における石田・川嵜 (1987) を取り上げることとする。

各教科において，教材構成（開発）が精力的に展開されている。中村 (2000) が，社会科の場合に，①社会科教材研究，②社会科ネタ開発，③社会科教材づくり等の多様な教材研究の方法が提起されていることを紹介している (p.289) ように，教材構成（開発）の類型は各教科内でも枚挙にいとまがない程である。

一方，教材構成（開発）ではなく，教材解釈という立場で教材研究が特徴づけられる場合がある。国語科における文学（作品）教材の場合がその典型である。この場合，取り上げる作品自体はどの授業でも変わらないため，一見すると教材を学習内容と同一視したり，作品が授業に持ち込まれたら教材になると見られたりすることがある。しかしながら，須貝が，「作品が実体であるという考え方と，作品は読者の心の中にあるという考え方が分裂している。実践をしたり報告をする時には心の中にあるということを強調する傾向がある。(中略)先生の教材研究と授業の実態をどう結びつけたらいいのか，先生の読みはどういう役割を果たすのか，そういうところが授業の現場では重要な問題になる」(田中・須貝，2001a, pp.129-132) と述べているように，教師による教材解釈が教材研究の主たる内容となってくる場合があることが示唆されている。

横須賀は，このあたりの経緯を，次のように説明している。「すでに教材のかたちになっているものについて行う場合を教材解釈とし，生の素材から教材のかたちにつくる場合を教材づくり（教材開発，教材発掘などと同義）と仕分けることもあるが，その境界線ははっきり引けない。教科の違いで見ても，国語，音楽などで教材解釈に力点が置かれることが多いが，理科，社会，生活などでは教材づくりに力点が置かれることが多い」(今野・新井・児島，2014, p.247)。

教材研究の主要な対象として〈発問を考える〉ことがある。有田は,「教材の一番おもしろいところがつかめたら,子どもにわかる具体的な易しい発問を考えることだ」(今野・新井・児島, 2014, p.248)と指摘している。

III 教材研究の事例

ここでは,1.で田中・須貝(2001a)をもとにした国語科における教材解釈の事例を述べる。そして2.では,岩田(2012)をもとにした体育科の事例と,石田・川嵜(1987)をもとにした算数科の事例を,教材構成(開発)の事例として概略的に述べることとする。

1. 教材解釈の事例

田中・須貝(2001a)の中で渋谷孝は,「数少ない文学作品教材によって,今度こそ本当に文章を深く読み取る手立て,これは具体的には発問に表れるわけですが,授業者は発問を今まで以上に吟味して行う必要がある」(p.146)と述べ,鶴田(2010)の提案する「分析的発問」と「解釈的発問」を高く評価している。

鶴田(2010)は,教材研究における解釈と分析の違いについて述べている。ここでは,「教師の仕事」と「作品(心情)の読み」に関する両者の違いを取り上げよう。〈分析〉的立場での「教師の仕事」は,「最初に一定の分析用語・技術を指導した後は,子どもがそれに習熟する手助けをするという技術的な営み」だといい,〈解釈〉的立場での「教師の仕事」は,「絶えず子どもに新たな〈出会い〉を経験させるために,教材研究や発問を創意工夫するという反省的な営み」だとしている (p.206)。

さらに,〈分析〉的立場での「作品(心情)の読み」では,「テキストに書かれていないことは授業では問題にしない」ことが指摘され,〈解釈〉的立場での「作品(心情)の読み」では,「テキストに書かれていないこと(人物の気持ち)を考えながら読む」ことになると述べられている(鶴田, 2010, p.206)。

教材解釈の典型例として,田中・須貝(2001a)の中で,「ごんぎつね」が例示されているところを引用しておこう。須貝は,「兵十とごんとの間のこうした他者性は,実は同一性に向かっていく。(中略)最後の場面から読者が考えていけばいくほど,兵十は限りなくごんに一体化していくことになってしまう。両者の設定,人物像の共通性ということに作品としての問題性があり,それは教材性の問題でもあり,また,授業で何を問題とするかということについても,考え直していかなければならないのではないでしょうか」(p.135)と指摘している。

このように田中・須貝(2001a)では,国語科の文学作品の教材解釈に関する理論が,その具体例とともに,以下に示す座談会形式でまとめられている。

巻頭論文 〈原文〉という第三項
座談会I 読みのアナーキーをどう超えるか
座談会II 文学教育批判の根拠

座談会Ⅲ　文学研究と文学教育の架橋を目ざして
巻末資料　小・中学校国語教科書小説教材一覧表

　なお，田中・須貝（2001b）は，全10巻の中の④小学校編４年にあたるものである。この中でも，例えば，上で須貝が取り上げていた「ごんぎつね」の教材解釈に関して，鈴木啓子による「『ごんぎつね』の引き裂かれた在りよう―語りの転位を視座として―」（pp.48-64）や，松本修による「読みの交流の媒材としての『ごんぎつね』」（pp.65-78）が掲載されている。

　「文学の力×教材の力」（全10巻）は，小学校１年から中学校３年までの教材解釈論（９巻）と理論編（田中・須貝，2001a）から成っており，文学作品の教材解釈の研究を本格的に扱っているものである。

２．教材構成（開発）の事例

　岩田（2012）は，体育における教材づくりの理論と実際についてまとめたものであり，次のように３つの章が設けられている。

　　第１章　体育における教材づくりの意義と方法
　　　１　これから求められる体育授業像と教材づくり
　　　２　教材づくりとはなにか
　　　３　典型教材から学ぶ
　　第２章　教材づくりの実際―小学校編
　　第３章　教材づくりの実際―中学校編

　第１章の２「教材づくりとはなにか」の中で，「教材」とは教師の意図的な働きかけの構造の中で，「学習内容」の習得を促す手段的・媒介的性格を担っていること，また子どもが取り組む直接的な対象であることから，教材が備えるべき基本的な条件として，次の２つが取り上げられている（pp.24-26）。

　①その教材が習得されるべき学習内容を典型的に含みもっていること
　②その教材が学習者の主体的な諸条件に適合しており学習意欲を喚起することができること

　①は教材づくりにおける「内容的視点」とされ，「子どもが非常に熱中し，楽しく取り組むといった理由から教材づくりを行ったとしても，意味ある内容が豊かに学習される見込みがないとしたら，それは教材としての前提を満たしているとは言えない」（p.25）と述べられている。

　②は教材づくりにおける「方法的視点」とされ，「たとえ，『学習内容』の分析・抽出が明確で，論理的に妥当なものであったとしても，構成された教材が実際に子どもの学習意欲を喚起しないようなものであれば，教材としての機能が十分発揮されない」（p.26）と述べられている。

　さらに，創られる教材には，１単元全体を通して，あるいはその多くの部分において提示される「単元教材」と，単元展開の中で部分的に用いられる，個々の認識的・技術的内容に対応した「下位（単位）教材（群）」とがあることが指摘されている（p.27）。そして，「単元教材

と下位教材（群）からなる『階層的な教材づくり』は単元構成やその展開において重要な視点となる」として，器械運動，陸上運動，ボール運動（球技）という運動の種類に応じて，単元教材の設定と下位教材の工夫が解説されている。

　例えば，器械運動では，「技」の習得を可能にする学習内容としての「運動技術」の抽出を前提にしつつ，それを「技能」化するための下位教材づくり（練習教材としての運動課題づくり）に大きな関心が払われるという。陸上運動では，子どもの能力差を前提にした個人の目標設定を可能にする単元教材レベルの工夫がなされ，取り組む運動の認識的・技術的なポイント，例えばリレーにおけるバトンパスのタイミングといった学習内容に対応した下位教材が豊かに準備される必要があるとしている。さらにボール運動では，単元教材（メイン・ゲーム）のパフォーマンスを高めていくために挿入される下位教材の工夫として，「ドリル・ゲーム」（ボール操作に関わった技能の習得を促す）や，「タスク・ゲーム」（ゲームの中で要求される判断に基づいた行動を易しく学習する）などを紹介している（pp.28-30）。

　ここから取り上げる石田,川嵜(1987)に含まれている内容は以下のとおりである。

Ⅰ　問題解決指導のための教材開発
　1　算数科における問題解決
　2　問題解決指導の教材開発の視点と方法
Ⅱ　新しい教材による問題解決指導
　1　問題解決指導の要点
　2　問題解決のストラテジーとその指導
Ⅲ　問題解決指導の理論的考察
　1　問題解決の心理学的考察
　2　問題解決の歴史的考察
Ⅳ　教材開発とその指導
Ⅴ　教材開発のアイデア

　Ⅰ章において，算数教育に問題解決を位置づけていく場合の，①方法型，②特設型，③設定型という3つの有望な類型について，次のように述べられている。「①は，算数教育の方法として問題解決を生かし，多くの教材を問題解決的に学習させていこうとするものを言う。②は，問題解決の特設単元を適宜設けて，そこで問題解決能力の育成を主目的とした学習を行っていこうとするものを言う。③は，与えられた問題を解決するだけではなく，子ども自らが課題を見いだし，問題を設定していくような学習を積極的に展開していこうとするものを言う」(p.3)。

　最近は教材研究の成果を教科書教材の中に盛り込んでいこうとする動きが活発になってきている。その点で，方法型の問題解決は教科書に描かれている場合も多く，教師や研究者が行う教材開発としては微温的なものといえよう。石田，川嵜（1987）の中でも，「方法型だけでは，今日の算数教育に新たな活力を与えたり，21世紀を担いうる子どもたちを育成したりしていくことは難しい。そこで，今日という時代が求めている問題解決能力の育成をめざした，より積極的な問題解決

の活用が望まれる。」(p.18) と述べられている。

単元間などの「区切りのよいところで特設型の問題解決を適宜指導し、いろいろな知識を活用したり、数学的な考え方や問題解決のストラテジー（戦略）等を育成したりしていくことが重要であり有効である。」(p.19) とされている。

飯田慎司が本書の中で例示している特設型問題解決教材は、「表面を青色にぬった立方体を右図のように1辺の長さが$\frac{1}{3}$になるように小さな立方体に切り分ける。小さな立方体で1つの面が青色であるのは何個できるか」という導入問題から展開されるものである。（石田・川嵜，1987，pp.49-50) ブラウン・ワルター (1990) に見られる「でなけりゃどうか（What if not)?」というストラテジーを用いると、設定型の問題解決へと発展していく可能性が広がる。「青色」という属性を変えるのは意味がないが、それに気づくのも学習者でなければいけない。「1つの面でなかったら」「$\frac{1}{3}$でなかったら」「立方体でなかったら」というところは、算数科の教材開発の醍醐味がよく現れている。

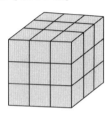

Ⅳ章では、構成された11個の教材が、その解説と学習指導案とともに紹介されている。方法・特設・設定という区別が添えられており、読者がこれを参考にして授業実践ができるようにするとともに、新たな教材を開発する際の参考としている。第Ⅴ章は、いわゆるアイディア集である。学習指導案はないけれども、教材の中心課題と解説が掲載されており、このアイディアをもとにして、読者は、どの型の問題解決指導に仕上げていくかを考えていくことになる。

教材研究には、いろいろな立場や事例があるけれども、教師が質の高い学習指導を実現するために行う日常的営為であると総括することができるであろう。

（飯田慎司）

○引用参考文献

安彦忠彦ほか編 (2002)『現代学校教育大事典』ぎょうせい.

S.I. ブラウン，M.I. ワルター著，平林一榮監訳 (1990)『いかにして問題をつくるか　問題設定の技術』東洋館出版社.

石田忠男，川嵜昭三編著 (1987)『算数科問題解決指導の教材開発』明治図書.

岩田靖 (2012)『体育の教材を創る』大修館書店.

歓喜隆司，田代高英編著 (1984)『教材の構成と展開』第一法規.

今野喜清，新井郁男，児島邦宏編 (2014)『第3版　学校教育辞典』教育出版.

中村哲 (2000)「教材・教具」森分孝治，片上宗二編『社会科重要用語300の基礎知識』明治図書，p.289.

田中実，須貝千里編 (2001a)『文学の力×教材の力　理論編』教育出版.

田中実，須貝千里編 (2001b)『文学の力×教材の力4　小学校編4年』教育出版.

鶴田清司 (2010)『〈解釈〉と〈分析〉の統合をめざす文学教育』学文社.

山口満 (2008)「教材とは」日本教材学会『日本教材学会設立20周年記念論文集「教材学」現状と展望　上巻』協同出版，pp.22-26.

教科教育のカリキュラム研究

1. 教科教育のカリキュラム研究は，様々な学問分野の知見を活かし，目標・内容・方法の連関を探究する中で，理論と実践が調和的に結び合うことを目指しており，両者の往還関係を重視している。
2. カリキュラムの概念は，人生の来歴（履歴）という原義を持ち，狭義には，学校の教育課程など明示化された文書を指し，広義には，学習経験の総体を意味している。
3. 今後，教師が主体的にカリキュラムの構想・開発に関わっていけるよう，全人類的・全世界的な視座に立ち，専門学会等で蓄積されてきた教科教育のカリキュラム研究の成果を広く共有していく必要がある。

はじめに

一般的な教育学も教科教育学も，教育的行為を通じて人間形成に寄与する実践的・総合的な学問分野として相互補完的な関係にある。教科教育研究と近接するカリキュラム研究も，学際的な性質を持っており，実践を志向した研究領域として密接不可分の関係にある。教科教育のカリキュラム研究は，様々な学問分野の知見に基づき，目標・内容・方法の連関を探究し，カリキュラムを媒介として理論と実践の調和的な結合を目指している。それゆえ，実践の中から創出された理論が新たな実践に指針を与え，その新たな実践を通して理論自体も改善されていくという理論と実践の往還関係を重視している。

本章は，まずカリキュラム概念の整理を行い，専門学会誌に掲載されているカリキュラムに関する研究論文と博士論文をまとめた著書にみられるカリキュラム研究に言及した後，教科教育のカリキュラム研究のあり方について考察する。

I　カリキュラムの概念

カリキュラムは，ラテン語で走路を意味する currere（クレレ）を語源とし，「自分の歩む人生の道（コース）」「人生の来歴（履歴）」を含意する概念である（佐藤，1996a, p.60, pp.105-106；佐藤，1996b, p.4. pp.165-167；安彦編，1999, pp.32-33.）。一般的な訳語では，学校のカリキュラムを指す場合，学習指導要領に準拠した教科の課程と教科外課程を含む「教育課程」という言葉が使用されている（日本カリキュラム学会編，2001, p.1.）。

中央集権的な教育課程行政の日本では，カリキュラムは，学習指導要領という制度的に規定された枠組み，また学習指導要領に基づく教育計画という意味合いを持っている（佐藤，1996b, pp.25-27.）。

これまで文部省・文部科学省から告示される学習指導要領が公的な性格を有し，約10年ごとに改訂される学習指導要領に則って教科書検定がなされ，各学校が採用した教科書を参考に教育内容を検討し，実質的な教育計画を作成してきた。

　そのため，日本では，中央集権的な教育課程行政のもとでカリキュラム開発，カリキュラム研究は行われにくい土壌にあり，教師の関心は，公的な枠組みとしてのカリキュラムよりもむしろ具体的な授業のほうに向けられてきた。時代や社会の情勢を反映して，学習指導要領の法的拘束性が一時的に強まった時期もあったが，「生きる力」の育成が理念として掲げられた1998年の改訂以降，地域や学校の実情に応じて，教師が子どもと向き合い，日々の授業において創意工夫することがより一層奨励されるようになった（日本カリキュラム学会編, 2001, pp.137-139.）。

　歴史的にみると，日本の教育学研究者および教科教育学研究者は，カリキュラム構成の原理，カリキュラム開発の方法論を参照するため，欧米をはじめとする世界の先進的な事例を分析・検討しようとしてきた。そのような中でも，熱心な日本の教師が信念を持ち，個別あるいは協力して独自に創意工夫した自主編成のカリキュラムを各教科で作成・試行してきたことは注目すべきであろう。

　ところで，日本では，従来から，狭義のカリキュラムは，学校における教科の課程と教科外の課程を含む計画的な教育課程，または学習指導要領のような明示化された文書を意味するものと捉えられてきた。しかし，カリキュラム研究の進展とともに，広義のカリキュラム概念として，「学習経験の総体」という包括的な概念が主流になりつつある。

　学習指導要領や各学校の教育計画など意識的に明示化され言語化されたものが顕在的カリキュラムとして把握されているのに対し，学校文化，風土，制度や組織，規範，価値観，思考や行動様式など容易に明示化できないけれども，教室内外で無意識的に子どもが経験する学びの全てが潜在的カリキュラム（隠れたカリキュラム）と呼ばれ，その様相の解明がカリキュラム研究の領域を開いてきている。

　すなわち，日本のカリキュラム研究は，教育の目指す人間形成上の意義を考究し，教育目標を明確にするとともに，教育内容を組織化して，新しい教育方法（学習指導法）を開発することに主眼を置く一方，子どもの学習経験に重大な影響を及ぼす生活世界の現実に根ざした諸要因をもカリキュラム研究の分析対象として直視するようになったのである。

　現在，日本では，狭義と広義のカリキュラム概念が混在しているが，カリキュラム開発は，子どもの成長と発達の基礎となる文化的な諸経験に照準を当て，教育的な構想に基づいて教材と学習活動へと具体化し，方法的に組織する活動であると捉えられるようになっている（佐藤, 1996b, p.32.）。

　その背景には，実践的認識論の観点から「discipline中心カリキュラム」の探

究学習を主唱してきたシュワブ (Schwab, Joseph J. 1909-1988) を経て, ショーン (Schon, Donald A. 1930-1997) が提唱した反省的実践家としての教師像が日本に紹介され, 教育界を席巻して以来, ショーマン (Schulman, Lee S. 1938-) による教師の専門的知識に関する研究に目が向けられるようになったことが挙げられよう (佐藤, 1996a, pp.56-60, pp.73-79, pp.148-150；佐藤, 1996b, p.18；安彦編, 1999, pp.163-169.)。

教師は上から与えられたカリキュラムに従って授業を行うという立場から, 自らが主体的にカリキュラムをデザインし, 創造していくという立場へと変わったことは, 昨今の教育改革とも連動しており, こうしたパラダイムの転換は, カリキュラム研究の可能性を広げる契機となった (安彦編, 1999, pp.170-177.)。

さらに, 文部科学省の中央教育審議会答申「教職全体を通じた教員の資質能力の総合的な向上方策について」(2012.8.28) において, 教職生活全体を通じて「学び続ける教師像」が打ち出されたことは, 日常的に子どもと接しながら自身の授業を省察し, 主体的に新しいカリキュラムの構築に関わっていくという専門職としての教師の役割を明確化させることに繋がったと考えられる。

Ⅱ 教科教育のカリキュラム研究

上述した状況のもと, 今後, 日本の教師にも, 新しい教材開発・授業実践力だけでなく, 自ら学校を基盤とするカリキュラム構想・開発を積極的に進めていく能力が求められる。

国際的なカリキュラム研究の動向を分析した佐藤学 (安彦編, 1999, pp.157-161.) によれば, カリキュラム研究は, 1970年代から1980年代半ばにかけて, 大きくパラダイムを転換させ, タイラー (Tyler, Ralph W. 1902-1994) に代表される技術的合理主義, 行動科学を基礎とする数量的研究から教師と子どもの経験の文化的・社会的・倫理的意味を問う質的研究へとシフトしている。また, 1980年代半ば頃から, 政治・経済・社会の体制や構造の変化に伴い, 教育改革, 学校改革の中軸はカリキュラムから教師研究へと移行していることを示唆している。

米国では, ジャクソン (Jackson, Philip W. 1928-2015) が1968年に著した *Life in Classrooms* の中で隠れたカリキュラム (hidden curriculum) の存在を指摘し, 潜在的カリキュラムの重要性を主張した教育社会学者としてよく知られている。

ジャクソンは, 全米最大規模のアメリカ教育学会 American Educational Research Association の会長経験者であり, 1992年に *Handbook of Research on Curriculum* を編纂している (Jackson, Philip W. (Ed.), 1992, pp.3-40.)。このハンドブックは, 歴史的にカリキュラム研究を俯瞰し, 概念と理論の整理・検討を通して, 将来展望を示した大著であり, 多様なテーマを取り上げた手引き書として, 国内外でカリキュラム研究を志す人たちが参照している。

また, 1970年代頃から「カリキュラム

の再概念化」を標榜したパイナー（Pinar, William F. 1947-)は，2003年に国際的なカリキュラム研究ハンドブックを編纂しており，2014年に改訂した第2版 *International Handbook of Curriculum Research* では，34カ国のカリキュラム研究の論述を収録している。その中で，安彦忠彦と浅沼茂はそれぞれ独立した章を執筆し，日本の現代の教育改革とカリキュラム研究について論じている（Pinar, William F. (Ed.), 2014, pp.278-285, pp.285-290.)。

日本では，教育学者である安彦忠彦が編集した『カリキュラム研究入門』(1985)と『新版 カリキュラム研究入門』(1999)が当時の国内外の多様なカリキュラム研究について，その到達点と課題を論じており，手引き書の役目を果たしてきた。

学会レベルで教科教育全体を視野に入れたカリキュラム研究は，日本カリキュラム学会編（2001）『現代カリキュラム事典』が挙げられる。教育学研究者とともに各教科教育学の研究者が専門分野のカリキュラムについて基本的な用語の解説とこれまでの研究成果を紹介している。

今日，カリキュラムを直接的な研究対象とした主たる専門学会は，1990年に設立された日本カリキュラム学会である。日本カリキュラム学会が年1回発行している学会誌『カリキュラム研究』に掲載されている論文の中には，教科を横断する総合的なカリキュラムや各教科に通底するカリキュラムについて論考した研究，教科の枠組みを超えた通教科教育的視点で分析を行った論文等が掲載されている。

教科教育学の学問分野では，教科教育のカリキュラム研究は，1975年に創立され，2015年で40周年を迎えた日本教科教育学会が年に4回発行している『日本教科教育学会誌』に掲載されている。

『日本教科教育学会誌』にみられる最近の論文では，信清と佐藤（2013）が小学校低学年からの家庭科学習の論理的可能性を検討するため，米国N.J.州の幼稚園・小学校全学年で実施された家庭科プログラムを考察し，初等家庭科の性格とカリキュラム構成原理を明らかにした教科の本質に関わる研究がある。

各教科固有の研究成果の代表例として，日本数学教育学会が編集した『数学教育学研究ハンドブック』(2010）では，根本博が学会員の執筆した170編余の算数・数学教育カリキュラムについて論述している。算数・数学教育のカリキュラム研究には，概ね以下のような分類が適用される。(1) 歴史的考察に関するもの (2) 目的・目標論に関わるもの (3) 代数，幾何的な内容の教材配列や指導法に関するもの (4) 初等から中等段階へ，中等から高等段階への接続に関するもの (5) テクノロジーの活用に関するもの

根本（2010）は，上記の分類を踏まえた上で，1960年代から現代に至るまでの『日本数学教育学会誌』における算数・数学科カリキュラム研究の成果を歴史的経緯に沿って概観している。これから算数・数学教育のカリキュラム研究に取り組もうとする初心者には，根本（2010）が言及した先行研究とともに，日本数学

教育学会教育課程委員会（2006）の論考（総論）を参照することが推奨される。

また，博士論文を加除修正して公刊した著書は，教科教育の体系的なカリキュラム研究の成果をまとめたものであるとみなされる。2000年代に入って出版された著書には，次のようなものがある。

池野（2001）は，18世紀後半から19世紀初頭にかけてドイツで確立した歴史教育のカリキュラム理論の成立過程を分析・再構成している。近代学校教育において最初に歴史教育が位置づけられたドイツの歴史科を対象として，教科論上の理論的枠組みを析出し，世界で初めて歴史カリキュラム理論の原理的解明を行った本格的な研究である。近代歴史科の存立根拠，教育理論，カリキュラム編成原理，構造，特質，社会的機能，さらには社会科教育に包摂された歴史教育の現代的意義をも究明している。

林（2002）は，日本の家庭科に強く影響を与えた1950年代以降21世紀に向かうアメリカ家庭科教育の発展過程を踏まえ，「生活実践知形成」の視点からBrown, Marjorie M.の理論に依拠した「実践問題アプローチ」のカリキュラム構成原理を明らかにしている。西園（2005）は，哲学・思想的な基礎理論の吟味から音楽科教育の目的と指導内容を導き出し，代表的なカリキュラム論の事例研究を経て，「芸術の知」の能力の育成を目的とした小学校音楽科カリキュラム構成の提案と実践結果の考察を行っている。西村（2014）は，社会科・公民科教育における小中高一貫の政治領域カリキュラムの開発・具体的な単元開発・発信型授業構想を提示し，授業実践による検証を通してその有効性を明らかにするとともに，教師の教育実践力について考察している。

丸山（2015）は，教科教育学において実践は理論の源泉であり，理論は実践の結晶であるとする研究姿勢を貫き，日本の学習指導要領を検討し，ドイツのスポーツ指導要領の開発過程を参考に，実践を基盤にした教師による体育カリキュラム開発方法の原則を解明している。丸山（2015）の研究の論文構成は以下のとおりである。（節および副題は省略）

序章
第1章　カリキュラムとしての学習指導要領の体育教授学的検討
第2章　ドイツにおけるスポーツ指導要領の開発過程
第3章　実践を基盤にした教師による体育カリキュラム開発の実現過程
第4章　教師による体育カリキュラム開発の波及効果
終章

おわりに

教科教育のカリキュラム研究は，教育学をはじめ，隣接する人間科学・哲学・心理学・文化人類学・社会学・政治学といった学問から多大な影響を受けており，様々な分野の知見を総合的に取り込みながら発展してきたと考えられる。

また，子どもの発達，家庭と学校の状況，地域社会が抱える問題を敏感に感じ取り，学習者に多様な文化的経験を与え，

各教科固有の目標に照らした能力の育成と全教科に共通した豊かな人間性の育成を目指して，専門学会等での活動を中心に，カリキュラム研究が進められてきた。

今日の国際的な情勢を鑑みると，戦争や内紛による難民と移民の増加，人種・民族，国籍，宗教を超えた多文化共生，資源・エネルギー・自然環境の存続が喫緊の課題となっている。グローバリゼーションが顕著に進展している教育界においても，STS (Science, Technology and Society)，ESD (Education for Sustainable Development)，ホリスティックな教育理念を含み，究極的には，全人類的・全世界的な視座に立ち，地球上はもちろん，宇宙に存在するあらゆる生命と共生・共存していける全人的・統合的な能力（知・情・意・技・体）の育成に貢献できることが望まれる。

そのために，これまで専門学会等で積み上げられてきた研究成果を広く共有し，未来を見通したカリキュラム研究の方向性を探っていくことが期待されている。

（林未和子）

〇引用参考文献

安彦忠彦編（1985）『カリキュラム研究入門』勁草書房，（1999）『新版 カリキュラム研究入門』勁草書房．

Abiko Tadahiko. (2014) Educational Reform in Contemporary Japan. Asanuma Shigeru. (2014) Japanese Educational Reform for the Twenty-First Century: The Impact of New Course Studies Towards the Postmodern Era in Japan. In Pinar, William F. (Ed.) *International Handbook of Curriculum Research*. 2nd edition. New York: Routledge, USA, pp.278-285, pp.285-290.

浅沼茂，中野和光，岡崎勝，山本哲士，長尾彰夫，佐藤学（1995）『ポストモダンとカリキュラム』みくに出版．

林未和子（2002）『現代アメリカ家庭科カリキュラムに関する研究：生活実践知形成』風間書房．

池野範男（2001）『近代ドイツ歴史カリキュラム理論成立史研究』風間書房．

Jackson, Philip W. (1992) Conceptions of Curriculum and Curriculum Specialists. In Jackson, Philip W. (Ed.) *Handbook of Research on Curriculum; A Project of the American Educational Research Association*. Macmillan Library Reference, USA, pp.3-40.

丸山真司（2015）『体育のカリキュラム開発方法論』創文企画．

根本博（2010）「カリキュラム論」日本数学教育学会『数学教育学研究ハンドブック』東洋館出版社，pp.45-61．

西村公孝（2014）『社会形成力育成カリキュラムの研究：社会科・公民科における小中高一貫の政治学習』東信堂．

西園芳信（2005）『小学校音楽科カリキュラム構成に関する教育実践学的研究：「芸術の知」の能力の育成を目的として』風間書房．

日本カリキュラム学会（2001）『現代カリキュラム事典』ぎょうせい．

日本数学教育学会教育課程委員会（2006）「新しい時代の算数・数学教育を目指して―算数・数学科学習指導要領改訂についての要望―」『日本数学教育学会誌』88(9)，pp.31-59．

信清亜希子，佐藤園（2013）「米国N.J.州初等家庭科プログラムにみられる家庭科の性格とカリキュラム構成原理：小学校低学年からの家庭科学習の論理的可能性の検討」『日本教科教育学会誌』36(3)，pp.59-70．

佐藤学（1996a）『教育方法学』岩波書店．

佐藤学（1996b）『カリキュラムの批評』世織書房．

佐藤学（1997）『教師というアポリア』世織書房．

第6章 教科教育の方法研究

1. 教科教育の方法研究は，各教科教育学の学問的構造の中に位置付いていること。
2. 教科教育の方法研究は，教育方法学と関連が深いこと。
3. 教科教育の方法研究は，各教科教育学の研究テーマと関連があること。
4. 教科教育の方法研究における研究方法は，共通性があること。
5. 教科教育の方法研究は，先行研究を踏まえて進めること。

I　はじめに

　教科教育の方法研究は，以下の特徴を有している。①各教科教育学における学問的構造の中に位置付いている，②教育方法学と関連を持っている，③各教科教育学における研究テーマと関連を持ちながら進められている，④研究成果は多様である，⑤研究方法に共通性がある，である。

　このような特徴を持つ教科教育の方法研究であるが，本章では，Ⅰで①及び②に触れ，Ⅱで③及び④に関わって各教科教育学会の状況を簡単に示し，Ⅲで⑤に関して研究例を踏まえながら述べたい。

　現在，各教科教育学会は，日本学術会議協力学術研究団体として登録されている。このことは，制度的に各教科教育学は成立していることを示している。その上で，各教科教育学会では，教科特有の独自性を持ちながら，目的・目標論，カリキュラム論，内容論，方法論，評価論，教師教育論等について，研究が進められている。このように，各教科教育学会は，制度としては独立しており，学問的構造は，類似していると考えられる（片山ほか編，1998；戸北，1988；中原編，2011；岡出ほか編，2014）。それらの各教科教育学の構造の中に，教科教育の方法研究は位置付いている。

　また，これらの教科教育の方法研究は，教育方法学における課題を踏まえて進められている。

　教育方法学における課題に関して，中野（2014）は，「養護，訓練，教授を研究の対象とする教育方法学は，目の前の子どもたちと社会の日常的現実の共通感覚から出発する。子どもをケアする心をもたなければ子どもは育たないし，子どもの生活にまで目を配らなければ，『全体としての人間』の教育方法を考えることはむずかしい」とその課題を指摘した。そして，「子どもたちと社会の日常的現実の共通感覚から出発した教育方法学は，経済的政治的背景，教育政策的背景を含めて，実証科学的研究，批判科学的研究，

歴史的研究，比較的研究などの研究を通して，そのより深い理解に向かい，教育学的熟慮にもとづいて教育方法の理論と方法を構築し，提案を行う。また，実践によって検証する」と述べた。この示唆，特に，実践によって検証するという考え方は，教科教育の方法研究に関しても，当てはまるであろう。

II 各教科教育学における近年の研究テーマ

　教科教育の方法研究は，各教科教育学における研究テーマと関連を持ちながら進められている。以下では，各教科教育学が近年どのような研究テーマを掲げているのか，概観したい。

　日本国語教育学会では，「ことばの学び手が育つ国語教育の創造─豊かな言語生活を拓く国語単元学習の展開─」と題して，第78回国語教育全国大会が開催された（2015.7.31.-8.1.）。ワークショップでは，アクティブ・ラーニングの授業づくり（藤森裕治），メディアを活用した国語の授業づくり（羽田潤）等の発表が見られた。

　日本数学教育学会では，「社会に活きる算数・数学教育」と題して，第97回全国算数・数学教育研究大会が開催された（2015.8.4.-7.）。小学校のICTの活用部会では，ICT等の教育機器を効果的に活用した指導が見られた。

　日本社会科教育学会では，「未来社会の形成者を育てる社会科授業」と題して，第65回全国研究大会が開催された（2015.11.7.-8.）。

　全国英語教育学会では，「日本の英語教育の将来：『話すこと』の評価方法」というタイトルでシンポジウムが設定され，全国英語教育学会第41回大会が開催された（2015.8.22.-23.）。課題研究フォーラムでは，「協同学習を取り入れた英語授業の可能性と課題─真の協同学習を目指して─」（大場浩正ほか）等の発表が見られた。

　美術科教育学会では，「表現，その旅のはじまり─美術教育の根源的地平から─」と題して，第38回美術科教育学会が開催された（2016.3.19.-20.）。研究発表では，他教科の単元と図画工作科の題材接続によるアクティブ・ラーニングの試みについての研究(1)（淺野卓司）等の発表が見られた。

　日本体育科教育学会では，「現行学習指導要領の実施状況を問う」というテーマのもとに学会プロジェクト報告が行われ，第20回日本体育科教育学会が開催された（2015.6.20.-21.）。

　各教科教育学会では，各教科の独自性を保ちつつ，アクティブ・ラーニングや共同学習等に関する方法研究が行われている。これらの方法研究は，中央教育審議会に対する文部科学大臣（下村博文）諮問における「初等中等教育における教育課程の基準等の在り方について」（文部科学省，2014），あるいは，文部科学省教育課程企画特別部会における「教育課程企画特別部会における論点整理について（報告）」（文部科学省，2015）を視野に入れて展開していると考えられる。

このように，各教科教育学会における研究テーマには，各教科の目的・目標，指導内容の検討等の教科の独自性に関わる課題，あるいは，アクティブ・ラーニング，ICT，共同学習，指導と評価の一体化等の教育の現代的課題が設定されている。

教科教育の方法研究は，これらの研究テーマに対して，指導のあり方を具体化するという観点から進められている。

Ⅲ 方法研究における研究方法

次に，近年発表された教科教育の方法研究に関する2編の論文をとりあげ，各論文の研究目的及び研究方法の分析を通して，教科教育の方法研究における研究方法について検討したい。

1．研究例1：宮本樹・木下博義・網本貴一（2015）「高等学校化学における実験中のメタ認知育成に関する研究」『理科教育学研究』56（2），pp.213-224.

研究目的は，「高等学校化学において，実験中のメタ認知を育成するための指導法を教材の工夫・改善の視点から考案し，その効果を検証すること」であった。

研究方法は，以下であった。

第一に，「メタ認知の規定」であった。当該研究にとって重要な概念であるメタ認知について，先行研究を踏まえて規定していた。

第二に，「指導法の考案」であった。当該研究は，実験中のメタ認知を育成するための指導法を検討するのであるから，指導法の考案は，至極当然である。先行研究を踏まえて，指導法考案の根拠を説明していた。

また，この「指導法の考案」は，実験の際に用いる実験教材の考案を含めていた。この実験教材の考案も，先行研究を踏まえて，その考案の根拠を説明していた。さらに，メタ認知を進めることができた班あるいは生徒がいた場合の実験も準備していた。加えて，それらの実験教材の利点について整理し，単元構成の観点からその教材導入の妥当性について説明していた。

第三に，「質問紙の作成」であった。質問紙は，生徒のメタ認知の変容の観点から指導法の効果を捉えるために作成していた。「理科教育を研究する大学院生8名，理科を担当する中学校教員1名，理科を担当する高等学校教員5名で，各項目の内容や文章表現についての妥当性を検討」していた。

第四に，「質問項目の妥当性と信頼性の検討」であった。第三の「質問紙の作成」で作成した質問項目が指導効果の測定方法として使用可能かどうかを明らかにするために，高等学校3年生136名の生徒を対象に，事前に，調査研究を行っていた。17の質問項目に対して，5件法で回答させ，得られた回答をもとに，因子分析を施し，固有値の減衰状態及び解釈可能性，因子負荷量を踏まえた項目の設定，再度の因子分析，因子名の命名，各因子の信頼性係数の算出等を通して，質問項目を尺度として用いることの妥当性を説明していた。

第五に,「ワークシートの作成」であった。「考案した指導法の効果を検証するための方法として,生徒のメタ認知の状況を捉えるために振り返りシート及び実験ワークシート」を作成していた。特に,これらのワークシートを配布する際に,「実験中に,何か点検や確認をしたことがあったらその場でこの欄に記述するようにしてください」等と,教示を明確に示していた。

　第六に,「授業実践」であった。実験群と対照群に対する毎時間（3時間）の指導過程を,具体的に説明していた。そこでは,その時間のねらい,授業の手続き,生徒に説明する内容,生徒の状況に対応させた授業の対応等が示されていた。

　これらの研究方法を踏まえて,結果と考察を行っていた。その観点は,質問紙による分析,ワークシートの記述分析,そして,総合的考察であった。

2．研究例2：陳洋明・池田延行（2014）「小学校中学年における幅跳びの学習指導に関する一考察―3年生と4年生の授業成果の比較を通して―」『体育科教育学研究』30 (1), pp.17-32.

　研究目的は,「小学校3年生及び4年生を対象として,助走技術の習得に着目した幅跳びの授業実践を行い,その成果について検討し,学年間で比較することから,小学校中学年における幅跳びの学習指導について検討すること」であった。

　研究方法は,以下であった。

　第一に,「対象・期日について」であった。ここでは,対象児童,授業実施時期,授業時間及び指導者について,詳細に説明していた。

　第二に,「助走技術の習得に着目した幅跳び教材について」であった。助走技術の獲得に効果を発揮すると考えられる教材について,先行研究の検討を踏まえて,当該研究でなぜその教材を設定したのかを説明していた。

　第三に,「単元指導計画」であった。単元序盤及び単元中盤以降について,指導内容を明確に設定し,どのような手続きで指導を行ったのか,詳細に説明していた。また,指導については,先行研究を踏まえた指導となっていること,指導内容に関しては学習指導要領を十分に踏まえていることを説明していた。

　第四に,「データの収集方法」であった。これに関しては,試技条件と記録の測定方法,児童の運動の動作撮影方法,幅跳びの技能に対する児童の意識調査及び標準化された授業評価方法を適用した児童の意識調査から構成され,詳細に説明していた。

　第五に,「データ分析」であった。これに関しては,技能の評価及び幅跳びの技能に対する児童の意識変化について説明していた。これらの分析に関しても,先行研究を引用しながら,どのように分析したのかを説明していた。

　第六に,「統計処理」であった。得られたデータをどのように処理するのか,どのようにまとめるのかについて,説明していた。

　これらの研究方法を踏まえて,結果と

考察を行っていた。その観点は，第一に，授業成果の検討として，跳躍記録の変化，技能の変化，幅跳びの技能に対する児童の意識変化及び標準化された尺度得点の変化，第二に，両足着地に関する技能得点の変化値と跳躍記録の変化値の関係，幅跳びの試技に関する技能得点の変化値と跳躍記録の変化値の関係，であった。そして，それらを踏まえて，小学校中学年における幅跳びの学習指導についての提案を行っていた。

3．研究方法の共通性

以上のように，教科教育の方法研究における研究方法には，いくつかの共通性が見られる。それらを整理すると，以下のようである。

第一に，先行研究を踏まえた重要な概念の整理であった。研究を進める上で，当該研究において取り扱う概念はどのように理解されてきたのか，どのような論議があったのかについて，十分に説明していた。

第二に，指導法の考案であった。指導法の考案に関しても，先行研究に丁寧に当たり，類似の指導法はないか，また，当該研究を進める上で，その指導法が先行研究から導かれていることを説明し，考案した指導法が妥当であることを十分に説明していた。

第三に，指導法の効果測定のための方法の検討であった。どのようなデータから効果測定を行うのかを明記していた。質問紙による場合には，標準化された質問紙が妥当であればその質問紙を適用し，妥当な質問紙がなければ，尺度構成を踏まえながら，質問紙を作成していた。また，授業における児童・生徒の記述文をデータとして用いる場合には，その手続きの妥当性及び信頼性を十分に説明していた。客観データの場合も，データ獲得の方法等を十分に説明していた。

第四に，授業実践あるいは指導計画を明示していた。どの授業で，誰が，何をしたのか，その授業のねらいは何か等，可能な限り授業が再現できるように詳細に説明していた。

第五に，得られたデータの処理方法について明確に示していた。

以上に示した研究方法を踏まえて，結果及び考察の観点が設定されていた。

Ⅳ　まとめ

本章では，教科教育の方法研究は，各教科教育学における学問的構造の中に位置付いていること，教育方法学と関連を持っていること，各教科教育学における研究テーマと関連を持ちながら進められていること，研究成果は多様であること，教科教育の方法研究における研究方法には共通性があることを述べた。

教科教育の方法研究は極めて多様である。また，明確な研究成果を生み出すことは，困難である。しかし，指導実践を一層豊かにするために，教科教育の方法研究を，一層推進していくことが求められる。

(大友　智)

○引用参考文献

美術科教育学会.
 URL http://www.artedu.jp/（2016.04.03閲覧）.
陳洋明，池田延行（2014）「小学校中学年における幅跳びの学習指導に関する一考察―3年生と4年生の授業成果の比較を通して―」『体育科教育学研究』30（1），pp.17-32.
片山嘉雄，遠藤栄一，佐々木昭，松村幹男編（1998）『新・英語科教育の研究（改訂版）』大修館書店.
公益社団法人日本数学教育学会.
 URL http://www.sme.or.jp/（2016.04.03閲覧）.
宮本樹，木下博義，網本貴一（2015）「高等学校化学における実験中のメタ認知育成に関する研究」『理科教育学研究』56（2），pp.213-224.
文部科学省（2014）初等中等教育における教育課程の基準等の在り方について（諮問）（平成26年11月20日）.
 URL http://www.mext.go.jp/b_menu/shingi/chukyo/chukyo0/toushin/1353440.htm（2016.04.03閲覧）.
文部科学省（2015）教育課程企画特別部会における論点整理について（報告）.
 URL http://www.mext.go.jp/b_menu/shingi/chukyo/chukyo3/053/sonota/1361117.htm（2016.04.03閲覧）.
中原忠男編（2011）『新しい学びを拓く算数科授業の理論と実践』ミネルヴァ書房.
中野和光（2014）「教育方法学への誘い」日本教育方法学会『教育方法学研究ハンドブック』学文社.
日本国語教育学会.
 URL http://nikkokug.org/（2016.04.03閲覧）.
日本社会科教育学会.
 URL http://socialstudies.jp/ja/index.html（2016.04.03閲覧）.
日本体育科教育学会.
 URL http://jsppe.gr.jp/index.html（2016.04.03閲覧）.
岡出美則，友添秀則，松田恵示，近藤智靖編（2015）『新版体育科教育学の現在』創文企画.
戸北凱惟（1988）『理科教育研究の視点と方法』東洋館出版社.
全国英語教育学会.
 URL http://www.jasele.jp/（2016.04.03閲覧）.

教科教育の単元研究

1. 単元とは,教育課程の一部をなす教育的営みのひとまとまりである。
2. 教育研究や教育実践で単元を使う場合は,(1) 単体としての単元の特徴,(2) 単元の構成要素,(3) 単元の規模,(4) 単元の配列,の観点を考慮する必要がある。
3. 単元研究は,上記の (1) から (4) の観点から分類することができる。さらに,「A 実施された単元の研究」と「B 単元をつくる研究」の観点から分類することもできる。

I 単元とは

単元は,何らかのまとまりを表す概念である。だが,何をもって単元とするかは研究の領域・教科,研究者等によって異なっており,必ずしも明確ではない。例えば,「単元とは学習内容の有機的なまとまりである」(広岡,1990, p.116) というのが古くからの定義であるが,ここでいう「学習内容」がまとまりを表す概念なのか,あるいはまとまりを構成する授業の中で学習すべき内容であるのかが明確になっていない。また,「学習の目標や主題を中心に方法的に組織された教材と学習経験の単位」(佐藤,1990, p.2) という定義では,単元のまとまりを「目標」「主題」に置き,その要素を「教材」「学習」としているが,これ自体が単元の特徴にまで踏み込んだ定義となっている。

単元とは,それが単体であると同時に,一方でいくつかの部分に分割することが可能な対象を表す。さらにその単体も全体からいえばある一部である。したがって,教育研究や教育実践において「単元」を広く定義すれば,「教育課程の一部をなす教育的営みのひとまとまり」ということになる。このように考えると,教育研究や教育実践で単元という用語を使う場合,次のことを考慮する必要がある。

(1) 単体としての単元の特徴 単元が何によってまとまっているか。
(2) 単元の構成要素 一つの単元がどのような要素によって構成されているか。
(3) 単元の規模 一単元はどのような規模をもつか。
(4) 単元の配列 単元と単元がどのように関係し,どのように配列されているか。

(1) (2) は単元の内部構成,(3) (4) は単元の外部構成というべきものである (藤岡,1979, p.25)。これらは,単元研究の分類の観点にもなる。

II　単体としての単元と構成要素

　単元という考え方を提起したのは，19世紀以後のヘルバルト学派といわれる。その一人ツィラー（Ziller, T.）は分析→総合→連合→系統→方法（広岡，前掲）という5つの教授段階を提唱し，この一連の過程を単元と呼んだ。この場合，まさに教授（または学習）の各段階こそが単元の要素である。そしてこのような学習段階は，何らかの教育内容を身に付けるということが目的にある。つまり，このような単元は，単一の教育内容，あるいは目標をもった学習段階の集合ということができるであろう。ただし教授学では，それぞれの教育内容に関する具体的な研究をもとに，このような単元の構成要素が提案されているわけではない。

　では，戦後初期に注目された生活単元学習における単元は，どのように特徴付けられるのだろうか。例えば，当時の社会科作業単元に関する文献には，「お百姓さん」という単元の事例が紹介されている（初等教育研究協議会，1948，pp.17-27）。その中で子供たちは，教科書を読むだけでなく，物をつくる，歌う，ごっこ遊びをする，田畑の見学する，お百姓さんの生活ぶりを作文に書くなど，この単元の要素はそれぞれが意義のある経験である。ただし，この単元を一つの単体として成立させているのは「お百姓さん」という一つの主題のみである。この文献ではそれぞれの経験の意義については明確に記されているが，これらの単元学習の中で，「お百姓さん」をどのように捉えるか，という教授する側の意図は言及されていない。

　一方，現在の学校教育では，単元はどのように考えられているのだろうか。学習指導要領そのものに「単元」という用語は使用されていないが，『小学校学習指導要領解説　総合的な学習の時間編』には，次のような記述がある（p.70）。

　　単元とは，児童の学習過程における学習活動の一連の「まとまり」という意味である。単元計画の作成とは，教師が意図やねらいをもって，このまとまりを適切に生み出そうとする作業にほかならない。何を拠り所として学習過程におけるまとまり，すなわち単元を生み出すかについては様々な考え方や手法がある。

　この定義は，単元の構成要素を児童・生徒の学習活動と捉えていることがわかる。しかし，「何を拠り所として学習過程におけるまとまり，すなわち単元を生み出すかについては様々な考え方や手法がある」というように，単体としての単元をどのように捉えるかについては各教科等の間で，あるいは各教科等内でも多くの違いがある。

　例えば，筆者の関心領域である音楽科では，主に教育内容を中心とした単元構成（主題による題材構成）と，楽曲を中心とした単元構成（楽曲による題材構成）という2つの考え方が知られており，それに関わる論争も見られた（八木，1994）。

　単元研究においてさしあたって重要なことは，単体としての単元の特徴と単元

の構成要素を明らかにすること，あるいはそれを措定することにある。

Ⅲ　単元の規模と単元の配列

　単元は，それぞれの単体としての特徴と集合体という特徴をもっているが，一方で単元の1つ1つは全く独立しているわけではない。単元を1つの教育内容に基づく単体として据えたとしても，教育内容は全体としては階層性をもっている。また，1つの単元の学習や経験は前の単元の影響を受けるし，次の単元に影響を与えるであろう。

　この場合，第一に問題となるのは，一単元における教育内容や学習活動の範囲と大きさである。これを単元の規模と呼ぶ。このことは授業時間数とも関わっている。第二に問題となるのは，単元と単元の関わりである。特に実際の教育計画では，単元の順次性が重要になってくる。これを単元の配列と呼ぶ。単元の規模と配列は単元研究の重要な対象である。

　この点を考える上で，2点押さえておかなければならないことがある。

　第一は，単元と教科等の枠組みに関する問題，すなわち，単元が教科等の内側のものか教科等を超えるものかということである。一般に，単元は教科等全体からみればその一部分と捉えられることが多いが，教科等を超える場合もある。戦後初期の生活単元学習は基本的には教科中の一単元として実施されたが，その内容や活動は教科を越えていた。また，近年の生活科や総合的な学習の時間の内容の設置は，従来の教科内単元では，児童の発達課題や現代的課題に応えられないという現状認識から生まれてきたものであろう。

　第二は，単元のそのものの物理的な構成に関して柔軟に捉える必要があるということである。単元は45分（50分）を1時間として何時分とするかが一般的である。だが音楽科などでは，最初の5分間は発声練習や読譜を身に付けるための基礎練習に使うことも多い。これを1年続けることによって大きな効果が生まれることもある。これは5分×1年分の単元とみることもできるだろう。多様な単元を認めることが研究には必要である。

Ⅳ　単元研究の事例

　Ⅰで述べたように，単元研究は(1)から(4)の観点から分類することができる。それに加えて，次のよう観点から分類することも可能である。

A　実施された単元の研究　過去の実践を「単元」という観点から分析・考察したもの

B　単元をつくる研究　一般的には学習指導案等は一単元について書かれるが，これらを研究的に深めたもの

　この観点から，2つの研究を紹介する。

1．原田智仁（1997）「高校歴史単元開発の方法　理論の選択と組織を中心に」

　この論文は，単体としての単元を何によってまとめるかというⅠの(1)と，単元をつくるというBの観点の研究である。

高校の歴史単元について，一般の歴史学における歴史理論の中から教育内容にすべき理論を選択し，その選択した理論を吟味し，さらに理論命題として確定することにより一単元の構成内容とする，その方法論について提案している。目次を示す。

1．問題の所在
2．主題設定の根拠と歴史理論
　（1）主題設定の根拠―歴史構成―
　（2）歴史理論の性格
3．理論選択の視点と方法
　（1）理論選択の視点―教育内容としての歴史理論―
　（2）理論選択の方法―構造史の理論―
4．理論の教育的加工
　（1）理論の体系化
　（2）理論の吟味1―事例の探求から―
　（3）理論の吟味2―探求の論理から―
　（4）理論命題の確定と単元構成
5．おわりに

教科教育の内容には，その教科が背景とする学問や文化領域がある。子供にそれらを学習させる場合には，そのような学問や文化領域の成果から何を選択するかを決定すること，選択した成果に対して教育のための一定の加工を行うことが必要である。その方法論の提案である。

2．吉田孝（1991）「主題構成と単元構成」

この論文は音楽科における単元研究であり，1つの単元がどのような要素によって構成されているかというⅠの（2）と，過去に実施された実践を「単元」という観点から分析・考察するAに分類できる。

音楽科における戦後の単元の考え方と構成要素を次のように定式化し分析をしている。「生活」（生活に基づく楽曲教材の学習），「楽曲」（一楽曲を深める各段階），「教育内容」（教育内容に基づいて選択された各教材とその学習）。

本研究では，「単元」のまとまりの捉え方によってその実践のあり方も大きく異なることが明らかになっている。

（津田正之）

〇引用参考文献

藤岡信勝（1979）「社会科教育の現状変革をめざす単元構成」『社会科教育学研究』4，pp.20-38.

原田智仁（1997）「高校歴史単元開発の方法―理論の選択と組織を中心に―」『カリキュラム研究』6，pp.53-64.

広岡亮蔵（1990）「単元」『新教育学大事典』第一法規．

文部科学省（2008）『小学校学習指導要領解説　総合的な学習の時間編』東洋館出版社．

森本信也（1999）『子どもの学びにそくした理科授業のデザイン』東洋館出版社．

日本国語教育学会（2010）『豊かな言語活動が拓く国語単元学習の創造』全7巻，東洋館出版社．

岡出美則・友添秀則・松田恵示・近藤智靖編著（2015）『新版体育科教育学の現在』創文企画．

佐藤学（1990）『米国カリキュラム改造史研究』東京大学出版会．

新算数教育研究会（2011）『リーディングス新しい算数研究1：整数の計算』東洋館出版社．

初等教育研究協議会（1948）『社会科作業単元展開の実際』国民教育図書．

八木正一（1994）「授業構成は教材中心がよいか，内容（学習主題）中心がよいか」『教職研修7月増刊号』教育開発研究所，pp.168-169.

吉田孝（1991）「主題構成と単元構成」『季刊音楽教育研究』68，音楽之友社，pp.27-38.

西園芳信（1993）『音楽科のカリキュラム　原理と展開』音楽之友社．

第8章 教科教育の授業研究

1. 授業研究は、研修的・運動的・教科教育的研究があること。
2. 教科教育的研究には、量的・質的研究、授業解明・授業開発研究があること。
3. 授業研究に不可欠なのは、事実の確定（授業プロトコル）であること。
4. 授業研究には、実証主義的研究とアクション・リサーチの方法論があること。
5. 授業研究には、ステークホルダーとしての地域・学校・教員・子どもなどを念頭に入れて、それぞれの方法論の特性と限界性を常に意識すること。

I 授業研究の概念

　授業研究は、実践的性格をもつ教科教育学研究においては、中心的な位置を占め、教師の専門職としての資質向上の一翼を担って、学校や地域で活発に行われている。授業研究とは、授業のPDCAサイクルの中で総合的あるいは一部を取り出して、よりよい授業を目指すことである。日々の授業改善のために、授業を対象化して分析・評価しようとする教師の内省的営みでもある。教師の立ち位置や対象となる教育内容や教育方法、教育技術の何に特化するのかによって、授業研究の形態を分類することが可能である。

　通常、学校現場における授業研究というのは、研修的授業研究が主流である。この研修的授業研究とは、学習指導要領の趣旨の徹底を図るために行われる研究である。学習指導要領の改訂で「読解力」や「言語活動」（2008年版）が打ち出されると、教育委員会の指示や時流に沿って研究テーマが設定され、一定期間全教職員一体となって取り組む校内研修がこの研究に該当する。学習指導要領の内容は絶対視され、「何のために」や「なぜ」を問うよりも、「どのようにすればよいのか」という教育方法の問題に研究は焦点化される。この研修的授業研究は、職務命令による上からの授業研究であるといえる。

　それに対して、教師の主体性に基づくボトムアップ的な授業研究がある。まず、自らの信条や教育理念に基づいて授業実践を行い、その妥当性を確かめつつ運動の輪を広げていこうとする運動的授業研究がある。社会科の初志をつらぬく会（以下、初志をつらぬく会とする）やTOSS（Teacher's Organization of Skill Sharing: 教育技術法則化運動の略）などが典型的な事例として挙げられる。初志をつらぬく会は、1958年に発足した民間教育研究団体で、子どもの思考体制を重視した授業研究を一貫して行っている。TOSSは、1980年

代以降，向山洋一を代表とした教師の教育技術の指導方法を提唱する集団，及びその活動のことを指している。TOSSは，学習指導要領を前提として，具体的な単元レベルで，発問，指示，説明等の教育技術に特化して法則化していく試みである。

また，大学院生や初等・中等学校教員，大学研究者などが，個人または，プロジェクト方式のグループ単位で取り組んでいる授業研究がある。この授業研究が，本章で取り上げる教科教育学研究で扱われる授業研究であり，教科教育的授業研究と位置づける。この授業研究では，事実としての授業実践を具体的な単元レベルに関する理論構築の場としてだけでなく，授業理論そのものを体系化する場として捉えている。一定の授業理論に基づいて単元プランを立案し，授業実践を通してプランの妥当性を分析・評価するとともに，授業理論そのものを検証していくことで，より確かな体系的な授業理論の構築を目指すものであるといえる。

II 教科教育的授業研究の枠組み

授業研究は，実践の現場では当然行われていることで，日々の実践を見つめ直し，今後の授業の改善を行うために必須のことである。そのような中で，教科教育的授業研究とは，研究的立場の者が，実践を研究対象にする取り組みである。授業研究の目的によって，授業解明研究（授業を分析・評価する研究）と授業開発研究（授業をつくる研究）に分けることができる。

事実としての授業実践に内在する理論を解明するのが授業解明研究であり，解明した理論を検証するために授業実践の事実を開発するのが授業開発研究である。

授業解明研究は，研究者の教科教育的授業研究の中心に位置づく。授業解明研究の典型的な事例として，国語科教育における難波博孝（2002）や社会科教育における棚橋健治（2007）などの研究がある。難波は，授業研究のマクロな視点を導き出すために，自分のこれまでの研究成果である国語科教育のアプローチを利用して，『国語科教育』（全国大学国語教育学会編）に掲載の授業研究関係論文を分析している。国語科教育のアプローチとは，没価値的な因果論に基づく実証的なアプローチと価値的な目的論に基づく実践的なアプローチである。難波は，授業研究関係論文の分析から，授業解明研究の課題として，国語科授業を記述するための枠組みの研究や授業の顕在的・潜在的構造の研究，教師・学習者のそれぞれの内面を記述する研究の必要性を説いている。

一方，授業開発研究は，実践の現場では，授業改善に向けて，通常行われている研究である。算数・数学科では，問題解決型授業が主流である。問題解決型授業の展開は，学習者がもつ既有の知識・技能を活用して，通常，①問題の理解，②問題の特徴づけと表現，③問題の解決，④解決方法の共有，⑤問題の熟考と発展，というプロセスが設定された授業である。

授業研究では，授業過程や学習形態に

着目をして，教育観や学力観，教材観，評価観，指導観から，学習者の「何ができないか」から「何ができるか」への転換が図られている。その際，最近の注目すべき研究は，パフォーマンス課題を活用した「逆向き設計」論による授業づくりがある。この「逆向き設計」論とは，グラント・ウィギンズ（Wiggins. G）とジェイ・マクタイ（MmcTighe. J）(2012)が提案しているカリキュラム設計論で，何を身に付けさせたいかという教育の成果から逆向きに授業を設計し，指導が行われた後で考えられがちな評価方法を先に構想するものである。評価方法は，リアルな文脈で知識やスキルを応用・総合しながら使いこなすパフォーマンス課題を組み合わせることで，学習者の意欲的な思考を促し，思考力や表現力を含め，問題解決能力の向上を促す研究が行われている。

また，授業実践の分析手法の違いによって，授業実践の事実を数量的に分析する量的研究（quantitative research）と，記述的・脈絡的に明らかにしていく質的研究（qualitative research）に分けることができる。量的研究では，研究対象を数値で表し，その数値を処理していくことで研究を進めていく。基本的には，量的研究では，大量のデータを扱うので，統計の知識が必須になる。統計を理解するには，簡単な数式を読めるようになる必要があるため間接的に数学の素養も必要となってくる。統計学が使用される場合，データの要約を目的としての記述統計学の利用，確率論を使用した推測統計学の利用による有意差検定が用いられていることが多いが，統計検定を使用するだけではなく，記述統計を使用しながら，少数事例のデータを記述することで，法則定立的な原理や理論を構築していく方法も見られる。これに対して，質的研究は，調査する事象がどのように生起したかを数値を使って説明するのとは異なり，それがなぜ生起したかを探究する。フォーカスグループや深層インタビュー，授業観察・内容分析，記号論など，いずれも質的研究で利用される多彩なアプローチの一つである。これらを用いて，授業者や学習者の行動，態度，価値観，関心，動機，願望，文化あるいはライフスタイルなどのあり方が研究されることになる。その主観的な意味内容に焦点を当てて，状況や授業場面の文脈の全体性について解釈的理解を行う研究法である。量的研究と質的研究のどちらがよく用いられるかは教科あるいは，研究分野によって違うし，いずれか一方しか使わない分野もある。質的研究と量的研究のどちらで研究するにしても，方法論を身に付けておくことが必須である。これらの授業研究の目的と手法を指標にして分類したのが，図1である。

図1　授業研究の枠組み

III 授業研究に不可欠な授業プロトコル

図1で示した4分類すべての授業研究に不可欠なのが事実の確定である。事実を確定するためには，直接授業を観察するか，授業記録の参照が必要である。直接観察では，その場の雰囲気や子どもの様子を含めた事実を正確に把握することが可能だが，見逃しや見落としも少なくない。授業研究には，授業記録が必要不可欠である。ビデオカメラ等で授業を録画し，教師（T）と子ども（P）の発言の逐語録（授業プロトコル）を作成し，それに基づいて分析・評価するのが一般的な方法である。授業において，学習問題を解決するには，教師の意図的な発問や資料の提示によって子どもの思考を促す必要がある。教材研究や板書プランをベースに，学級の実態や子どもの学習状況に応じた発問構成をすることが，子どものより深い思考を促し，自分なりの考えを創り出す基本である。

授業研究では，授業場面における資料と発問構成を中心に，授業プロトコル分析を用いて教師の発問の省察，子どもの発言・反応の分析を行う。教師が発問する→子どもがそれに答える→教師がその答えを評価するという相互作用を見取ることができる。一般的に，教師が，ポジティブな評価をした場合には次の発問に進み，ネガティブな場合には子どもが別の答えを探したり，場合によっては他の子どもが指名されることもある。実際にはネガティブな評価に代わるものとして表情や視線，ある時には板書や教科書のヒントになりそうな部分を指して正解をほのめかすといったやり方が多用される。また，授業プロトコル分析をすることで，教師自身の教授行為を見直すためにも有効である。授業プロトコルに現れる行為と言説のずれを行為者自身（教師）が知ることで，教師自身の教育言説と教授行為のずれをフィードバックすることができる。子どもが，問題解決するためにした行為の記述を時間順に並べたものがプロトコル・データであり，子どもの行為が発話された内容そのものである。また，目的によっては，発話内容ばかりではなく，子どもの行為やそれによる状況の変化を含めて記述することが必要であったり，さらに，発話の中の同じ言葉であっても指示対象が異なる場合の扱いなどについても考慮したデータを書き起こしていく必要がある。プロトコル・データを作成し，分析・改善を図ることで，より学習目標に沿った相互作用による知的営みが実現する。

IV 授業研究の研究課題

授業を対象とする研究課題（リサーチ・クエスチョン）を設定するにあたり，教科教育学研究への貢献と学校教育実践への貢献を意識しなければならない。つまり，授業研究は，教育実践の理論化（科学化）とそれを通じた学校教育実践への学の貢献を志向した授業研究の必要性である。これは，学校現場でなされて

いる授業実践の事実（授業記録，評価資料，子どもの学習記録など）を分析・説明し，そこに内在する問題点を克服できる授業理論とそれに基づく授業開発を行うことにある。

　教科教育研究が，学問として成り立つ基準は，独創性・客観性・実証性に求められている。そうした基準を満たす方法論として確立しているのが，実証主義的授業研究である。この授業研究は，ある理論に基づき仮説を設定して，実践を行い，仮説を検証し，応用可能な一つの真理を追究する研究であり，多くの研究者に認知され，活用されている定番の方法論であるといえる。それに対して，実践的な有用性を求めて，理論と実践の相互乗り入れ的に組み合わせていく方法論がある。特に，授業は，初等・中等教育段階の校種で大きな授業観の違いも見られる。単元の知識構造を明確にして，順序よく効率的に知識内容を教授する中等教育段階での授業では，実証主義的授業研究が有効である。

　しかし，子どもの思考や発想で大きく左右され，教師の授業場面における授業対応力に関わる力が重視されるのが初等教育段階での授業である。授業は，トップダウン的なものではなく，子どもが，社会的・経験的な過程を通してボトムアップ的に行われていくものである。その方法論の一つが，アクション・リサーチである。アクション・リサーチとは，実践者自身の自己成長のために，自ら行動(action)を計画して実施し，その行動の結果を観察して，その結果に基づいて内省（reflection）する研究である。これは，日々の指導で直面する課題を乗り越えるために仮説をつくり，目標を定め，それを授業に具体化して実践し，実践をエビデンス（evidence 根拠）に基づいて評価することで，自らの指導力の向上と課題解決を同時に果たそうという試みである（表1参照）。

　実証主義的授業研究では，結論の一般化を求めるので，ある特定の要因のみを統制する実験室的な環境での研究が多い。でも，複雑な社会的・教育的現象である授業解明は困難であり，これまで，実際の授業改善にはなかなか結びついてこなかった問題がある。その問題を克服するために，教師・学習者・教材などに関する様々な要因を考察し，より実践を重視したアクション・リサーチが必要になっている。アクション・リサーチの目的は，授業内の問題点を解決することである。そのため，授業に関するデータをあらゆる方法を活用して収集・分析することが必要である。数値データはもちろん，それよりもむしろ体系的・持続的な授業観察や分析によって得られる質的データ（学習者の行動，授業態度，教師の発問に対する反応の様子，クラスの雰囲気など）をも積極的に活用していく。ただし，質的データの活用については，データの客観性という問題が存在する。そこで注目されているのが「トライアンギュレーション(triangulation)」いう考え方である。これは，多様な観測の線(lines of sight)と

表1　アクション・リサーチのプロセス

①	問題の発見
	直面している実態からの問題の発見 教師のキャリアや問題意識の重視
②	事前の調査（データ収集）
	実態調査・先行研究の整理
③	テーマの設定
	リサーチ・クエスチョンの設定 ・○○の原因は，どのような要因が考えられるか？ ・これらの要因によって，もたらされているものは何か？
④	仮説の設定
⑤	計画の実践（＝授業実践）
	実践→省察→修正→実践の繰り返し
⑥	実践の検証
	授業プロトコル分析 解釈・説明（理論化）
⑦	実践の省察
⑧	結果報告
	レポート作成・評価

もいわれている。もともと，トライアンギュレーションとは，三角測量のことであり，観測された2地点から他のある地点の標高や距離を三角法を使って求める測量のことである。この考え方を質的データの収集・分析に応用すれば，ある一つの事象を観察・分析する際に，複数の観点からデータを収集・分析することで，研究の客観性を高めていくことが必要である。

　授業研究は，実証主義かアクション・リサーチか，量的か質的研究かなど，二者択一で自己の優位性を絶対視する議論は不要である。大切なことは，教科の本質を逸脱しないことである。また，授業研究に欠かせない地域の実態・保護者・学校・教員・子どもというステークホルダー（stakeholder）を常に意識しておくことが重要である。それぞれの方法論の特性と限界性，授業実践の適切性と適時性を吟味した上で，選択した方法論と具体的な授業実践事例を公開し，常に自己省察と協働性，同僚性を活用した議論を重ねることで，授業研究は進展していくであろう。

（關　浩和）

○引用参考文献

海保博之，原田悦子編（1993）『プロトコル分析入門―発話データから何を読むか―』新曜社．

難波博孝（2002）「国語科教育研究における『授業研究』はどう行われまたどこに向かうべきか―学会誌の中での授業研究のありようとこれからの方向性―」『国語教育研究』45．

社会系教科教育学会（2010）『社会系教科教育研究のアプローチ―授業実践のフロムとフォー―』学事出版．

E.T.ストリンガー著，目黒輝美，磯部卓三訳（2012）『アクション・リサーチ』フィリア．

棚橋健治（2007）『社会科の授業診断―よい授業に潜む危うさ研究―』明治図書．

梅津正美，原田智仁編著（2015）『教育実践学としての社会科授業研究の探求』風間書房．

ウィギンズ,G.，マクタイ,J.著，西岡加名恵訳（2012）『理解をもたらすカリキュラム設計―「逆向き設計」の理論と方法―』日本標準．

第9章 教科教育の評価研究

1. 教科教育では，学習指導要領に示された目標や内容の効果的な学習のために，評価で入手した情報を活用し，指導や学習を改善する授業研究が蓄積されてきた。
2. 教科教育では，学習評価の結果を根拠にして，学習指導要領に示された目標や内容を問い直す研究も行われてきた。
3. 教科教育において，「実社会」や「生活」で用いる「リアルな課題」を指導し，「総合的な深い理解力」を評価することが求められる。

はじめに

　教科教育は，教科の目標を達成するために教材を介して教師が子どもに働きかけて子どもの成長を促すとともに，学習の主体である子どもが目標を達成しようと活動する営みである。そこでは，子どもの学習成果の情報を収集し，教科の目標が実現したかどうかを判断して，教師の働きかけや子どもの学習を修正したり調整したりするために必要な情報を提供する教育評価の役割が重要である。

I 定義と説明

1．教育評価研究の進展

　1970年代に米国のブルーム（B.S. Bloom, et.al., 1971）が提唱した「診断的評価」「形成的評価」「総括的評価」の考え方が紹介され，指導過程の調整を行う「形成的評価」の研究が日本でも「到達度評価」として着手された。ブロックほか著（稲葉，大西監訳，1982, pp.115-137.）ではブルームの提唱した「完全習得学習」が紹介され，日本の「到達度評価」の目標分析と評価研究の成果が解説された。

　2001年に文部科学省は小・中学校の「指導要録」を改訂し，各教科の評定が「目標に準拠した評価」をもとに示すものとされ，戦後半世紀以上続けられてきた「相対評価」が廃止された。集団内の成績の位置という情報しか示さない「相対評価」に代わり，教師が意図した目標の達成度の有無を情報として示す「目標に準拠した評価」は，未達成の子どもを支援する指導の改善を教師に求めることになった。

　2004年12月に，前年に実施されたPISA2003の調査結果が報告され，日本の生徒たちの「読解力（reading literacy）」が，OECD平均程度であることが明らかとなり，教育関係者にPISAショックといわれる衝撃を与えた。危機感を抱いた文部科学省は，2007年4月から実施された悉皆調査としての全国学力・学習状

況調査で,「実生活を想定した場面で知識を活用して答えを出す内容」の「B問題」を出題した。さらに,2008年改訂の学習指導要領では,「①基礎的・基本的な知識・技能の習得,②知識,技能を活用して課題を解決するために必要な思考力・判断力・表現力等,③学習意欲」（2007年改正学校教育法第30条）の「②知識,技能を活用して課題を解決するために必要な思考力・判断力・表現力等」を重視し,それを「記録・要約・説明・論述・討論といった言語活動を通じて評価する」（中教審　初等中等教育分科会　教育課程部会（2010）「児童生徒の学習評価の在り方について（報告）」）とした。

　田中編著（2002, pp.24-30.）で,21世紀の「評価を開く4つのキーワード」として「真正性（authenticity）」「参加と共同」「表現（パフォーマンス）」「自己評価」が示された。この「真正性」は,「実社会」や「生活」で用いる「リアルな課題」であり,「総合的な深い理解力」を評価することを意味していた。また「表現（パフォーマンス）」は,「自分の考え方や感じ方といった内面の精神状況を身振りや動作や絵画や言語などの媒体を通じて外面に表出すること,またはそのように表出されたもの」とされ,それらを評価する方法が「ポートフォリオ評価法」とされた。そして「参加と共同」では,子どもたちを「評価参加者」と考えることが提起された。この考えは,教科教育の授業場面で評価規準を子どもとすりあわせる学習を行う授業を生み出すことになる。「自己評価」は子どもが自己の学習を調整する行為であり,「メタ認知」等の「自己評価能力」を育成するために重要とされた。

2．教科教育と評価研究

　1980年の「児童指導要録」の改訂で,指導改善に生かすために「絶対評価」の「観点別学習状況」欄が新設された。また,ブルーム（B.S. Bloom, et.al., 1971）による「診断的評価」「形成的評価」「総括的評価」の考え方の紹介もあり,「形成的評価」による学習達成度の情報を活用し,教科教育における教材構成や指導法を改善する実践的な授業研究が開始され蓄積された。

　2001年の文部科学省による小・中学校の「指導要録」の改訂で各教科の評定が「目標に準拠した評価」をもとに示すものとされ,各学校において「観点別学習状況」欄の各教科の「観点」の「評価規準」と「評価基準」を開発することが求められ,「指導と評価の一体化」を具体化する実践的な授業研究が蓄積された。

　実践的な授業研究以外の評価研究も行われた。棚橋（2002）は,評価可能な学力を具体的に示し,社会科で形成される資質内容を明確化することを評価研究の社会科教育学の研究課題とした。そしてアメリカの1910年代から1970年代の代表的な社会科カリキュラムを分析し,「社会現象記述力評価」「社会問題解決力評価」「社会構造分析力評価」「社会構造分析力・問題解決力評価」を社会科固有の

評価方法として析出した．また，高橋編著（2003）は，多数の子どもに体育授業を評価させ，それらの評価項目を因子分析法で標準化し，教科目標レベルで体育授業全体を評価する9項目の評価項目と診断基準を開発した．さらに，その診断基準を用いて，教師の「相互作用行動」や「フィードバック行動」等の体育授業における教師の教授行為を評価する標準化された観察項目を開発した．

文部科学省は，2008年改訂の学習指導要領で，「②知識，技能を活用して課題を解決するために必要な思考力・判断力・表現力等」の育成を重視した．そのため，主に「総合的学習の時間」の評価法として注目されていた「パフォーマンス課題」や「ポートフォリオ評価法」という評価法を用いて，各教科における「総合的な深い理解力」である「思考力・判断力・表現力等」を評価する実践的な授業研究が着手されるようになった．研究事例①で紹介する松浦（2009）の研究はその事例である．

子どもたちを「評価参加者」と考えることが提起され，子どもの「自己評価」に注目が集まった．「ポートフォリオ評価法」でも「ポートフォリオ検討会」で，子どもの作品を「ルーブリック」（採点指標）に基づき「自己評価」させる実践的な授業研究がすすめられた．ただし，教師は子どもがどのような学習目標を持ちどのような評価基準で「自己評価」を行うのかを把握し，その適切さを指導する責任がある．研究事例②で紹介する大後戸ほか（2009）は，子どもの「自己評価」の適切さを教師の評価結果と比較して検討した研究である．

Ⅱ 研究事例

事例①：

1 タイプの定義と説明

　思考力の学習評価の結果をカリキュラムの指導内容改善に活用した研究である．

2 事例とその論文構成の説明

　松浦（2009）は，起こりやすい事象と起こりにくい事象に気づく確率判断の小3の学習材を開発し，学習指導の前後でパフォーマンス課題とルーブリックによる評価を行うことを通して，小学校学習指導要領で扱われていない確率の内容を小学校で教える提案を行った．

3 研究の手続き

　以下の3つの活動の前後に表1で示したパフォーマンス課題を小3の37名に実施し，そのⅠ-Ⅲ段階とⅣ-Ⅴ段階の達成度の学習前後の変化を明らかにした．

- 活動1　正六面体サイコロ2つを繰り返し振り，目の和を記録していくとき，2から12のどの数（和）が出やすいか予想する．
- 活動2　実際に試行して記録をとる．その際ノートに2から12の数を一列に記入し，正の字で記録していく．
- 活動3　和が7の付近を頂上とした正の字の山ができることを確認し，なぜ山ができたのか，その理由について話し合う．

　事前において基準Ⅰまたは基準Ⅱであ

った児童が33人いたが，事後にはその内の26人が基準Ⅳまたは基準Ⅴへと変容した。そして，事前と事後における評価基準を達成した児童の比率の差に統計的な有意差が認められた。

4　研究上の意義

イギリスのナショナルカリキュラムやアメリカのNCTMのスタンダード等の諸外国のカリキュラムに初等段階から位置づいている確率の内容を小学校学習指導要領に設定する提案に根拠を与えた。

5　研究の課題

本研究でも実施されている縦断的・横断的な確率判断に関する調査研究の継続的な実施と確率概念の発達を促す学習材の開発が課題とされた。

表1　パフォーマンス課題とルーブリック（松浦，2009，p.9.）

【パフォーマンス課題】
2つのサイコロを，同時に，何回もころがします．2つのサイコロの目の「和」について，予想しましょう．
(1) ①どの数（和）が出やすいと思いますか．②そのように考えた理由がかける人はかきましょう．
(2) ①出にくい数（和）はありますか．②そのように考えた理由がかける人はかきましょう．
【評価規準】
2つのサイコロを振り，目の値の和を記録する実験において，標本空間を具体的に捉えることを通して複合事象と単一事象を認識し，結果を予想することができる．

	評価基準	児童のパフォーマンス事例
Ⅴ	2つのサイコロの目の値の和が7となる事象の標本点が6で最も多く，和が2や12となる事象の標本点は1つしかないことを，その他の事象の標本点とともに具体的に示している（標本点の示し方は，「1＋1」や「1・1」など，児童の表現の工夫を認める）．	(1) ①7がたくさん出る． ②7が一番たし算の式が多いから，7が多く出る． 2・・1＋1 3・・1＋2，2＋1 4・・1＋3，2＋2，3＋1 5・・1＋4，2＋3，3＋2，4＋1 6・・1＋5，2＋4，3＋3，4＋2，5＋1 7・・1＋6，2＋5，3＋4，4＋3，5＋2，6＋1 8・・2＋6，3＋5，4＋4，5＋3，6＋2， 9・・3＋6，4＋5，5＋4，6＋3 10・・4＋6，5＋5，6＋4 11・・5＋6，6＋5 12・・6＋6 (2) ①2と12が出にくい． ②2は1＋1，12は6＋6の式しかないので．
Ⅳ	目の値の和が7となる事象の標本点の数は他の事象の標本点の数と比較して最も多いことを示している．さらに，和が2や12となる事象の標本点は最も少ない（1つしかない）ことを示している．	(1) ①7がたくさん出る． ②2〜12のどの数よりも，「何＋何」の式の数が一番多いのが7だから． (2) ①2と12が出にくい． ②2と12は，式が1つしかないので．
Ⅲ	複合事象や単一事象の標本点に基づく判断と，生活経験または主観に基づく判断が混合している．	(1) ①6と7と9が出やすい． ②実験をしたら，この3つが一番多かったから． (2) ①2と12が出にくい． ②12と2は，式が一通りしかないから．
Ⅱ	生活経験に基づき，標本点の多い事象（目の値の和が7または6や8など）を出やすい事象として選択している．または，標本点の少ない事象（目の値が2，12，3，11など）を出にくい事象として選択している．	(1) ①7がたくさん出る． ②実験したとき，7が一番多かったから． (2) ①2が出にくい． ②実験して，2が一番少なかったから．
Ⅰ	・標本空間の標本点に関する記述はなく，どの事象も同等に起こりやすいものと考えている． ・生活経験に基づいて主観的に事象を選択している． ・根拠なく，事象を選択している．	(1) ①どの数（和）も同じぐらいたくさん出る． ②サイコロは運だから，出やすい数はない． (2) ①出にくい数はない． ②サイコロは運だから，とくに出にくい数も出やすい数もないから．

事例②：
1 タイプの定義と説明
　児童の自己評価と相互評価の適切さをそれらと指導者による評価との一致度により実証した研究である。
2 事例とその論文構成の説明
　大後戸ほか（2009）は，体育授業における「首はねおき」の運動技能の達成度に関する自己評価と相互評価の適切さを小2と小4と小6の児童間で比較することを通して，体育授業で用いられるペアや小集団による児童間の相互観察による運動学習の有効性と限界を明確にした。

表2　「首はねおき」の評価基準
（大後戸一樹ほか，2009，p.5.）

局面	観点	3	2	1
準備	1．膝が折れずに，伸びていますか．	上の方まで折れない	動き始めるとすぐに折れる	準備から折れている
主要	2．足は，勢いよく振れていますか．	すごく速くて，勢いがある	遅くはない	ゆっくりすぎる
主要	3．天井が見えたころ，体を反り始めていますか．	ちょうどいい	ずれている（早い・遅い）	反っていない
主要	4．背中が，フワッと上に浮いてきますか．	フワッと上に浮く	背中はつかないが，フワッとしてない	背中がついた
終末	5．足が着地した時に，頭がマットから離れていますか．	頭が離れて横を向いている	離れているが，上を向いている	まだ頭がマットについている

3 研究の手続き
　小学校2年（78人），4年（79人），6年（73人）を対象に，図1の「首はねおき」を全5回で1週間に1回，各30分練習させた。そしてその前後に，表2の「『首はねおき』の評価基準」を用いて，運動技能の達成度を，ペア学習の子どもに自己評価と相互評価させた。
　小学生が行う運動技能の評価の適切さは，自己評価よりも相互評価の方が適切に行えることや，運動技能のレベルが高い児童ほど自己評価

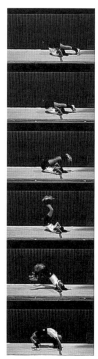

図1　「首はねおき」の運動経過

と相互評価が適切に行える傾向がみられた。また，自己評価が難しいと思われる運動のタイミングの観点について，他者観察に基づく「ペア児童への評価」は学年が進むにつれその適切さが向上した。
4 研究上の意義
　ペアや小集団による児童間での相互観察による教え合いの学習が，高学年では適切な相互評価により子どもの運動学習の調整に有効な情報を提供するフィードバック機能を果たすことが，「首はねとび」の学習において実証された。
5 研究の課題
　ボール運動や表現運動等の器械運動と特性の異なる教材についても自己評価や相互評価の適切さを調査する課題が残された。運動の自己評価が難しい児童に対し，自己評価を修正する働きかけが必要とされた。それを可能にするビデオ映像等の教材開発も課題である。

Ⅲ　おわりに

　教科教育では，学習指導要領に示され

た目標や内容を前提として，それらの目標や内容の効果的な習得のために評価で入手した情報を活用し，指導や学習を改善する授業研究が蓄積されてきた。また，学習評価の結果を根拠にして，学習指導要領の目標や内容自体を問い直す教科教育の研究も行われてきた。ただし，それらの研究は，教科の根拠となる文化や学問の内容の系統性を根拠とした指導内容の組み直しに留まっている。教科教育においても「実社会」や「生活」で用いる「リアルな課題」を指導し「総合的な深い理解力」（田中編2002, pp.24-30.）を評価することが求められる。　　　（木原成一郎）

○引用参考文献
(1) 教科共通
B. S. Bloom, J. T. Hastings, G. F. Madaus（1971），*Handbook on Formative and Summative Evaluation of Student Learning*, McGraw-Hill.（ブルームほか著，渋谷ほか訳（1973）『教育評価法ハンドブック：教科学習の形成的評価と総括的評価』第一法規出版，ブルームほか著，渋谷ほか訳（1973, 1974）『学習評価ハンドブック（上）（下）』第一法規出版.）
J. H. Block, L. W. Anderson（1975），*Mastery learning in classroom instruction*, Macmillan. ブロックほか著，稲葉宏雄，大西匡哉監訳（1982）『教科指導における完全習得学習』明治図書.
梶田叡一（2002）『教育評価〔第2版補訂版〕』有斐閣.
教育目標・評価学会（2010）『「評価の時代」を読み解く　上下』日本標準.
西岡加名恵（2003）『教科と総合に活かすポートフォリオ評価法』図書文化社.
西岡加名恵，石井英真，田中耕治編（2015）『新しい教育評価入門』有斐閣.
田中耕治編著（2002）『新しい教育評価の理論と方法１, ２』日本標準.
田中耕治編著（2010）『よくわかる教育評価　第2版』ミネルヴァ書房.
(2) 各教科
堀哲夫編著（2004）『一枚ポートフォリオ評価　理科』日本標準.
堀哲夫，西岡加名恵（2010）『授業と評価をデザインする理科』日本標準.
井上奈穂（2015）『社会系教科における評価のためのツール作成の論理』風間書房.
片山嘉雄ほか編（1994）「第6章　英語教育評価論」『新・英語科教育の研究（改訂版）』大修館書店.
花篤實，竹内博，東山明編著（1994）『美術教育の理念と創造』黎明書房.
木原成一郎（2014）『体育授業の目標と評価』広島大学出版会.
松浦武人（2009）「初等教育における児童の確率概念の発達を促す学習材の開発研究」日本数学教育学会誌『数学教育学論究』91, pp.3-13.
水川隆夫（1992）『説明的文章指導の再検討：到達目標・到達度評価論の立場から』冬至書房.
望月朋子（2013）「中学校技術・家庭（家庭分野）『食生活の課題と実践』の生徒の相互評価カードを活用した授業実践の試み」『日本家庭科教育学会誌』56(1), pp.43-47.
日本音楽教育学会（2012）『音楽教育実践ジャーナル』10(1)（特集：「評価」再考）.
野地潤家，倉沢栄吉監修（2012）『朝倉国語教育講座5　授業と学力評価』朝倉書店.
大後戸一樹ほか（2009）「小学校の体育授業における児童の運動技能の評価に関する実践的研究」『体育科教育学研究』25(2), pp.1-14.
尾崎誠，中村祐治，上野耕史（2013）「『技術を評価・活用する能力と態度』の到達レベルの設定とそれに基づく授業実践事例の分析」『日本産業技術教育学会誌』55(1), pp.43-52.
齋藤昇（2010）「評価」日本数学教育学会『数学教育学研究ハンドブック』東洋館出版社.
高橋健夫編著（2003）『体育授業を観察評価する』明和出版.
棚橋健治（2002）『アメリカ社会科学習評価研究の史的展開』風間書房.

教科教育の教師教育研究

1. 欧米と日本における教師教育研究の動向を知る。
2. 教科教育の教師教育研究とは，何をどのように研究することなのか。
3. 教員養成と現職教育における先行研究を概観する。
4. 教師教育研究の研究方法論とはどのようなものか。
5. 今後の教科教育の教師教育研究を展望する。

はじめに：問題の所在

「教育は人なり」とよくいわれるように，人間形成に貢献するのが教育である。そして教科教育学は，教育活動を人間形成の具体的実現に即して研究しようとする学際的かつ総合的な実践科学として捉えてきた歴史がある（松浦・角屋, 2004）。また子供の人間形成を核として，豊かに育て能力を引き出す営みを支える存在が教師である。つまり，国家の人づくりは教師の双肩にかかっている。したがって，どの国であれ質の高い教育をするならば，教師の専門性をいかに高めるかが重要な鍵となる。

しかし，教師に関する研究において高井良（2007）は，「1996年以降2006年までの『教育学研究』に掲載された投稿論文（研究ノートを含む）のうち，タイトルに「教師」を含むもの，あるいは明らかに教師研究の範疇に入るものは，わずか5本にとどまっている」と指摘している。さらに，「『教師研究』の占有率は7％弱

に過ぎず」（高井良, 2007），日本において「教師研究」に着目する研究は少数派であった。

ところで1970年代以降，欧米を中心に教師教育政策への議論が活発になされるようになった（e.g. Darling-Hammond & Liebermann, 2012）。しかも，教師教育を教員養成の段階から現職教育までの継続的過程と捉えることが国際的な共通認識となり，それぞれの段階における研究が着手され始めたのである（高野, 2008）。

他方，そのような変革の議論は，日本における教育改革にも影響を及ぼしている。しかしながら，先で述べた高井良（2007）の指摘や「1980年代以降の教師教育政策は，欧米諸国に比較して停滞したものであると評価せざるを得ない状況との批判」（吉岡, 2008）といった課題が日本の教師教育研究にはある。

I 目的

では，その教師の専門性や職能成長のために，教科教育における教師教育研究

はどのように貢献できているのであろうか。また，教師教育研究は，一体，どのような「教師」を指し，「教師」の何を研究するのか。その疑問に対する答えの一端を教科教育における教師教育に関する先行研究を概観する中で明らかにしていきたい。

そこで本稿では，以下の２つのアプローチから教科教育における教師教育研究の実態と課題を明らかにする。
(1) 近年の教師教育研究の動向を概観しながら教師教育に関する先行研究を整理し，その特徴を明らかにする。
(2) 上記の知見から，教科教育の教師教育研究における今後の展望を述べる。

Ⅱ 教師教育研究の動向における特徴

本節では，便宜上，教師教育を「教員養成」と「現職教育」に区分して研究の動向を概観する。

なお，本稿では，教師教育における「教員採用」に関しては研究数も少数であり，しかも紙幅の関係上割愛する。

1．教員養成に焦点化した研究

この領域に関する代表的な研究は，「教師の力量形成」と「省察（reflection）」の２つの側面であろう。

第１の「教師の力量形成」におけるキーワードは，実践的指導力，職能成長，教師の授業観や知識が挙げられる。

教員養成段階で学生が最小限身につけるべきものとして，「実践的指導力の基礎」(教養審第１次答申，1997) が提言されて久しい。それは，「採用当初から教科指導，生徒指導等を著しい支障が生じることなく実践できる資質能力」を指す。そして，そのようなキーワードの内実を明らかにしようとする教科指導における授業観や信念，さらに教師の意思決定や知識といった研究を散見することができる。

例えば，教師の知識領域とその思考の構造の解明に向けた研究として，Even & Ball (2009) は，数学科教師の職能成長について有益な著書を出版している。その中で数学科教育実習生における知識や態度，そして信念といった点に関して言及している。

さらに，信念の研究に関しては，日本において先行研究を散見することができる。例えば，菅 (2002) は音楽科教育実習における実践的力量形成に関する研究として授業観察記述と実習録の分析を通して，教師としての信念形成における重要性を言及している。また，同様に教員養成の学生における体育授業観の変容に関する事例研究（嘉数・岩田，2013）もみられる。加えて，教員養成段階における教科指導力（授業構成能力）の効果的な育成のあり方として理科授業観の形成と変容の研究（山崎，2008）や社会科の研究（棚橋ほか，2014）が挙げられる。これらはまさに「教師は授業で勝負する」といわれるように，教員養成段階における学生たちの授業観の変容や教授技術の変容を意図した研究であることがわかる。

第2に,「省察 (reflection)」というキーワードである。教師教育は当然のことながら教員養成においても「省察」という概念は重要な意味を持つ（ショーン,2007）。その概念の定義や意義に関しては,非常に複雑かつ多義的な議論 (e.g.,遠藤,2014；久保,木原,2013）がなされているため,紙幅の関係上その点は省略する。したがって,「リフレクション」「省察」というキーワードをもとに実証的に研究しているものに限定して紹介したい。

例えば,「各教科の指導法に関する科目」において,模擬授業で適用すべき「リフレクション・シート」や教育実習前後における心配調査などの学生たちの「省察」の変容を意図した研究（木原,2011）がみられる。そして,松宮・森田(2016) の教員志望学生が英語母語話者とのティーム・ティーチング形式での模擬授業から得る学びと指導への自信を明らかにした研究や,杉山・山崎（2016）の小学校理科の模擬授業における教師知識形成を目指した協働的省察の効果の研究なども興味深い。

以上より,教員養成に焦点化した研究では,教師の卵としての職能開発を「実践的指導力」,教師の授業観や知識,そして「省察」といった側面からその内実を問うような研究が蓄積されつつある。

2.現職教育に焦点化した研究

この領域に関する代表的な研究は,「教師の力量形成」と「教師のキャリア形成」の2つの側面であろう。

第1の「教師の力量形成」におけるキーワードは,実践的指導力やメタ認知といったものである。また,そのような知識・能力を培うための教員研修のあり方や授業研究のあり方についての研究も散見することができる。

例えば,国語科教師教育の課題（全国大学国語教育学会編,1997）や英語教育教師論として「英語教師のミニマム・エッセンシャルズと研修」（片山ほか,1994）といった図書が1990年代にすでにみられる。また近年では,社会科教師の職能発達についての研究（五十嵐,2011）や,国語科教師の学び合いによる実践的力量形成の研究として協働学習的アクション・リサーチの提案（細川,2013）が挙げられる。さらに,美術科教師教育学の研究（井上,金子,2007）なども特筆すべき図書であろう。

一方,教師の力量形成をアンケートなどの量的研究によって明らかにしようとする研究もある。例えば,小林・岳野(2015) の関東地区の公立中学校の家庭科教師の専門性の発達を明らかにした研究などである。このような研究は,時代の変化に伴う教師の力量形成の実態を明らかにしていく研究であり不易と流行が存在するであろう。

加えて,加藤 (2002) の数学指導における教師のメタ認知的活動に関する研究や,木下・松浦ほか (2005) のメタ認知に対する教師の意識と実態に関する基礎的研究といった教師のメタ認知に関する研究も散見することができる。

第2の「教師のキャリア形成」におけ

るキーワードは，教師の葛藤やバーンアウト，そしてライフ・ヒストリーといったものが挙げられよう。

とりわけ，初任期の教師は，「リアリティ・ショック」といわれる学校適応への困難さに直面する（Gold, 1996）。それに伴う離職を抑制しようとする研究を近年多く目にする（木原，2011）。さらに，中堅教師やベテラン教師におけるバーンアウトについても大きな課題として挙げられよう（紅林，1999）。

一方，藤原ほか（2006）の国語科教師の実践的知識へのライフ・ヒストリーの研究は，実践経験の位置づけや教師人生の様相を描写した大変有益な質的研究の1つであろう。

以上より，現職教育に焦点化した研究は，教師の力量形成やキャリア形成を多様なアプローチから明らかにし，職能成長を支援するための方策や教員研修の在り方を問う研究が蓄積されつつある。

おわりに

これまで，教科教育における教師教育研究の背景と動向を概観してきた。本節では，今後の展望について，以下の3つの視点から述べる。

(1) 教師教育研究の焦点化と連続性

周知のとおり，現在，教師教育を「養成と研修の一体化」として捉えることは重要である。しかし，教師教育研究を具体的に研究する際に，どうしても教師教育のどの段階における研究に着手するのかを焦点化せざるを得ない。

一方で，「木をみて森をみず」であってはならない。なぜならば，教師教育の連続性を意識しながら研究を進めなければ，生涯「学び続ける教師」としての力量形成や職能成長に対する研究が望めなくなってしまうからである。すなわち，教師教育研究を横断的かつ縦断的視点で研究を進めることが重要となる。

(2) 教師教育研究の研究方法論の吟味

教師教育研究の研究方法としては，大きく3つのアプローチがあるであろう。それは，量的研究，質的研究，そして混合研究（クレスウェル，2010）である。さらに，それらのアプローチに加えて，データ収集の方法や分析方法，そして信頼性と妥当性の確保の方略も検討しなければならない（メリアム，2004）。もちろん，質的研究のように事例研究となれば，研究倫理に十分に配慮して計画的に実施することが求められよう（坪田，2015）。

体育に限定すれば英文学術誌における教師教育研究は，質的研究と混合研究を含めた質的データを用いた論文が多くを占める傾向にある（四方田ほか，2015）。しかし，日本における教師教育研究の理論的枠組みや質的データの収集及び分析方法や信頼・妥当性の確保は，英語圏の論文ほど体系化されているとは言い難い（四方田ほか，2015）。

したがって，今後は教科教育の各教科において共同的に教師教育研究の研究方法論を検討していくことも必要である。

(3) 教師教育を支える教師教育者の養成と成長

日本において「教師教育者」という用語はほとんど使用されておらず，明確な概念が存在している訳ではない。

一方，欧米においては，すでに「教師教育者」（Teacher Educator）の研究が先駆的に着手されている。教師教育者は，高等教育機関や各種学校において教員養成や現職教育に公式に従事している人々であり（Swennen & Van der Klink, 2008），学校を基盤にした教師教育という考えのもと，教育実習生やメンターのサポートに徹している。例えば，教師教育者の役割を明確にした研究（Lunenberg, M. et al., 2014）や教師教育者のアイデンティティの研究（Dam & Blom, 2006）などがある。

しかし，日本ではいわゆる「教師教育者」の養成と成長に関する研究は未開拓である（藤本，2010；草原，2016）。しかも，日本の文脈における教師教育者とは誰を指し，どのような養成や成長モデル，そして役割があるのかは検討されていないのが現状である（岩田，2016）。

したがって，「教師」の質を規定する「教師教育者」の養成や成長に関する研究は，今後の教師教育研究において焦眉の課題となってくるであろう。

以上，3つの視点から今後の教師教育研究の展望を述べてきた。重要なことは，3つの視点を有機的に結び付け「線」にしていくような研究を蓄積することである。その突破口の1つが各教科における教科教育の教師教育研究の充実である。それがひいては，日本の教師教育改革に結実していくことを願っている。

（岩田昌太郎）

○引用参考文献

Darling-Hammond, L. & Liebermann, A.（2012）*Teacher education around the World: Changing policies and practices*. New York, NY: Routledge.

ドナルド・A・ショーン著，柳澤昌一，三輪建二監訳（2007）『省察的実践とは何か』鳳書房.

遠藤貴広（2014）「教員養成カリキュラム改革実践の批判的省察－省察の深さとその評価をめぐって－」『教師教育研究』7，pp.163-183.

Even, R., Ball, D.L. (eds.)（2009）*The professional education and development of teachers of mathematics*. The 15th ICMI Study. Springer.

藤原顕，松崎正治，遠藤瑛子（2006）『国語科教師の実践的知識へのライフヒストリー・アプローチ－遠藤瑛子実践の事例研究』渓水社.

藤本駿（2010）「米国における教師教育スタンダード開発の動向―「教師教育スタンダード」に焦点を当てて」西日本教育行政学会『教育行政学研究』31，pp.27-37.

Geert T. M. ten Dam & Sarah Blom (2006) Learning through participation. The potential of school-based teacher education for developing a professional identity, *Teaching and Teacher Education*, 22, pp.647-660.

Gold, Y.（1996）Beginning teacher support: Attrition, mentoring, and induction. In Sikul J. (Ed.) *Handbook Research on Teacher Education*, 2nd ed., pp.548-594, New York Macmillan.

細川太輔（2013）『国語科教師の学び合いによる実践的力量形成の研究―協働学習的アクション・リサーチの提案』ひつじ書房.

井上正作，金子一夫編（2007）『美術科教師教育学の研究』大学教育出版.

岩田昌太郎（2016）「最近の教師教育政策」桶谷

守，小林稔ほか編『教育実習から教員採用・初任期までに知っておくべきこと―「骨太の教員」をめざすために―』教育出版，pp.3-6.
五十嵐誓（2011）『社会科教師の職能発達に関する研究―反省的授業研究法の開発―』学事出版.
J.W. クレスウェル，V. L. プラノクラーク著，大谷順子訳（2010）『人間科学のための混合研究法―質的・量的アプローチをつなぐ研究デザイン』北大路書房.
加藤久恵（2002）「数学指導における教師のメタ認知的活動に関する研究」『全国数学教育学会誌』8，pp.201-214.
片山嘉雄ほか編（1994）『新・英語科教育の研究（改訂版）』大修館書店，pp.335-343.
嘉数健悟，岩田昌太郎（2013）「教員養成段階における体育授業観の変容に関する研究―教育実習の前後に着目して―」『体育科教育学研究』29(1)，pp.35-47.
木原成一郎（2011）『教師教育の改革』創文企画.
木下博義，松浦拓也，角屋重樹（2005）「メタ認知に対する教師の意識と実態に関する基礎的研究：理科学習指導についての質問紙調査を通して」『日本教科教育学会誌』28(3)，pp.83-89.
草原和博（2016）「教師教育者に求められる専門性とは」『国際シンポジウム：広島大学2016年2月8日（資料）』.
久保研二，木原成一郎（2013）「教師教育におけるリフレクション概念の検討」『広島大学大学院教育学研究科紀要第Ⅰ部』62，pp.89-98.
紅林伸幸（1999）「教師のライフサイクルにおける危機―中堅教師の憂鬱―」油布佐和子編『教師の現在・教職の未来』教育出版.
小林陽子，岳野公人（2015）「家庭科教師の専門性の発達：家庭科教師教育の視点から」『日本家庭科教育学会誌』58(2)，pp.69-78.
Lunenberg, M., Dengerink, J. & Korthagen, F.（2014）*The Professional Teacher Educator*. Rotterdam: Sense Publishers.
松浦拓也，角屋重樹（2004）「教科教育学研究の研究動向と展望：教科教育学的視点からの理科教育学研究の動向」『日本教科教育学会誌』26(4)，pp.69-76.
松宮奈賀子，森田愛子（2016）「教員志望学生が英語母語話者とのティーム・ティーチング形式での模擬授業から得る学びと指導への自信」『JES journal』16，pp.195-210.
メリアム著，堀薫夫ほか訳（2004）『質的調査法入門：教育における調査法とケース・スタディ』ミネルヴァ書房.
菅裕（2002）「音楽科教育実習における実践的力量形成に関する研究：授業観察記述と実習録の分析を通して」『日本教科教育学会誌』25(3)，pp.27-36.
杉山雅俊，山崎敬人（2016）「小学校理科の模擬授業における教師知識形成を目指した協働的省察の効果」『理科教育学研究』56(4)，pp.435-445.
Swennen, A. & Van der Klink, M.（2009）*Becoming a teacher educator: Theory and practice for teacher educators*. Springer Publishers.
高井良健一（2007）「教師研究の現在」『教育学研究』74(2)，pp.113-122.
高野和子（2008）「教師教育の質的向上策―採用以降に関わる改革の国際的動向―」『日本教師教育学会年報』17，pp.17-24.
棚橋健治，渡邉巧，大坂遊，草原和博（2014）「教員志望学生の社会科授業プランになぜ違いが生じるのか：教科指導力の育成のあり方に示唆するもの」『学校教育実践学研究』20，pp.125-139.
坪田一男（2015）『理系のための研究ルールガイド』講談社.
山崎敬人（2008）「教師志望学生の理科授業観の形成と変容―初等理科教育法Ⅰにおける調査から―」『学校教育実践学研究』14，pp.21-30.
吉岡真佐樹（2008）「教師教育の質的向上策と養成制度改革の国際的動向」『日本教師教育学会年報』17，pp.8-16.
四方田健二，須甲理生，岡出美則（2015）「英文学術誌掲載論文における体育科教師教育研究の研究方法の動向：2002年―2011年の10年間を対象として」『体育学研究』60(1)，pp.283-301.
全国大学国語教育学会（1997）『国語科教師教育の課題』明治図書.

教科教育における道徳の研究

1. 教科教育における道徳の研究はこれから始まる。
2. 道徳の本質を押さえて従来の教科体系にどのような変化を与えるのかを理解する。
3. 「特別の教科　道徳」の教育課程における位置付けを明確にする。
4. 「特別の教科　道徳」の目標、内容、評価、方法について総合的に研究していく。
5. 子ども自身の道徳的自己成長（モラル・アクティブ・ラーナーとなること）を促す研究に重点を置くこと。

はじめに

道徳は、2015（平成27）年3月より「特別の教科　道徳」として教育課程に位置付けられた。従って、本格的な研究は、これからということになる。これからの「特別の教科　道徳」の研究の視点を中心に述べてみたい。

I　教科教育における「特別の教科　道徳」の位置付け

まず、研究として早急に明らかにすべきは、教科教育における「特別の教科　道徳」の位置付けである。教科教育学全体の構図に関わるものでもある。

ここでの論点を整理しておこう。

1. 道徳の特質

そもそも道徳は、従来の教科の特質をもっているのか。否である。一般的に教科は、学習分野全体の中から専門分化していくことによって成り立つ。道徳は、それらすべてに関わって、共通する道徳的価値の側面を統合していくものである。

しかも、道徳は、人格の基盤となる道徳性の育成を目的とする。道徳性の育成を図るという、教育の根幹に関わる道徳の教科としての特質を、どのように押さえるかは、教科教育学全体にとっても極めて重要な課題である。

2. 道徳が教科に入ることで教科教育学体系がどのように変わるのか

以上のような特質をもつ道徳が、教科の中に入ったことにより、教科の概念そのものを今までと違った形で再定義する必要がある。一般に、教科の構造を見ると、内容とそれによって養われる資質・能力が含まれる。内容の部分は独自であるが、資質・能力の部分は共通性をもつ。道徳科は、その資質・能力にあたる部分が、独立して新たな教科になったと捉えることができる。

ただし、道徳の資質・能力は、人格の

基盤となる道徳性を構成する道徳的諸価値ということになる。従って，道徳を教科の枠に入れることによって，各教科の学習が教育の目的である人格の完成を目指すこととより関連をもてることになる。

3．「特別の教科　道徳」の教科体系における位置付け

今回の道徳の教科化は，既存の教科と横並びではなく，教科の中に「特別の教科」という枠を設けて，そこに道徳を置いている。このことの意味をどのように捉えるかである。道徳の特質から，スーパー教科的意味合いをもつと考えられる。

また，道徳は，教科との関連だけではなく，特別活動や総合的な活動の時間や外国語活動（小学校のみ），学校での日常生活や家庭や地域での生活等とも関連をもつ。それらも含めて教育課程全体における位置付けを明確にする必要がある。

以上を考慮し，教科教育体系の再編，さらには教育課程体系の再編に向けた研究が，早急に求められる。

II 「特別の教科　道徳」の目標，内容，評価，方法に関する研究

「特別の教科　道徳」の研究において，基本は，各教科と同様に，目標，内容，評価，方法である。

1．目標の研究

「特別の教科　道徳」の目標は，道徳教育の目標を達成するうえで，要としての役割が果たせるように規定されている。道徳教育の目標は，まず人間としての自分らしい生き方について考えられるようになることを求める。そして，人間としての自分らしい生き方を具体的な生活や学習活動等において追究していくことを通して，社会的に自立した人間となっていくことを求めている。

「特別の教科　道徳」の目標は，その道徳教育の要としての役割が果たせるように，まず「道徳的諸価値について理解」を深めることを求めている。次に，そのことを基にして，「自己を見つめる」ことを求めている。さらに，「道徳的諸価値の理解を基に」「物事を（広い視野から）多面的・多角的に考え」ることを求めている。この3点を踏まえて，人間としての自分らしい生き方についての考えを深める学習を通して，道徳性の根幹にある「道徳的判断力と道徳的心情と道徳的実践意欲と態度」を養っていくのである。

この目標をどのように分析していくか。道徳教育の目標は，結局自己教育力を育てるということになる。そのためには，自己評価，自己指導を基にして自己成長を図れるようにすることが基本になる。「特別の教科　道徳」の目標もそのような視点から分析すると，より理解を図ることができる。

「特別の教科　道徳」の目標を吟味すると，「自己を見つめる」とか，「物事を多面的・多角的に考える」といった方法に関わる文言も書かれている。つまり，「特別の教科道徳」の目標は，方法と一体となって成り立つのである。このような目標

の分析研究を通して,道徳教育とは何かについての議論を深めることが望まれる。

2．指導内容の研究

「特別の教科　道徳」の指導内容は,4つの関わりごとに,かつ学年段階ごとに重点的に示されている。このことは何を意味するのか。道徳性は,日常生活における様々な関わりを通して身につくものである。その基本的なものが,自分自身,人,集団や社会,生命・自然・崇高なものだということである。これらの関わりを豊かにしていくために求められる道徳的価値意識を,発達段階を考慮して示しているのが,指導内容項目である。

「特別の教科　道徳」の授業では,それぞれの道徳的価値を人間としてよりよく生きるという視点から捉え直し,自己を見つめ,自己の成長を実感するとともに,これからの課題を確認し,追い求めようとする意欲,態度を育てる。

そして,事後の様々な学習活動や日常生活において,それらの関わりをより豊かにもてるようにしていくことが,道徳的実践ということになる。つまり,道徳的実践とは,これら4つの関わりを豊かにするための道徳的価値の自覚を深めることを通して,実際の生活や学習活動の中で関わりを豊かにしていくことだと捉えられる。

しかし,道徳の指導内容は,これだけでよいのだろうか。他の教科であれば,それぞれの指導内容項目に対して具体的な指導のポイントとなる内容が書かれている。また,これらの内容項目を指導するうえでの前提となる風土づくりや基本的姿勢に関する指導内容,さらには子どもたちの心の状態への対応に関する指導内容も必要ではないか。指導内容項目それぞれの検討(発達段階ごとの指導内容も含めて)や全体構成についての研究とともに,さらに指導効果を上げるための指導内容の研究が求められる。

なお,各教科等における道徳教育と「特別の教科　道徳」とを関連づける指導や,さらに発展させて,学級経営や学校経営と関わらせての指導に関する研究も重要である。

3．「特別の教科　道徳」の評価研究

「特別の教科　道徳」の評価観は,従来の評価観を180度転換することを求めている。つまり,教えたことをどの程度理解し身につけたかを中心とする評価観から,子どもたちが本来もっているよりよく生きようとする心をいかに目覚めさせ,引き出したかを中心とする評価観である。具体的には,一人一人の子どもが,「特別の教科　道徳」の授業を通して,基本的な道徳的価値に関わって,道徳的心情や道徳的判断力,実践意欲や態度がどのように成長しているかをしっかりと観察し,文章で伝えることが求められる。

「特別の教科　道徳」の評価は,子どもたち自身が自己評価力を高め,課題を見出し,自己指導できる力の育成に資するようにすることが大切である。そのためには,子どもたちが学習記録を残せる

ようにする。ポートフォリオ評価は「特別の教科　道徳」においてこそ重視する必要がある。道徳ノートを工夫することによって，道徳学習の積み重ねと成長を実感する（自己評価，自己指導も含めて）ことができる。また，子どもたちの実態や課題，成長の度合い等を確認しながら，指導の充実を図っていくことができる。

　このことに併せて，一人一人の実態を把握し，指導課題を明らかにする必要がある。そのためには，それぞれの指導内容に関わる評価基準の作成も求められる。

　しかし，それは子どもに示す評価に使うのではない。いかにその子のよりよく生きようとする力を引き出すかの糸口となるものである。その糸口から見えてきた伸びしろを評価するのである。これらに関わる具体的な研究が求められる。

4．指導体制や指導計画に関する研究

　このような，「特別の教科　道徳」を要として道徳教育に取り組む基本的な研究として，次の3点を挙げたい。

(1) 道徳教育推進教師を中心にチームで組織的に取り組む工夫

　学校教育の中核として道徳教育を機能させるためには，道徳教育推進教師を中心にチームを組織し，協働的に取り組んでいく必要がある。各学年の代表や道徳主任，特別活動主任，研究主任等を道徳教育部のメンバーとして協働的に取り組めるようにする。それらに関わる具体的な研究（特に組織の作り方と機能のさせ方）が求められる。

(2) 道徳教育の全体計画の再検討と実動化の工夫

　道徳教育の全体計画の見直しは，基本的な押さえをしたうえで，学年での道徳教育の取組や各教科等における道徳教育（別葉も含めて），学校環境の充実，家庭や地域との連携について，具体的に行動目標を示す必要がある。また，全体計画が各学年段階の道徳教育の全体計画，各学級における道徳教育の全体計画へとつながっていくようにする。各教科等における道徳教育の指針を各教科等の年間指導計画や単元の指導計画，学習指導案に具体的に反映させることも大切である。

(3) 「特別の教科　道徳」の年間指導計画の工夫

　年間指導計画を見れば学校における道徳教育の中核が読み取れるようにする。学校の独自性を踏まえた重点的な授業や，他の教育活動や日常生活との関連を図る授業，子ども自身がそれぞれの道徳的価値の視点から自己を見つめられるとともに，トータルとしての自己を見つめ，成長を実感し，課題を見出し，取り組んでいけるような授業がうまく組まれているか，等もポイントになる。また，年間を通して，じっくり考えさせる授業，ぐっと心に迫る授業，心をリラックスさせる授業，楽しめる授業等がバランスよく配置されていることも大切である。

5．道徳の授業の改善の研究

　指導方法は，常に目的との関連で考える。目的と方法を一体的に捉えることに

よって，多様で効果的な方法を開発できる。そのことを踏まえて，改善のための研究のポイントを3点述べておきたい。

(1) 多様な教材の工夫

「特別の教科　道徳」を活性化するためには，教材が大きな役割を果たす。読み物教材だけではなく，体験に基づく教材，ビデオ教材，インターネットを活用した教材等を使っての授業が求められる。そして，多時間扱いの授業，校長・教頭の参加や他の教師によるＴ・Ｔ（3人とか，学校種の異なる先生とも考えられる）等も取り入れる必要がある。

また，それぞれの指導内容項目に関する指導に資する教材の工夫は当然として，自分を複数の道徳的価値から見つめられる教材。人間とは何か，生きるとはどういうことか，学ぶとはどういうことかについて考えられる教材。重点的内容項目を発展的に学習できる教材。各教科等と関連をもたせて学ぶ教材。日常生活や調べる学習等と関連をもたせて学ぶ教材。家庭や地域との連携を前提とした教材等を取り入れることが求められる。

(2) 道徳的価値に照らして自己を見つめ，物事を多面的・多角的に考える授業の工夫

そのうえで，「特別の教科　道徳」の目標にある，道徳的価値の理解を深める，道徳的価値に照らして自己を見つめる，道徳的価値に照らして物事を多面的・多角的に考える，という3つを踏まえた授業をどう工夫するかである。特に次の5点を押さえる必要がある。

第1は，多様に心が動くようにすること。心が動くというのは，そこに道徳的価値が介在しているからである。多様に心が動く教材を使用する，心を動かす発問を工夫する，話し合いの内容や話し合いそのものを心が動くようにしていく，役割演技や実践的な活動も心が動くようなものにする，といったことが求められる。

第2は，心が動くおおもとを押さえる（どうしてそのように感じたのか等）こと。授業においては，道徳的価値について深く考えられるようにすることが大切である。そのためには，教材を通して自分が一番心を動かしたところを，話し合ったり考えたりする。そのときにねらいと違う価値が出てくることが多くある。それは，主価値に対する副価値と捉えられる。

第3は，状況について（背景も含めて）道徳的価値に照らして多面的・多角的に考えること。話題にしていることがどのような状況の下で起こっているのかについて理解を深めることから，どうしてそのようなことが起こるのか，どうしてそのようなことができるのか，といったことを道徳的価値と関わらせて捉えられるようにする。それは，心の動きが起こるおおもとを押さえる話し合いと，同時に行われることが多い。

第4は，その視点から自己や自分の生活や社会を見つめて，課題を見出せるようにすること。道徳的価値についての理解を深めていればいるほど，自分を深く見つめることができる。その中で自己の成長を実感するとともに，自己課題を見出せるようになる。自己を見つめるとい

うことが，自分の価値観や生き方のみならず，現実の生活における取組へと関心が向くようにすることが大切である。

　第5に自己課題を事後につなげていけるようにすること。終末段階で自己課題をもつだけでなく，そこから事後に課題追求へと動き出せるようにする。例えば，授業で使った資料や教具等を掲示して，朝の会や帰りの会等で話題にする。また学級活動や総合的な学習の時間とつなげていく。家庭での学習や自己学習を促していく（ときには宿題を課す）といったことも考えられる。

　なお，授業や話し合いの形態に関する研究も重要である。

(3) 問題解決的な授業の工夫や総合道徳学習（総合単元的道徳学習）の工夫

　以上のことをベースとして，さらに問題解決的な授業や総合道徳学習（総合単元的道徳学習）を計画する必要がある。

　問題解決力を身につけるには，「どうすればよいのか」に関する思考が重要だが，「なぜそうなったのか」「どうしてそのようなことが起こったのか」といった原因や背景に関する追求が必要である。2時間続きの授業も求められる。また，後半の1時間を学級活動における道徳教育と位置づけ，連続的に行うこともできる。総合的な学習の時間と道徳の授業と響き合わせて，プロジェクト学習型の問題解決的な学習を行うこともできる。

　さらに発展させて，重点目標や社会的課題等に関して関連する教育活動や日常生活等を密接に関わらせた指導計画を総合的道徳学習（総合単元的道徳学習）として計画し，取り組んでいくことが求められる。1〜2か月の期間で考えることによって，認知的側面，情意的側面，行動的側面について評価し，3側面をトータルに指導する計画を考えることもできる。

　具体的には，各教育活動の特質や学習内容を考慮して，調べる学習，深く考える学習，実感する学習，表現する学習，体験する学習，実践する学習等を組み合わせ，道徳的価値の自覚を深める「特別の教科　道徳」の授業と響き合わせていく。朝の会や帰りの会，掲示，家庭や地域での学び等を工夫する。朝読書，1分間スピーチ，学級新聞づくり，新聞記事等の紹介，ドラマや映画の紹介，本の紹介，体験の紹介や問題・課題の投げかけ等を工夫する，といったことが考えられる。

　このような道徳学習が学校全体のカリキュラム（カリキュラムマネージメント）の中核に位置づけられることによって，全教育活動や日常生活を通してモラル・アクティブ・ラーナーを育てるモラル・アクティブ・ラーニングが活性化していくといえよう。

　これらに関わる具体的な研究の積み重ねが大切である。押谷由夫・柳沼良太編著(2015)『道徳の時代をつくる』(教育出版)で展開されている「『特別の教科　道徳』をどう設計するか」「『特別の教科　道徳』カリキュラムを設計する」「諸外国の道徳教育から「『特別の教科　道徳』を設計する」等の発展的研究を期待したい。

(押谷由夫)

第12章 教科教育に関連する領域の研究
▶第1節　ESDの研究

1. ESDの推進における教科教育の重要性が高まっている。研究では「ESDと教科をいかに関連付けるか」という課題に取り組むことが求められる。
2. ESDの目標は、持続可能な開発に求められる原則についての理解や思考、その原則を重要とする価値観、及びその価値観に基づく行動力を育成することである。この目標に沿った教科教育の研究が理科、社会科、家庭科等で広がってきている。
3. 今後、ESDと教科教育を関連付けた授業研究とともに、カリキュラム研究や評価研究、ESDの教育学説と関係付けた理論研究が望まれる。

はじめに

現在、世界的に見て、学校教育におけるESD（Education for Sustainable Development：持続可能な開発のための教育）の必要性が盛んに指摘されている。そうした中、わが国においても、教科におけるESDの研究が次第に活発化しており、例えば、日本社会科教育学会や日本教科教育学会ではESDに関するシンポジウムが開催されたり（それぞれ2010年、2013年）、日本理科教育学会の『理科の教育』誌ではESDの特集号（2011年）が設けられたりしている。

ESDの推進における教科教育の重要性が一層高まっている。今後、これに応えていくには、「ESDと教科をいかに関連付けるか」という課題に取り組むことが求められる。本節では、その手掛かりを得るために、ESDの定義や目標、扱うべき概念を踏まえた上で、各教科における従来の研究を紹介する。

Ⅰ　定義と説明

1．ESDの定義

ESDという略語中のSD（Sustainable Development：持続可能な開発）とは、「将来の世代の欲求を充たしつつ、現在の世代の欲求も満足させるような開発」（環境と開発に関する世界委員会、1987、p.66）である。したがってESDとは、持続可能な開発あるいは発展という地球市民にとっての目的を達成するための教育であり、それは目的志向の性格を本来持っている。

2．ESDの目標

わが国におけるESDの指針は、2006年に政府の関係省庁連絡会議がまとめた『わが国における「国連持続可能な開発のための教育の10年」実施計画』に示されている。それによれば、ESDの目標は次の3点である。

①すべての人が質の高い教育の恩恵を享受すること。
②持続可能な開発のために求められる原則，価値観及び行動が，あらゆる教育や学びの場に取り込まれること。
③環境，経済，社会の面において持続可能な将来が実現できるような行動の変革をもたらすこと。

このうち，①はESDの実現の前提となる目標であり，③はESDの究極目標である。したがって教育の場においては，②の目標を具体化することが求められる。すなわちその目標は，環境の保全と回復といった持続可能な開発に求められる原則について理解したり考えたりすること，そうした原則を重要とする価値観を持つこと，そしてその価値観に基づく行動力を身に付けることであるといえる。

3．ESDで扱うべき概念

持続可能な開発に求められる原則は，環境の保全と回復をはじめ，天然資源の保全，世代間の公平，地域間の公平，男女間の平等，社会的寛容，貧困削減，公正で平和な社会など，実に多様である。しかし，これらの原則に含まれる概念はいくつかにしぼられる。

例えば，国立教育政策研究所の『学校における持続可能な発展のための教育（ESD）に関する研究　最終報告書』(2012) では，「相互性」「多様性」「有限性」「公平性」「責任性」「協調性」が挙げられている。また，持続可能な社会の構築を意図して改訂された『環境教育指導資料（小学校編）』(2007) では，環境をとらえる視点ということで，「循環」「多様性」「生態系」「共生」「有限性」「保全」「生命尊重」「生命の連続性」が例示されている。これらはESDで扱うべき基本的な概念であると考えられる。

Ⅱ　研究事例

ESDと教科教育を関連付ける研究は多岐にわたる。それは目標，内容，教材，方法，授業，そして教師教育の研究に広がっている。ここでは実践の直接的な手掛かりを得るために，授業の研究を取り上げる。研究論文の構成と特徴，及びその意義について概説する。

1．ESDと理科授業

藤井ら (2013) は多様性の概念に着目し，ESDの視点に立った小学校理科の授業を提案している。研究内容の中心は，ESDの視点に立った理科授業の構想（3節）と展開（4節）の部分からなる。

> 1．はじめに
> 2．ESDの目標，及びESDで扱うべき概念
> 3．ESDの視点に立った理科授業の構想
> 4．ESDの視点に立った理科授業の展開
> (1) 授業の目標
> (2) 授業の内容
> (3) 授業の評価
> 5．おわりに

まず，構想の部分ではドイツの化学教育研究者EilksらのESDについての考え方を参考にして，理科とESDとの関

連付けの形態を4つに分けて示している。

> ①理科の学習活動をESDにつなぐ。
> （例）マイクロスケール実験に変更したり，毒性の少ない物質を用いたりして，実験方法にグリーンケミストリーの考え方を取り入れる。
> ②理科の学習内容をESDにつなぐ。
> （例）科学の原理・法則が省資源消費や省廃棄物の技術に活用されていることなど，持続可能な開発を基本とした科学技術に関する内容を追加する。
> ③理科の学習課題をESDにつなぐ。
> （例）バイオ燃料の利用，特定物質の健康への影響など，科学が関連する持続可能な開発をめぐる論争点を導入する。
> ④理科の学習課題，内容，活動を全体的にESDにつなぐ。
> （例）水や電気の節約，ごみの廃棄といった学校活動を，理科で学習したことを根拠にして進める。持続可能性を追求する学校生活と理科教育を結び付ける。

そして授業の展開では，理科の学習内容をESDにつないで，第5学年の「植物の発芽と成長」の単元に「生物多様性」の概念を新たに組み入れている（表1，第4次の発展内容）。植物が発芽するには，水，空気，適温が必要である。この既習を踏まえ，種子（カボチャ，スイカ，カリフラワー，キャベツ）による発芽適温の違いを実験によって理解させ，その理由を考えさせている。

この研究の意義は，ESDと理科教育との関連付けの形態を整理し，その一形態に沿った授業を行うことで，内容構成や教材のあり方を示している点にある。

表1　単元「植物の発芽と成長」の構成

> 第1次　植物が発芽する条件（水，空気，適温）（3時間）
> 第2次　植物の発芽と養分（2時間）
> 第3次　植物が成長する条件（日光，肥料）（2時間）
> 第4次　【発展】様々な種子と発芽の適温（2時間）

2．ESDと社会科授業

桑原（2011）は，ESDの視点に立った社会科教育の内容編成と授業構成を提案している。その節立ては次のようになる。

> Ⅰ　問題の所在
> Ⅱ　ESDの原理と方法
> Ⅲ　学校教育におけるESD―学校主導のESD―
> Ⅳ　ESD教材開発の原理と方法
> 　1．教材構成の原理
> 　　(1) 内容編成の原理
> 　　(2) 授業構成の原理
> 　2．教材開発の方法―学校・行政・地域社会の三者連携によるESDの取り組み―
> 　　(1) 教材開発の体制―学校・行政・地域社会のネットワークの構築―
> 　　(2) 開発教材の実際
> Ⅴ　おわりに

Ⅳ節1では，ESDの視点を環境の尊重と人間の尊重という2つの価値観の形成と捉え，この視点に立った社会科教育の内容編成を3段階で示している。

> 第1段階：自然的条件を捉えさせる。
> 第2段階：自然的条件に加えて社会的条

件（社会の構造やシステムなど，世代間の公平性を維持する仕組み）について捉えさせる。
第3段階：自然的条件と社会的条件について，それを調整するより高次の価値（社会的正義や生活の質）から考察させる。

そしてⅣ節2では，第1，2段階に対応した小学校第5学年の授業「アユモドキと自分たちの未来について考える」を紹介している。それは「希少な淡水魚であるアユモドキの保護活動」（現状の確認），「アユモドキの生息に必要な農業は，今後も維持できるか」（将来の世代の損失の探究），「アユモドキ保護のために自分たちは何ができるか。そのためにどのような生き方が必要か」（将来の世代に対する自己の責任の認識）から構成されている。

この研究の意義は，価値観形成という目標において社会科教育とESDとの共通性を見出し，社会科教育の内容編成と授業構成を応用する形でESDと関連付けた授業を具体化している点にある。

3．ESDと家庭科授業

篠原（2016）は，中学校家庭科の衣生活領域の教育内容をESDの視点から見直し，これを基に再構成した洗濯の授業を提案している。以下は論文構成である。

Ⅰ　はじめに
Ⅱ　中学校技術・家庭科衣生活領域の教育内容の構造
　1．被服学の体系
　2．「C 衣生活・住生活と自立」の内容
　3．平成10年学習指導要領との比較
　4．衣生活領域の構造
　5．構造から明らかになったこと
　6．ESD授業の仕組み
Ⅲ　授業開発
　1．衣生活における課題
　2．水環境に関する既習事項
　3．家庭科でしか学べない内容
　4．授業の構想
　5．授業の概要
　6．授業の実践
Ⅳ　授業実践の結果ならびに考察
　1．授業分析の方法
　2．授業実践の結果
　3．持続可能性概念と生徒の意思決定との関係
Ⅴ　まとめ

そこでまず，既存の内容である「衣生活・住生活と自立」と「身近な消費生活と環境」を接続する内容として「衣服の資源と環境」を新たに設け，ESDと関連付けた家庭科カリキュラムの内容の構造化を試みている（Ⅱ節）。

そして従来の洗濯の学習に，水環境や水資源の有限性・循環・保全の概念を加え（次頁図2参照），これによって持続可能な視点を持ったものの見方，考え方を生徒に育成することに成功している（Ⅲ．Ⅳ節）。

この研究の意義は，ESDの視点から家庭科のカリキュラム研究に踏み込み，従来の授業の内容や教材に持続可能性の概念を取り入れ，補強していることである。

表2 「日常着の洗濯」の教育内容の構造と ESD

衣服の資源と環境 「環境に配慮した洗濯」	
ESD の学び方	ESD の概念 水環境・水資源の有限性・循環・保全
○関心の喚起	水環境保全の目的 Q．なぜ環境に配慮した洗濯が必要なのか？
○理解の深化	洗濯による環境負荷の実態
○参加する態度や問題解決能力の育成	環境に配慮した洗濯の工夫 1）洗剤の使用量抑制（化学物質の排出抑制） 2）節水・節電 3）まとめ洗い 4）衣服を長持ちさせる洗濯

（注：論文中の図の ESD に関わる部分を抜粋）

おわりに

　最後に，今後の研究課題を挙げる。実践の研究では，ESD と教科教育とを関連付けた授業研究を蓄積するとともに，ESD を取り入れた教科教育のカリキュラム研究や評価研究（特に学習効果の研究）を進めることが求められる。また，理論の研究では，ecopedagogy や holistic pedagogy などの ESD に関わる教育学説との関係において，教科教育の果たす役割を検討することが望まれる。

（藤井浩樹）

○引用参考文献
(1) 教科共通
環境と開発に関する世界委員会編，環境庁国際環境問題研究会訳（1987）『地球の未来を守るために』福武書店．
「国連持続可能な開発のための教育の10年」関係省庁連絡会議（2006）『我が国における「国連持続可能な開発のための教育の10年」実施計画』．
国立教育政策研究所（2007）『環境教育指導資料（小学校編）』．
国立教育政策研究所（2012）『学校における持続可能な発展のための教育（ESD）に関する研究　最終報告書』．
岡本弥彦（2014）「ESD の学習指導過程を構想し展開するために必要な枠組みとその活用」『日本教科教育学会誌』36(4), pp.103-106.
佐藤学，木曽功，多田孝志，諏訪哲郎編著（2015）『持続可能性の教育―新たなビジョンへ―』教育出版．
佐藤真久，阿部治編著（2012）『持続可能な開発のための教育　ESD 入門』筑波書房．
ユネスコ編，阿部治，野田研一，鳥飼玖美子監訳（2005）『持続可能な未来のための学習』立教大学出版会．
UNESCO (2006) Framework for the UN DESD International Implementation Scheme.
UNESCO (2014) Roadmap for Implementing the Global Action Programme on Education for Sustainable Development.

(2) 各教科
（理科）
藤井浩樹，中山貴司，土井徹，定金なつみ（2013）「ESDの視点に立った小学校理科の授業づくり―理科とESDとのつなぎ方に注目して―」『理科の教育』62(11), pp.50-53.
日本理科教育学会（2011）「特集　持続可能な社会づくりに理科はどう貢献するか」『理科の教育』60(6), pp.5-40.
（社会科）
藤原孝章（2011）「社会科における認識の総合性と社会参加―持続可能な社会の形成と開発単元

『フェアトレードと私たちのくらし』―」『社会科教育研究』113, pp.29-40.

桑原敏典（2011）「持続可能な社会の形成を目指した社会科教材開発の原理と方法」『社会科教育研究』113, pp.72-83.

中山修一, 和田文雄, 湯浅清治編（2011）『持続可能な社会と地理教育実践』古今書院.

田渕五十生（2011）『世界遺産教育は可能か―ESD（持続可能な開発のための教育）をめざして―』東山書房.

（家庭科）

伊藤葉子, 中山節子（2015）「家庭科におけるESD実践のための現職教員向け教育プログラムの開発」『日本家政学会誌』66(7), pp.35-43.

小野恭子, 大竹美登利（2014）「小学校家庭科における持続可能な開発のための教育（ESD）の授業開発」『日本家庭科教育学会誌』57(2), pp.103-111.

篠原陽子（2016）「中学校技術・家庭科衣生活領域におけるESD授業実践研究」『日本教科教育学会誌』38(4), pp.11-22.

(3) ESDに関する国際誌

ESDに関する国際誌には, *Journal of Education for Sustainable Development* と, *International Journal of Sustainability in Higher Education* がある。

前者はESDを冠した初めての国際誌で, 2007年から毎年2号発行されている。各号の内容は最新の会議報告, 特集論文, 研究論文, 新刊や情報源の紹介などからなる。最近の会議報告には, Habitat Ⅲ: Third United Nations Conference on Housing and Sustainable Urban Development（ハビタットⅢ：ハウジングと持続可能な都市開発に関する第3回国連会議）などがある（2015年第2号）。また, 最近の特集には, Climate Change Education（CCE）and Education for Sustainable Development（ESD）（気候変動教育とESD）があり, 日本の著者による論文も見られる（2015年第1号）。以下, 最新号の目次を示す。

March 2016: 10 (1)
Editorial
- SDGs and the Climate Change Agreement: Challenges and Opportunities for ESD Research
- Prospective Teachers' Perceptions about the Concept of Sustainable Development and Related Issues in Oman, ほか10報

Reviews and Resources
- Schooling for Sustainable Development in Europe: Concepts, Policies and Educational Experiences at the End of the UN Decade of Education for Sustainable Development, ほか5報

本誌の特徴は, 学校教育をはじめとして, 教師教育, 社会教育, 成人教育等の様々な領域のESDの研究が見られること, また, いわゆる教育の先進国だけでなく発展途上国の研究者も数多く寄稿していることであり, ESDの研究の国際的動向を一目で把握できるものとなっている。教科教育におけるESDの研究は乏しいが, 今後, 研究の成果が本誌に登場することが望まれる。

次に後者の *International Journal of Sustainability in Higher Education* は, その名のとおり, 高等教育の様々な学問分野の持続可能性に関する研究を収録しており, 2000年から毎年4号発行されている。教師教育におけるESDの研究も散見するので, その方面に関心のある人は参照されるとよい。

一方, 環境教育, 開発教育, 国際理解教育, 人権教育, 平和教育などの分野の国際誌にも, ESDの研究が多数見られる。例えば, 環境教育の分野では, *Journal of Environmental Education* と, *Environmental Education Research* が主な雑誌である。こうした国際誌から得られる情報は, 教科におけるESDの研究を進める上で大変参考となる。

第12章 教科教育に関連する領域の研究
▶第2節 NIEの研究

1. NIEとは，学校などにおいて新聞を活用して教育を行うこと。
2. NIEは教科・領域の目標などを確実に実現するためのひとつの方法である。
3. NIEでは，個人を中心とした授業づくり・実践研究が中心的に行われてきた。
4. 今後は，学校，自治体レベルでのNIEのカリキュラム化の研究が必要である。

I NIEとは

NIE（エヌ・アイ・イー）とは，Newspaper in Educationの頭文字を取ったもので，「教育に新聞を」「教育における新聞活用」などとも呼ばれている。NIEとは，学校などにおいて新聞を活用して教育を行うことである。

NIEは，1930年代にアメリカ合衆国で始まったとされる。日本新聞協会NIEウェブページによると，世界新聞・ニュース発行者協会（WAN-IFRA）の調査では，NIEは世界80か国以上で実施され，多くの国で「民主主義を支え，よりよい市民を作る」役割を果たしているという。

我が国では，1985年の新聞大会でNIEが提唱され，教育界と新聞界が協力をしながら1990年代から本格的に推進された。そして，2000年代以降は確実に広がりを見せている。NIEが推進される前から，新聞は社会科などを中心に理解を深めるための資料，思考・判断するときの資料などとして活用されてきた。また，小・中学校を中心に新聞づくりなどが積極的に行われてきた。

我が国においては，NIEが推進されていく中でさまざまな学習活動等が開発され，広がりをみせている。NIEは，小・中・高のみならず大学，生涯学習にも広がっている。学校教育では，国語，社会，総合的な学習の時間などを中心にすべての教科・領域で研究，実践が進んでいる。

現在，我が国の学校教育においては，新聞を使って，以下のような多様な学習が展開されている。

①スクラップや切り抜き，さらにはそれらを生かした探究学習などへの展開
②同じ事件や内容を扱った複数紙の記事や社説などの読み比べ
③社説や記事，投書欄などを活用した討論やディベート
④社会的な問題などについての新聞への投書
⑤学習のまとめとしての新聞づくり
⑥新聞を家族で読んで意見を出し合うなどのファミリー・フォーカス
⑦新聞社見学，新聞記者への聞き取りなどに基づいて新聞を批判的に学ぶ学習

Ⅱ　研究例

　我が国のNIE研究は，日本NIE学会などを中心に行われている。現在の研究の中心は，授業づくり・実践研究とカリキュラム化研究である。

1．授業づくり・実践研究

　NIEの研究において，これまで最も一般的に行われてきたのは，授業づくりや実践研究である。

　ここでは，全国社会科教育学会編(2015)『新社会科授業づくりハンドブック』(明治図書)に掲載されている石本貞衡，谷田部玲生，鈴木雄治「新聞を活用した授業づくり」を取り上げる。

　この授業は，中学校社会科公民的分野の大項目(4)「私たちと国際社会の諸課題」中項目ア「世界平和と人類の福祉の増大」に位置付けられ，「日本をめぐる安全保障―新聞6紙の読み比べから考える―」というものである。この授業では，恣意的な教材配置や展開にならないよう留意するため，まず新聞記事を読み解くための知識や見方を学ばせる。その上で，6紙のタイトル及びリード文の読み比べを行わせるとともに新聞づくりを行わせ，現実に生じている安全保障の問題を考えさせるようにしている。単元の目標及び指導計画は以下のとおりである。

○単元の目標

①日本を取り巻く安全保障に関わる状況について，政府見解の変遷や自衛隊の役割等を中心に理解をすることができる。

②日本の安全保障上生じうる問題とその解決方法についてシミュレーションを通して，具体的に考えることができる。

③集団的自衛権の行使容認に対する新聞各紙の読み比べを通して，自分たちとの関わりについて読み解くことができる。

○単元の指導計画

【第1時】日本の憲法解釈はどのように変わってきたか―日本国憲法の政府解釈の変遷―

　日本国憲法で定められた憲法解釈の変遷を確認する。

①現在の自衛隊の実態を理解する。（映像資料）

②憲法9条の解釈の変遷を理解する。

③海上保安庁の役割を理解した上で，自衛隊との役割の違いを考える。（映像資料）

【第2時】対話を模索する意味とは？―シミュレーションから考える安全と防衛の問題―

　緊張が高まった時に外交上の対話がもつ意味を考える。

①シミュレーションをもとに「有事」対応を場合分けし，マトリクスを作成して，対話の意味を考える。

②憲法9条に対する世界の見方を資料から読み取る。

【第3時】集団的自衛権の行使容認と私たちとの関わりを考える―新聞記事比較から―

　集団的自衛権の解釈変更と自分の関わりを考える。

①2014年7月2日朝刊の読み比べから読

み取れたことを挙げ，同じ事実がどのように報道されるかを理解する。
② 1面リード文の読み比べを行い，事実と意見を分けさせながら，取り上げられている内容を読み解かせる。
③ 集団的自衛権の解釈変更と自分の関わりをまとめる。

読み比べと新聞づくりを行う第3時の学習展開は以下のとおりである。
（導入）
○次の資料を読み，感じたことを挙げてみよう。
Q：同じ日に出された新聞の見出しをまとめた一覧資料を見て，気付いたことや考えたことを挙げてみよう。
A：どれにも集団的自衛権が入っている。
A：「積極的平和」「9条崩す」といった反対の語が出ている。
○周りと共有してみよう。
（展開）

> 各紙の「情報」は異なっているのだろうか？

○各紙のリード文はどのように情報を取り上げているのだろうか。事実と意見の部分を分けて線を引こう。
Q：同じ事実からなぜ違う記事ができるのだろうか。
A：もともと賛成反対が新聞紙にもあるから。
A：修飾語によって受ける印象が変わるから。
○読み解いた情報を活かし，リード文を書いてみよう。

○事実を踏まえ，400字程度のリード文を作成しよう。
（まとめ）
○これまでの学習を踏まえて，集団的自衛権の解釈変更がなされた今，自分はどのように考え，関わっていくことができるかをまとめよう。

この論文では，学習指導要領を踏まえて，その目標，内容等を確実に身に付けさせるために新聞を活用した授業を提案している。

NIEの実践の中には，NIEそのものが目的となってしまっているような実践，すなわち何のためにNIEを行うのか，なぜ新聞を使うのかなどが明確ではない実践が見られないわけではない。NIEは，ひとつの方法であり，授業の目標，単元の目標，そしてもちろん教科等の目標をよりよく達成するための方法なのである。したがって，授業づくりを行う場合，その単元や授業で本当にNIEを実施する意味があるのか，NIEを実施すると単元や授業の目標がより確実に実現するのかなどを吟味，検討する必要がある。

NIEの研究を行う場合も，NIEを実施することにより，その授業，単元等の目標等が確実に実現されるのか，NIEを実施する意味はあるのか，NIEのためのNIEとなっていないかなどに注意する必要がある。

2．カリキュラム化研究

NIEの授業づくりや授業実践は，個人レベルで行われることが多い。

橋本祥夫，臼井淑子（2014）は，カリキュラムの多様性を指摘した上で，NIEカリキュラムを次のように定義している。

> NIE を取り入れた各教科，道徳・特別活動・総合的な学習の時間などの領域，NIE タイムなどの学校独自の特設活動や学校行事などにおける「年間指導計画」や「単元の指導計画・レッスンプランの作成」のこと

現在のカリキュラム化研究は，大きく次の3つにまとめることができる。

① 教科等のカリキュラム

ひとつの教科等において，NIE をどのようにカリキュラム化するかについての研究である。とくに国語，社会などにおける研究が多い。例えば，植田恭子（2010）は中学校の国語における NIE のカリキュラムを，臼井淑子（2010）は小学校の国語における NIE のカリキュラムを提案している。

この研究では，新聞を使用することにより教科等の目標を確実に実現できるようにすること，さらには教科等の目標に加えてメディア・リテラシーなどの力を身に付けることが最終的な目標となる。

② 学校カリキュラム

学校目標などを達成するために NIE を学校全体のカリキュラムにどのように位置付けるか，学校全体の NIE カリキュラムをどのように作成するか，などの研究である。

例えば，東京都北区立滝野川小学校では，学校全体で「NIE の日常化と教材開発」を行い，「自ら問題を見付け，共に学び合って解決する児童の育成」を目指している。そのために，すべての教科・領域で授業の充実を図るために，新聞を教材として活用するとともに，朝学習で週1回「NIE たいむ」を実施している。

③ 自治体全体のカリキュラム

教育委員会などが主導して，学力向上などのためにすべての学校で NIE を推進するものである。

橋本祥夫，臼井淑子（2014）によると，茨城県筑西市，埼玉県さいたま市，千葉県市川市，愛知県一宮市では，すべての小・中で NIE に取り組んでいる。これらの自治体では，言語活動の充実，情報活用力の育成，思考力・判断力・表現力の育成等を目標として，すべての学校において NIE を推進している。

NIE の研究では，各教科等における授業づくり・実践研究とともにカリキュラム化研究をも進めて，NIE の有効性を検証していかなければならない。

さらに，メディア・リテラシー育成などのための NIE 研究も必要である。

（谷田部玲生）

○引用参考文献

日本NIE学会（2008）『情報読解力を育てる NIE ハンドブック』明治図書．

橋本祥夫，臼井淑子（2014）「NIE のカリキュラム化の現状と課題」『日本 NIE 学会誌』9．

植田恭子（2010）「中学校国語科における NIE カリキュラム構想～『他者』との出会いを視点として」『日本 NIE 学会誌』5．

臼井淑子（2010）「小学校国語科における NIE カリキュラム構想～メディア・リテラシーの育成を根幹に～」『日本 NIE 学会誌』5．

第12章 教科教育に関連する領域の研究
▶第3節 食育の研究

> 1. 食育とは，健全な食生活を実践することができる人間を育成するための食に係る教育である。
> 2. 食育研究は，人文社会科学から自然科学まで食に関わる多様な学問分野を基礎とし，科学的根拠に基づいて食に係る教育の充実と健全な食生活の実践を目指す必要がある。
> 3. 健全な食生活の実践という観点から，食に関する行動を望ましい方向へと変容させることが重要であり，健康行動変容理論・モデルは食育に適用できる可能性がある。

Ⅰ 食育の概要と研究領域

「国民が生涯にわたって健全な心身を培い，豊かな人間性をはぐくむ」ことを目的として，2005年6月に食育基本法が制定されたことを緒として，現在，食育推進の必要性が盛んに指摘されている。食育推進の取組・実践が先んじる一方で，食育の概念や食育研究の方向性を明確化する必要があると考えられる。

1．食育の概念

食育基本法前文では，豊かな人間性の育成と生きる力の習得における「食」の重要性にふれ，食育を「生きる上での基本であって，知育，徳育及び体育の基礎となるべきもの」として位置付けている。また「様々な経験を通じて『食』に関する知識と『食』を選択する力を習得し，健全な食生活を実践することができる人間を育てる食育を推進することが求められている」（食育基本法前文）と述べられている。すなわち食育とは，健全な食生活を実践することができる人間を育成するための食に係る教育であるといえる。

それでは，具体的に食育にはどのような概念が含まれるのであろうか。表1は2007年6月に食育推進有識者懇談会が取りまとめたもので，食育の概念が体系的に整理されている。すなわち食育という言葉の概念には，単に食生活の改善だけでなく，食を通じたコミュニケーションや食に関する基本所作の実践，自然の恩恵等に関する感謝や食文化等の理解等々，広範な内容が含まれている（清野，2012）。

学校教育における食育としては，『食に関する指導の手引』（文部科学省，2007，2010第一次改訂）に，「子どもに対する食育については，家庭を中心としつつ学校においても積極的に取り組んでいくことが重要」とされている。また「食に関する指導の目標」として「①食事の重要性」「②心身の健康」「③食品を選択する能力」「④感謝の心」「⑤社会性」「⑥食

文化」の6つが掲げられている。

2．食育研究の方向性

　食育の概念を踏まえると，食育には，栄養学，食品学，調理学，疫学，農学，歴史学，地理学，経済学，教育学，心理学，行動科学など，幅広い学問分野が関連する。そのため食育研究は，人文社会科学から自然科学まで食に関わる多様な学問分野を基礎とし，科学的根拠に基づいて食に係る教育の充実と健全な食生活の実践を目指す必要がある。

表1　食育の理念・分野等について

理念		分野	望まれる日常の行為・態様	涵養（例）	是正対象	主な関連施策等
食にかかる人間形成	（知育・徳育・体育の基礎）豊かな人間形成	食に関する基礎の習得 食を通じたコミュニケーション	・食卓を囲む家族の団らん ・食の楽しさの実感 ・地域での共食	・精神的豊かさ	・孤食 ・個食	（共食の場つくり） ・親子で参加する料理教室 ・食事についての望ましい習慣を学ぶ機会の提供
		食に関する基本所作	・正しいマナー・作法による食事 ・食事のマナー（姿勢，順序 等） ・配膳，箸 等	・規範遵守意識		
			・食前食後の挨拶習慣（「いただきます」「ごちそうさま」）	・自然の恩恵（動植物の命を含む），生産者等への感謝の念		
		食に関する基礎の理解 自然の恩恵等への感謝，環境との調和	・地場産の食材等を利用した食事の摂取・提供（地産地消） ・環境に配慮した食料の生産消費（食材の適量の購入 等） ・調理の実践，体験	・「もったいない」精神 ・豊かな味覚	・食べ残し ・安易な食材の廃棄 ・偏食	・消費者と生産者の交流 ・食に関する様々な体験活動（教育ファーム 等） ・農林水産物の地域内消費の促進
		食文化	・世界の食料事情や我が国の食料問題への関心	・食文化，伝統に関する歴史観 等		・普及啓発 ほか
		食料事情ほか	・郷土料理，行事食による食事	・食に関する国際感覚 ・食料問題に関する意識		
	心身の健康の増進 食に関する知識と選択力の習得・健全な食生活の実践	食品の安全性	・科学に基づく食品の安全性に関する理解	・食品の安全性に関する意識		・食に関する幅広い情報提供 ・意見交換（リスクコミュニケーション）
		食生活・栄養のバランス	・食材，調理方法の適切な選択による調理 ・中食の適切な選択 ・外食での適切な選択 ・日本型食生活の実践	・栄養のバランスに関する食の判断力，選択力	・肥満，メタボリックシンドローム ・過度の痩身志向 ・偏食 ・フードファディズム	・健全な食生活に関する指針の活用 ・栄養成分表示など
		食生活リズム	・規則正しい食生活リズム（毎朝食の摂取，間食・夜食の抑制） ・口腔衛生	・健全な生活リズム	・朝食の欠食	・食事についての望ましい習慣を学ぶ機会の提供（「早寝早起き朝ごはん」運動の推進）（8020運動の実践）

「食育推進国民運動の重点事項」（食育推進有識者懇談会，2007, p.12）より

Ⅱ 研究事例

赤松ら（2015）は，学校における食育の進め方として，計画（Plan）→実践（Do）→評価（Check）→改善（Act）のPDCAサイクルを挙げ，食育の目標設定および評価方法について示している。それによると，計画（Plan）の段階で食育の目標を設定するために，児童生徒の食習慣等の実態を把握するアセスメントを実施し，その結果や学校の教育理念等に基づき食育の目標を設定する。目標には，「結果目標」「行動目標」「学習目標」「環境目標」「実施目標」があり，目標に基づいて，授業や児童生徒の学び等について評価を行う。これらは，学校における食育推進および食育研究を実施する上での枠組みを与えてくれる。加えて，健全な食生活の実践という観点からは，食に関する行動を望ましい方向へと変容させることが重要であると考える。そこで，次に，健康行動変容理論・モデルを紹介し，それらの食育への適用について論ずる。

Ⅲ 健康行動変容を導く理論・モデルと食育

1946年に米国シカゴ大学の心理学者ミラー（Miller, J. G.）らによって行動科学（Behavioral Science）という用語が用いられてから約70年が過ぎようとしている（土井，2009）。中村（2002）は「行動科学は，心理学や社会学といった社会科学分野と，医学や人類学のような自然科学分野の両見地から，人間の行動を学際的に研究し，人間の行動の理解を通して，人間の行動に関わる諸問題を解決することを目的とする科学である」としている。行動科学研究の成果として，様々な行動変容に関する理論やモデルが提唱されてきたが，今日の研究においてよく活用されている代表的な健康行動変容の理論・モデルとして，リンケら（Linke, E. S. et al., 2014）は以下の5つを挙げ，それぞれについて概説している。

①ヘルス・ビリーフ・モデル（Health Belief Model）
②合理的行動理論・計画的行動理論（Theory of Reasoned Action / Theory of Planned Behavior）
③社会的認知理論（Social Cognitive Theory）
④トランスセオレティカル・モデル（Transtheoretical Model）
⑤社会生態学モデル（Socio-ecological Model）

日本における栄養教育では，1990年代以降，上述のような理論やモデルが導入されてきた（吉田ら，2013，p.13）。これらの理論やモデルを栄養教育に導入することの意義は以下の4つに集約できる（吉田ら，2013，pp.16-17；中村，2002）。

1）問題点・課題の特定，関連要因の探索，改善方法の明確化。
2）行動変容過程に関わる要因の同定・確認と効果的な介入・教育プログラムの開発。
3）関係者間（プログラム実施者や対象者等）での共通理解・課題把握の

促進。
4) 介入や栄養教育の明確なエビデンスを引きだす綿密な評価（行動変容および行動変容関連要因の変化など）デザインの開発・評価実施，分析，フィードバック，介入・教育プログラムの改善・最適化。

これまで，特に中高年や高齢者といった成人以上を対象とした栄養教育において健康行動変容理論・モデルが活用されてきたが，学校教育における食育にも適用できる可能性がある。「健全な食生活を実践できる人間を育てる食育」を推進していく上で，望ましい食行動が習慣化することに力点を置いた食育が必要である。そのような食育実践・研究において，健康行動変容理論・モデルは，上述の1)～4)を可能とする枠組みと，効果的に食行動変容を促すための示唆を与えてくれると考える。

ここでは，健康行動変容理論の一つであるトランスセオレティカル・モデル（Transtheoretical Model；以下，TTMとする）に焦点をあてる。このモデルは，心理学者であるプロチャスカ（Prochaska, J.O.）らによって開発されたもので（ジェイムス・オー・プロチャスカほか，2005；Prochaska, et al., 1992），「変容ステージ（stages of change）」「変容プロセス（process of change）」「意思決定バランス（decisional balance）」「自己効力感（self-efficacy）」の4概念から構成される（Wright et al, 2009）。

図1に示したように，変容ステージは，行動変容に対する動機づけの準備性を反映したものであり，TTMの中心的な構成概念である（Weller et al., 2014）。具体的には，対象者が健康上，好ましくない行動をやめたり望ましい行動を獲得・習慣化したりするまでの過程には，「前熟考ステージ（Precontemplation）」「熟考ステージ（Contemplation）」「準備ステージ（Preparation）」「実行ステージ（Action）」「維持ステージ（Maintenance）」の5段階があるとしている（図1参照）。行動が変容していく際，これらのステージの前進後退が繰り返されながら目標とする健康行動の習慣化へと至るとされている。食育において変容ステージがどのように活用できるかについては，以下の3点が考えられる。

①対象者の食行動変容に対する準備性を把握することで，対象者の特性や実態を捉えることができる。
②対象者の変容ステージに応じた，適切な介入・食育を企画し実施する手助けとなる。

維持ステージ	6か月以上望ましい行動が続いている段階
実行ステージ	望ましい行動変容が始まって6か月以内の段階
準備ステージ	近々（1か月以内）に行動変容しようと考えている段階
熟考ステージ	行動変容の必要性は分かるが，すぐに行動を変えるつもりのない段階
前熟考ステージ	行動変容に関心がなく，行動を変えようと考えていない段階

図1　トランスセオレティカル・モデルの変容ステージ（柴，2015, p.116「図6-4」一部改変）

③介入・食育の実施後，対象者がどのように変容したかを評価するツールの一つとして利用できる。

　一方，変容プロセスとは，5段階の変容ステージそれぞれに適した10個の効果的な支援方法を指す（吉田ら，2013，p.20）。意思決定バランスとは，ジャニス（Janis, I.L.）とマン（Mann, L.）が提唱した意思決定モデル（Decision-making model）に基づいた概念であり（Di Noia & Prochaska, 2010），新たな行動を獲得するメリット（「プロズ（pros）」とよばれる）とデメリット（「コンズ（cons）」とよばれる）とのバランスを指す。より上位の変容ステージほど，プロズが増加しコンズが減少する傾向にあるとされており，前熟考ステージ・熟考ステージではデメリット＞メリットであるのが，行動変容が進み実行ステージ・維持ステージになるとメリット＞デメリットとなることが知られている（吉田ら，2013，p.33）。自己効力感とは，個人がもつ，ある行動を獲得したり習慣化したりすることに対する自信である（柴，2010；柴，2011）。

　学校教育における食育にTTMを導入することは，望ましい食行動の習慣化に力点をおいた食育の展開に大いに寄与すると考える。①児童生徒の変容ステージを把握し，②変容プロセスを参考にしながらそれぞれの変容ステージごとに適した学習を構築し，③児童生徒の行動変容に対するプロズを高めコンズを解消するための工夫や自己効力感を高めるような働きかけをすることにより，④児童生徒のステージアップを図る。そして⑤学習前後における行動変容・行動変容関連要因の変化を検証することにより食育の効果を確かなエビデンスとして示し，⑥学習改善や新たな食育の授業づくりへと活用する。以上の①～⑥のようなサイクルをうまく循環させ，理論と実践，研究と教育を常に往還しながら食育を推進していくことが，真に実りある食育にとって必要不可欠であると考える。また食行動変容によりどのような心身の健康に関するアウトカムがもたらされるかについても慎重に検討していく必要があるだろう。

　今後，食育をより一層，学校教育や教科教育と関連付けて，カリキュラム研究，教材開発・授業研究，評価研究などを行い，食育のエビデンスを蓄積するとともに，その推進に努めることが課題である。

（柴　英里）

○引用参考文献

赤松利恵，稲山貴代，衛藤久美，神戸美恵子，岸田恵津（2015）「望ましい食習慣の形成を評価する学校における食育の進め方」『日本健康教育学会誌』23(2)，pp.153-161.

Di Noia, J. & Prochaska, J. O.（2010）Dietary Stages of Change and Decisional Balance: A Meta-Analytic Review, *American Journal of Health Behavior*, 34(5), pp.618-632.

土井由利子（2009）「日本における行動科学研究―理論から実践へ」『保健医療科学』58(1)，pp.2-10.

ジェイムス・オー・プロチャスカ，ジョン・シー・ノークロス，カルロ・シー・ディクレメンテ著，中村正和監訳（2005）『チェンジング・フォー・グッド』法研.

Linke, E. S., Robinson, J. C. & Pekmezi, D.

(2014) Applying Psychological Theories to Promote Healthy Lifestyles, American *Journal of Lifestyle Medicine* 8(1), pp.4-14.

文部科学省（2010）『食に関する指導の手引　第一次改訂版』東山書房（文部科学省ホームページ http://www.mext.go.jp/a_menu/sports/syokuiku/1292952.htm）(2016.03.30閲覧).

中村正和（2002）「行動科学に基づいた健康支援」『栄養学雑誌』60(5), pp.213-222.

Prochaska, J. O., DiClemente, C. C., & Norcross, J. C. (1992) In Search of How People Change: Application to Addictive Behavior. *American Psychologist* 47(9), pp.1102-1114.

清野富久江（2012）「食育の推進について―『周知』から『実践』へ―」『日本調理科学会誌』45(1), pp.56-61.

柴英里（2010）『行動変容ステージモデルに基づく青年期の食行動に関する研究』すずさわ書店.

柴英里（2011）「トランスセオレティカル・モデルによる食行動変容に関する研究」『高知大学学術研究報告』60, pp.73-83.

食育基本法（平成17年6月17日法律第63号）.

食育推進有識者懇談会（2007）「食育推進国民運動の重点事項」(http://www8.cao.go.jp/syokuiku/more/pdf/point.pdf)（2016.03.30閲覧).

Weller, K. E., Greene, G. W., Redding, C. A., Paiva, A. L., Lofgren, I., Nash, J. T. & Kobayashi, H. (2014) Development and Validation of Green Eating Behaviors, Stage of Change, Decisional Balance, and Self-Efficacy Scales in College Students, *Journal of Nutrition Education and Behavior* 46(5), pp.324-333.

Wright, J. A., Velicer, W. F. & Prochaska, J. O. (2009) Testing the predictive power of the transtheoretical model of behavior change applied to dietary fat intake, *Health Education Research* 24(2), pp.224-236.

吉田勉監修，土江節子編著（2013）『食物と栄養学基礎シリーズ9　栄養教育論』学文社.

教科教育に関連する領域の研究
▶第4節 シティズンシップ教育の研究

1. シティズンシップ教育とは、狭義には政治的なリテラシーを育てる教育であり、広義には立派な市民を育てる学校内外のすべての教育を含みこむ。
2. シティズンシップ教育の研究は、イギリスのシティズンシップ教育の研究から、現在は多様な実践の開発まで広がってきている。
3. 主な課題の一つにシティズンシップ教育と価値観形成の関係をどう捉えるかがある。

I シティズンシップ教育とは

シティズンシップ教育とは、狭義には1998年に答申された通称「クリック・レポート」(AGC, 1998) に基づいてイギリスでナショナル・カリキュラムに採用され、2002(平成14)年に登場した新教科「シティズンシップ」と、これを基盤に作成されたプログラムや実践を指す。だが、イギリスにおいても、多様な歴史的位置づけもあり (水山, 2008, p.11)、政治教育、人権教育をシティズンシップ教育として捉える教員や、PSHE (Personal Social & Health Education) をイメージする教員も多い。さらに日本では国語科や家庭科のシティズンシップ教育の論文もあり、登下校や班活動を「日本のシティズンシップ教育」と紹介した論文もある (Arthur, et. al. eds., 2008, p.210)。要するに、民主主義社会のコミュニティ(地域社会の意味に限らず、あらゆる集団や社会)の成員としての資質や能力を育てる教育すべてがシティズンシップ教育であるという

ことになる。

それでは、研究領域としてのシティズンシップ教育はどのように定義することができるのか。イギリスにおいて国民共通の人格教育が生まれたのが、1944年の教育法であると言われている。異なる歴史と文化を持つ四つの国の連合王国であるイギリスは、国民統合の基盤を宗教教育に求めた。その後、通称「ニューサム・レポート」(CACE, 1963, p.15) において、子どもの社会的スキルの欠如が論じられたことを受け、MACOSの影響を受けた人間中心教育が行われるようになった。これは「1988年教育改革法」後にPSHEの導入として発展的に展開する。このようにイギリスでは、「宗教的な人格教育」、「個人的な社会的スキル」と、各時代で社会での育成が困難となり、学校で教育する必要がある人格教育の部分を補うよう、この種の教育が発達してきた。この流れに1998(平成10)年の「クリック・レポート」に位置づけると、若者の政治離れを補った一種の「政治的キ

ャラクター教育」と位置づけることができよう。

II 「シティズンシップ」理解の研究

それでは，このようなシティズンシップ教育はどのように研究されてきたのか。保守党政権下で出された1988年教育改革法にともなうナショナル・カリキュラムの中でもシティズンシップは，クロス・カリキュラム要素のひとつとして取り上げられた。柴沼・新井（2001）は，この1988年のものと，クリック・レポートのシティズンシップ教育を，英国の宗教教育・人格教育の流れの中に位置づけて論じている。しかし本節では，イギリスで2002年に登場した教科「シティズンシップ」とそれ以降の展開に関わる日本の研究に着目し，大きく三つの時期に区分して論じたい。

第一段階は，クリック・レポートが出された直後の研究で，教科「シティズンシップ」を紹介するとともに，これを歴史的な教育思想の中から位置づけようとした研究である。前者の代表としては戸田（2000）や栗原（2001）の論文があげられる。一方，後者の研究で最も有名なのが，小玉（2003）の著書であろう。この本は，プロローグとエピローグをあわせて14の章からなる。

プロローグ　いま，なぜシティズンシップか
第1講　教師に哲学は必要か
第2講　プラトンの絶望と「総合的な学習の時間」
第3講　ソクラテス的センス
第4講　啓蒙的理性と教師像
第5講　シニシズムという問題
第6講　啓蒙の別の顔
第7講　ルソーと近代教育
第8講　国民教育と市民
第9講　近代的個人の形成と再編
第10講　マルクス主義の逆説
第11講　児童の世紀とユートピア主義
第12講　過去と未来の間に立つ
エピローグ　シティズンシップの再政治化へむけて

この中で小玉は，社会と個人，そして教育との関係を，シティズンシップ概念の展開を軸に考察している。その上で，エピローグでイギリスの教科「シティズンシップ」と，日本におけるシティズンシップ教育の可能性について論じている。

III シティズンシップ教育研究の展開

第二段階は，イギリスや日本における実践や教材開発が出そろったことを受けてなされた研究である。教科「シティズンシップ」誕生直後のこの時期，イギリスでは基準認定局（Qualification and Curriculum Authority）を中心にして，その目的や内容，評価方法や教員訓練までがトータルに開発され提供されてきた。また民間組織や民間会社によっても多様な教育プログラムが開発された。他領域では教育課程政策の一環としてマクロな視点で論じた清田（2005）や，教員養成制からシティズンシップ教育を論じた松尾（2009）もあるが，教科教育学者の研究としては，やはり学校教育そのものに

着目したものが多い。

　この時期の研究は，水山（2010）が「批判的摂取」と述べたように，単なるイギリスの教育の紹介ではなく，日本においてそれを消化していくとともに日本の教育の中に位置づけようとするものが登場した。

　実際，日本においてシティズンシップは，教科としては教育課程上存在しないので，一般的には学校教育全体（ホール・スクール・アプローチ）で育成されている。だが，例えば教育特区として2004年度から中高一貫校に「市民科」を設置した品川区や，研究指定校として2002～2004年度に「市民科」を設置した大阪教育大学附属池田中学校など，独立した教科としてシティズンシップ教育を行っている例もある。また，2005～2007年度に研究指定校として「市民科」を設置したお茶の水女子大学附属小学校は，それまでの社会科に替わる「市民科」のみでなく，他の教科にもシティズンシップ教育の要素を取り入れたインフュージョン・アプローチの方法をとっていた（藤原，2008, pp.97-102）。

　この時期，グローバル教育や人権教育などの1980年代の「新教育」で開発された先行実践を参考に様々な授業開発がなされた。水山（2006）や戸田（2006）の論文は，これら開発された授業や既存の教科と，シティズンシップ教育との関係を明らかにしようとしたものである。水山（2008）の章立ては，以下のようになっている。

Ⅰ　はじめに
Ⅱ　シティズンシップ教育の基本原理
Ⅲ　シティズンシップ教育の方法原理
Ⅳ　シティズンシップ地理の内容原理
Ⅴ　単元開発　小単元『リージョナルな環境問題―京都市におけるごみ袋有料化問題―』（中等段階）
Ⅵ　むすび

　シティズンシップ教育は，日本の教育課程を想定した場合，社会科や総合的な学習の時間との親和性が高い。また，先に述べたように日本における授業開発研究は，実に多様な教科で行われている。だが，それらのすべてがシティズンシップ教育の開発研究となるかは別である。

　水山論文は，シティズンシップ教育の思想を原理的に考察した上で，何をどう教えることがシティズンシップ教育になりうるのかを考察し，実際の授業を排発して提案している。戸田（2006）もまた，社会科教育との関連性を論じている。このようにシティズンシップ教育の独自性とは，「民主主義社会のコミュニティの成員としてどのように考え行動すべきか」が中核的な目標になっている授業か否かで分けることができよう。このように考えると議会制度や投票についての知識を教えていようと，あくまで公民科でしかない授業もありうる。

　また，この時期の後半においては，単に授業を開発するだけではなく，池野（2009）など，イギリスにおける実践の効果を検証し，カリキュラム，評価など多角的にシティズンシップ教育の実践を捉えようとする研究が増加している。また，

川口（2011）の博士論文は，イギリスの学校への取材を通して，制度上，意図されたシティズンシップ教育が，実際の学校現場でどのように解釈・実施され，さらにどう子どもたちに獲得されたかを明らかにしている。

Ⅳ　市民性育成の基盤の問題

第三段階はおおよそ2010年代の研究で，この時期，市民性育成の基盤の問題について研究視点が移ってきた。その少し前，多文化化するイギリスの中で2005年のロンドン同時爆破事件前後から市民の間で民主主義的対話の基盤となる価値観を共有することが困難になってきた。そのような状況下でシティズンシップ教育を進めるには，市民の多様性と社会の包括性をどのように関係づけるかということが，シティズンシップ教育を論じる上で大きな問題となってくる。イギリスでも通称「アジェクボ・レポート」が出され(DCCG, 2007)，多様性と包括性の問題が議論された。この問題に学校現場レベルの調査をもとに切り込んだのが北山（2014）である。

序　章　国民国家の変容とシティズンシップ教育
第1章　社会的包摂／排除と実質的シティズンシップ
第2章　イングランドのシティズンシップ教育
第3章　シティズンシップ教育と社会的剥奪
第4章　ナショナル・アイデンティティをめぐる問題
第5章　学校における民主主義
第6章　包摂的シティズンシップ教育のアプローチ
終　章　排除性克服と社会的包摂

北山は，ナショナル・アイデンティティへの包摂が，イギリスの学校現場における少数者の排除につながっていること，それらの子どもへのエンパワーメントと参加によって力の剥奪の状態が解除されたことなどを，実際の学校での活動に含まれる価値を抽出し論じてきた。そして，このようなナショナル・アイデンティティへの包摂を，個人の価値への国家の介入であるとし，そのバランスのあり方を論じている。

このようにシティズンシップ教育と道徳性の問題は，避けて通れない問題といえよう。本節のⅠで，イギリスの人格教育は「宗教教育」（＝心の教育）⇒「PSHE」（＝社会生活の個人的な部分）⇒「シティズンシップ教育」（＝社会生活の社会的な部分）と必要を補うように発達してきたと述べてきた。PSHEが個人としてどのように他者と関わっていくかを教えるなら，シティズンシップ教育は社会の中の公的な存在としてどのように社会に関わっていくかを教えるものだといえる。その場合，問題となるのは「子どもたちを公的な生活に順応させる」という考え方の出現である。

たしかに民主主義的な対話を成立させるには「対話のマナー」とでもいうべき態度を身につける必要があるし，民主主義社会における参画や決定には成員とし

ての責任がつきまとう。では，これらシティズンシップ教育における価値や態度と，道徳教育における価値や態度は，どう異なるのか。アーサーによれば「良き市民」「良き行動」の基盤としてイギリスのシティズンシップ教育にはキリスト教の基盤があるという (Arthur, et. al. eds., 2008, p.311)。一般にイギリス社会における世俗的なモラルの背景には，キリスト教的な「良き市民」「良き行動」がある。この世俗的なモラルを身につけることこそが，シティズンシップ教育であると保守派は考える。

一方，リベラル派はそれを民主主義における政治的行動原理として身につけさせようとする。これら「開かれた心」「寛容さ」「相手を尊重する態度」「偏見からの自由」は，民主主義的対話を成立させるための「ルール」のようなものであり，そのルールに基づいて子どもたちが選び出す価値や態度は，ある程度自由である。

なぜ，シティズンシップ教育におけるこのような価値と態度の位置づけのちがいが生まれるのであろうか。これは子どもたちを「市民になる」訓練段階の存在と考えるのか，主体的に社会に参画する充分な権利と資質がある「市民である」と考えるのかのちがいであろう。前者であると考えると，シティズンシップ教育は既存の社会の価値観や文化を身につけ，集団に適応することで「将来の立派な市民」となる教育となる。一方，後者と捉えると，子どもたちに現在の社会に参画し，コミュニティの意思決定に積極的に関わることを求めるシティズンシップ教育になる。

道徳教育とシティズンシップ教育の切り分けは，「市民になる」教育をシティズンシップ教育の目的と考えるか，「市民になる」教育を道徳でしかないと否定し「市民である」教育こそがシティズンシップ教育の本質だと考えるかのイデオロギーのちがいに起因するのではないか。

V　今後のシティズンシップ教育研究

今後の多文化化，グローバル化の中で，これら市民性育成の基盤をどこに置くかは重要になって来よう。日本においてもグローバル化が進む社会を前提にシティズンシップ教育を導入するとき，民主主義的対話の基盤となる価値は共有できるのか，この点について歴史的，理論的に考える必要がある。

「西洋的民主主義」に対して「アジア的な民主主義がある」という主張をする国もあるが，それが「共有すべき価値観」として我々がシェアできる妥当なものなのか，一種の教育覇権主義に飲み込まれることになるのか，この点は今後の我々のシティズンシップ教育の指針を考える上で大きな課題になろう。

(谷口和也)

〇引用参考文献

AGC (the Advisory Group on Citizenship) (1998), *Education for citizenship and the teaching of democracy in schools : Final report of the Advisory Group on Citizenship*, QCA/DfEE.

Arthur, J., Davies, I. & Hahn, C. eds. (2008), *The Sage Handbook of Education for Citizenship and Democracy*, Sage Publication.

CACE (the Central Advisory Council for Education) (1963), *Half Our Future: A Report of the Central Advisory Council for Education*, Ministry of Education.

DCCG (Diversity and Citizenship Curriculum Group) (2007), *Diversity and Citizenship - Curriculum Review*, Department for Education and Skills.

藤原孝章（2008）「日本におけるシティズンシップ教育の可能性」同志社女子大学『学術研究年報』59, pp.89-106.

池野範男研究代表（2009）『我が国を視点にした英国シティズンシップ教育の計画・実施・評価・改善の研究―地方行政局と大学と学校が連携した教育PDCA開発―』（平成17年度～平成20年度科学研究費補助金（基盤研究A）研究報告書）．

川口広美（2011）「イングランド中等学校シティズンシップ教育カリキュラム研究―実践カリキュラム研究アプローチを基に―」『広島大学大学院教育学研究科博士論文』．

北山夕華（2014）『英国のシティズンシップ教育社会的包摂の試み』早稲田大学出版部．

小玉重夫（2003）『シティズンシップの教育思想』白澤社．

栗原久（2001）「英国における市民性教育の新しい展開―ナショナル・カリキュラムにおける必修化をめぐって―」日本社会科教育学会『社会科教育研究』86, pp.26-35.

松尾祥子（2009）「イギリスの「市民性教育」における教員養成―PGCEコースのカリキュラムに焦点をあてて」九州大学大学院人間環境学研究院国際教育文化研究会『国際教育文化研究』9, pp.139-150.

水山光春（2006）「批判的シティズンシップの育成を目指す社会科授業」全国社会科教育学会『社会科研究』64, pp.11-22.

水山光春（2010）『英国市民教育の批判的摂取に基づく小中高一貫シティズンシップ教育カリキュラムの開発』（平成19～22年度科学研究費補助金（基盤研究B）報告書）．

清田夏代（2005）『現代イギリスの教育行政改革』勁草書房．

柴沼晶子，新井浅浩編著（2001）『現代英国の宗教教育と人格教育（PSE）』東信堂．

戸田善治（2000）「イギリスにおける『市民科』の誕生」日本社会科教育学会『社会科教育研究別冊　2000（平成12年度）研究年報』pp.61-66.

戸田善治（2006）「『シティズンシップ・エデュケーション』論の社会科教育学的検討―『シティズンシップ』概念の分析を中心として―」全国社会科教育学会『社会科研究』64, pp.21-30.

第12章 教科教育に関連する領域の研究
▶第5節 メディア・ICT教育の研究

1. メディア・ICT教育に関係する「情報化社会」という言葉が，日本のマスコミ界において多用され始めたのは1960年代中頃である。その後，1980年代前半には学校にコンピュータが導入されはじめ，1985年には文部省（当時）が，情報活用能力の概念を定義するに至った。1985年は「コンピュータ教育元年」ともいわれている。
2. 一方，「情報化社会」といわれる以前からメディアそのものは存在し，例えば1890年米国における世界初のプライバシー権の確立に至るまでの一連の出来事（マスメディアによる著名人の過剰なゴシップ報道）が示すように，メディアは人々の生活に大きな影響を与えてきた。
3. コンピュータが学校に導入され始めた頃から，学校教育におけるメディア教育の必要性が強調されるようになり，現在様々な教科・領域等の枠組みで研究が行われている。
4. 「教育の今日的課題」の一つとされているICT教育についても，現在「教科指導におけるICT活用」，「情報教育の推進」，「校務の情報化の推進」という3分野において，それぞれ研究が進められている。

I　はじめに（定義と説明）

1．メディア・ICT教育の定義

メディア教育とICT教育の範疇は多岐にわたるとともに，両者は明確に線引きできるものではなく重なり合っている部分が多い。そこで，本節「メディア・ICT教育の研究」では，両者を次のように定義し，それぞれの定義を切り口として議論を進めることにする。

(1) メディア教育の定義

メディア教育とは，メディア・リテラシー[メディアを主体的に読み解く能力・アクセスし，活用する能力・メディアを通してコミュケーションを創造する能力]（鈴木，2001, p.19）を形成する教育

と定義する。

(2) ICT教育の定義

ICT教育とは，教育の情報化[教科指導におけるICT活用，情報教育の体系的な推進，校務の情報化の推進]（文部科学省，2011, p.2）に関する教育と定義する。

メディア・ICT教育をこのように定義し，以下，本章「教科教育に関連する領域の研究」に鑑み，これまでの代表的な先行研究等について概観する。

2．メディア・ICT教育の説明

(1) メディア教育の研究

鈴木（2001）は，「メディア・リテラシーとは，市民がメディアを社会的文脈でクリティカルに分析し，評価し，メディ

アにアクセスし，多様な形態でコミュニケーションを創り出す力をさす。また，そのような力の獲得をめざす取り組みもメディア・リテラシーという」(p.4) と定義している。さらに，メディア・リテラシーを既述（(1)メディア教育の定義）のような要素からなる「複合的な能力」(p.19) であると定義している。

1985年に執筆されたレン・マスターマンの「メディアを教える Teaching the Media」(宮崎寿子訳, 2010) は，メディア教育の先駆者が，学校教育におけるメディア教育の展開を強く主張した論点を明確にしているという点や，メディア教育の本質的な論点を把握するという点から，必読の基礎的文献といえる。

日本におけるメディア教育が広く一般の関心事になってきたのは，1990年代中頃といわれている（鈴木, 2001, p.5）。この時期は，インターネットが広く普及し出す時期（一般的に，MS-Windows95 の発売が転換点）と一致する。インターネットという新たなツールの大衆化は，同時に多くの人が膨大な情報を瞬時に取得，発信できる時代となったことを意味する。さらに，2006年に示された「u－Japan推進計画」で述べられた「ユビキタス」（いつでも，どこでも，何でも，誰でもネットワークに簡単につながる）という理念の下に，急速に普及している携帯端末の現状を鑑みても，メディア・リテラシーを形成する教育の重要性は増している。

このような状況下において，学校教育においても，メディア・リテラシーを形成する教育は，教科を問わずに数多く成されてきている。代表的な関連する研究については，引用参考文献を参照されたい。

(2) ICT教育の研究

本節「メディア・ICT教育の研究」では，ICT教育の研究を，学校現場に馴染んでいる「教育の情報化」という観点から捉えることにしている。「教育の情報化」は，「教科指導におけるICT活用」，「情報教育の推進」，「校務の情報化の推進」の3分野から構成されている（文部科学省, 2011, p.2）。以下，3分野に関する研究状況を概観する。

①教科指導におけるICT活用

「教科指導におけるICT活用」とは，「教科の目標を達成するために教員や児童生徒がICTを活用すること」（文部科学省, 2011, p.46）とされている。近年，ネットワーク技術，タブレット端末，電子黒板，教育用コンテンツ等の普及により，様々な活用方法が研究されている。

日本教育工学会(2008)「特集：学力向上を目指したICT活用のデザイン・実践・効果」では，「我が国における学力向上を目指したICT活用の系譜」（東原）にはじまり，「我が国におけるICT活用の現状と課題」（堀田・木原），「諸外国におけるICT活用と学力の関連」（赤堀）が解説されるとともに，例えば，「ICT活用授業による学力向上に関する総合的分析評価」（清水ほか）の研究が掲載されている。

第12章　教科教育に関連する領域の研究

クラウド，モバイル端末が広く普及しはじめ，「ユーザ革命」といわれるこの時期に刊行された本文献を足がかりに，引用参考文献をレビューされるとよいのではないかと思われる。また，タブレット端末を実際の学校現場の指導にどのように活かせばよいかのという問いに応える，具体的な実践事例をまとめた書籍も刊行されている（森山ら，2013）。

②情報教育の体系的な推進

情報教育は，校種・教科を問わず，全教育活動で実施されるべきものであり，「情報活用の実践力」，「情報の科学的な理解」，「情報社会に参画する態度」の形成を目的としている（文部科学省，2011, p.72）。また，以前より問題となっている情報社会の影の部分，いわゆる「情報モラル」の問題は，近年インターネットと携帯端末の普及により，さらに深刻なものとなっており，この問題に対する研究も盛んに行われている。情報化とよき生との関わりを情報倫理学という立場で論究した『情報倫理学』（越智ら，2000）は，学習指導要領で定義されている「情報モラル」に対する考え方を深めるのによい示唆を与えてくれている。また，実践研究も数多く成されている。例えば，玉田・松田（2004）による「『3種の知識』による情報モラル指導法の開発」は，比較的数多く引用されている基礎的文献といえる。

なお，「情報の科学的な理解」を推進するための研究については，近年再び脚光を浴びているプログラミング教育に着目して，研究事例で詳しく紹介する。

③校務の情報化の推進

校務の情報化の目的は，「効率的な校務処理とその結果生み出される教育活動の質の改善にある」（文部科学省，2011, p.145）とされている。この領域は実務的な色合いが強かったが，近年学術的な研究もみられるようになってきた。例えば，山本ら（2015）は，教職員に対して，質問紙調査とインタビュー調査を実施して，校務支援システムの機能要件について科学的に分析している。今後，校務の情報化を推進するための要件の分析，システムの開発，効果の検証，システムの普及等が課題であろう。

II　研究事例

情報教育の体系的な推進「情報の科学的な理解」に着目した研究事例

1．タイプの定義と説明

近年，情報分野のイノベーション創出を図る人材育成の視点から，初等・中等教育におけるプログラミング教育が脚光を浴びるようになってきた。例えば，政府は平成27（2015）年に「世界最先端IT国家創造宣言」（改訂）を閣議決定し，その中で「初等・中等教育段階におけるプログラミングに関する教育の充実に努め，ITに対する興味を育むとともに，ITを活用して多様化する課題に創造的に取り組む力を育成することが重要」と述べている。

一方，清水（2014）は，プログラミン

グを「人類の叡智」であると述べ，プログラミングをすぐれた知恵や深い知性という捉えからさらに深め，「叡智」という文字を用いて，真実在や真理を捉えることのできる最高の認識能力という定義をしている。その上で，プログラミングの思考は，私たちの日常生活のあらゆる場面で活用されることを示し，すべての人にとっての教養教育としてのプログラミングに着目している。

今後，プログラミングに関する教育は，「情報の科学的な理解」を促進する教育として，中・高等学校のみならず，小学校も含めた全校種において，位置づけられていくものと考えられる。

以下，紹介する書籍（宮川・森山，2016，『学習者の思考力を高めるプログラミング教育の学習支援』風間書房）は，学習者の認知的実態を科学的に把握して学習支援システムを構築した上で，実際の学校現場においてその効果を検証している実践・実証型の研究タイプといえる。

2．著書構成の説明

本書は，全10章により構成されている。以下，章立てを掲載する。

第1章　緒論
第2章　初歩のプログラミング教育における題材開発
第3章　イベントドリブン型の言語を活用したプログラミングにおける問題解決過程の質的分析
第4章　イベントドリブン型の言語を活用したプログラミングにおける問題解決過程の構造分析
第5章　イベントドリブン型の言語を活用したプログラミングにおけるプログラム作成能力と知識構造との関連
第6章　イベントドリブン型の言語を活用したプログラミングにおける知識構造と問題解決過程との関連
第7章　イベントドリブン型の言語を活用したプログラミングにおける学習を支援するWebコンテンツの開発
第8章　イベントドリブン型の言語を活用したプログラミングにおける生徒間の相互作用を促す学習支援システムの開発
第9章　イベントドリブン型の言語を活用したプログラミングにおける生徒の問題解決を促す学習指導の試行的実践
第10章　結論及び今後の課題

3．研究の手続き

一般的に，教材研究は「素材の研究」，「学習者の研究（実態把握）」，「教材化の研究」という3本柱で成り立っている。本書における研究は，「学習者の研究（実態把握）」を学術的なアプローチから迫り，「教材化の研究」を実施して，「実践的検討」へと至る一連の手続きとなっている。なお，各章について，個々の研究課題への手続きが述べられている。

4．研究上の意義

本書における研究は，単に題材や使用教材を経験・感覚的に開発・検証しただけではなく，学習理論を背景にしつつ，

調査対象者の学習を認知心理学的な視点で分析し，開発，評価，試行的実践という一連の手続きによって実施されたものである。本研究で得られた結論はもとより，本書で実施されている一連の研究手続き，言い換えれば教育実践におけるPlan-Do-Check-Actionに，学術的方法を織り交ぜながら多面的・多角的に評価して，次への改善に道筋をつけていくという研究の方法論についても，学校現場の実践研究にとって意義あるものとなっている。

5．研究の課題

教科教育研究全般にいえることであるが，実践・実証型の研究は，特定の題材（単元），教材を媒介として行われることが多い。教育実践という極めて固有な状況で得られる成果を広げ，一般化・知見化していくことが今後の課題といえよう。

（宮川洋一）

○引用参考文献

(1) 教科共通

(メディア教育全般)

ルネ・ホッブス著，上松恵理子ほか訳 (2015)『デジタル時代のメディア・リテラシー教育：中高生の日常のメディアと授業の融合』東京学芸大学出版会.

レン・マスターマン著，宮崎寿子訳 (2010)『メディアを教える』世界思想社.

松山雅子編 (2005)『自己認識としてのメディア・リテラシー』教育出版.

峯明秀 (2015)「『メディア依存と生活空間の矮小化』の教材化」棚橋健治編『情報化社会をめぐる論点・争点と授業づくり』明治図書，pp.100-114.

森本洋介 (2014)『メディア・リテラシー教育における「批判的」な思考力の育成』東信堂.

鈴木みどり (1997)『メディア・リテラシーを学ぶ人のために』世界思想社.

鈴木みどり編 (2001)『メディア・リテラシーの現在と未来』世界思想社.

(ICT教育［教育の情報化］全般)

文部科学省 (2011)『教育の情報化に関する手引』開隆堂.

宮川洋一，森山潤 (2016)『学習者の思考力を高めるプログラミング教育の学習支援』風間書房.

森山潤 (2003)『プログラム作成における思考過程の構造分析』風間書房.

森山潤，山本利一，中村隆敏，永田智子編 (2013)『iPadで拓く学びのイノベーション』高陵社.

日本教育工学会 (2006)「特集：情報教育の成果と課題」『日本教育工学会論文誌』30(3).

日本教育工学会 (2008)「特集：学力向上を目指したICT活用のデザイン・実践・効果」『日本教育工学会論文誌』32(3).

日本教育工学会 (2014)「特集：1人1台端末時代の学習環境と学習支援」『日本教育工学会論文誌』38(3).

越智貢，土屋俊，水谷雅彦編 (2000)『情報倫理学　電子ネットワーク社会のエチカ』ナカニシヤ出版.

清水亮 (2014)『教養としてのプログラミング講座』中央公論新社，pp.23-24.

首相官邸 (2014)『世界最先端IT国家創造宣言』http://www.kantei.go.jp/jp/singi/it2/kettei/pdf/20150630/siryou1.pdf(最終アクセス2016.11)

鷹岡亮 (2016)「ICTを活用した授業・学習実践の現状と今後の方向性」『教育システム情報学会誌』33(1)，pp.6-21.

玉田和恵，松田稔樹 (2004)「『3種の知識』による情報モラル指導法の開発」『日本教育工学会論文誌』28(2)，pp.79-88.

山本朋弘，堀田龍也，宮田明子，鈴木広則 (2015)「校務支援システムの機能要件に関する教職員調査の分析」『日本教育工学会論文誌』38(4)，pp.377-384.

(2) 各教科

(国語科)

羽田潤（2008）『国語科教育における動画リテラシー教授法の研究』溪水社.

井上尚美, 中村敦雄編（2001）『メディア・リテラシーを育てる国語の授業』明治図書.

松山雅子編（2008）『自己認識としてのメディア・リテラシー PART Ⅱ』教育出版.

奥泉香編（2015）『メディア・リテラシーの教育―理論と実践の歩み』溪水社.

(社会科)

松岡靖（2015）『メディア社会に焦点化した小学校社会科カリキュラム開発研究』風間書房.

中村哲（2000）「社会科教育におけるインターネット活用の意義と授業実践―構成主義的アプローチに基づく知の構築を意図して―」『社会科研究』52, pp.1-10.

(数学科)

飯島康之（1999）『GCを活用した図形の指導』明治図書.

佐伯昭彦（2006）「テクノロジーを活用した数学的活動の教材開発とその有効性に関する研究」『日本数学教育学会誌 数学教育学論究』86, pp.25-34.

(音楽科)

日本音楽教育学会（2014）「特集：音楽教育と電子テクノロジー」『音楽教育実践ジャーナル』11(2).

小川博司（1993）『メディア時代の音楽と社会』音楽之友社.

(美術科)

柴田和豊編（1993）『メディア時代の美術教育』国土社.

(家庭科)

門澤裕美, 箕輪祐一, 清水裕子ほか（2004）「環境感性の育成を目指した家庭科教育とメディア教育のクロスオーバー」『映像情報メディア学会技術報告』28(62), pp.1-4.

永田智子, 鈴木真理子, 中原淳ほか（2004）「家庭科教員養成のための新しい授業の試みとその検討：CSCL環境下での多様な社会的相互交流」『日本教育工学雑誌』27 (Suppl), pp.201-204.

(英語科)

コンピュータ利用教育学会（2015）「外国語教育とICTのコラボレーション―外国語運用能力の育成にICTはどこまで迫れるか？―」『Computer & Education』39, pp.11-38.

教科教育に関連する領域の研究
▶第6節　リテラシー教育の研究

1. 社会文化的，政治経済的状況下で，共同体の構成員である個々人がいかに意味の生成行為に参与するかによって，リテラシー教育の研究は変化，進展してきた。
2. リテラシー教育への研究的関心は，狭義の文字の読み書き能力から，自らの言語使用および自他の言語行為に対する内省的・批判的自覚・自己認識へと推移してきている。

I　定義と史的展開にそった説明

1．識字力から機能的リテラシーへ

　20世紀後半以降，社会文化状況の変化は，質量ともに加速度的な多層化と多様化をみせてきた。情報通信技術のめざましい発展がもたらしたグローバルなコミュニケーション実態は，マクロ（拡張・拡散的双方向性）であってミクロ（特定の志向性コミュニティの形成）という両義的社会構造を生み，情報に対するバランスの取れた価値判断を必要とする意識さえも希薄になっていると言われる。

　元来「リテラシー」という用語は，生活の中で自ずと身につく話し言葉と区別され，意識的に学ばれるべき文字の読み書き能力と定義されていた。ある文化圏の識字率は，公教育の成果の目安でもあった。識字者人口が増加した結果，社会的職業的生活でいかにその力を役立たせるかが関心事となる。「機能的リテラシー」と名付けられた個々人の社会参加を下支えする能力が問われるようになった。

　佐藤（2003）は，2020年製造業生産量が2倍に達するOECD加盟国30にあって労働者数が5分の1に激減する試算を示し，「3R's を『基礎学力』と見る『道具的イデオロギー』のリテラシー教育の存立基盤」の希薄化を問うている。

　同様に，いかなる社会環境下で，いかなる「機能」を果たすリテラシーを求めるかを一義的に捉えるのも困難である。これら社会状況の加速度的多面的変化に対応する形で，いくつかの試みや新提案が生まれてきた。主なものを取り上げる。

2．読者反応への着目と PISA 型読解力

　1980年代以降，認知科学の進展を踏まえ，読むという行為の解明に光が当たるようになる。これに連動し，読むことの教育の体系性と評価の問い直しが始まる。リテラシー教育は，社会において自律した言語生活者であるために，能力差などの諸条件の多様さや学習指導対象（素材やツール）の質の差異を前提としながらも，大方の関心は，協働的，個人的にリ

テレイト（literate）な経験を提供しようとする方向に向かってきた。

わが国で，その関心を増幅し再検討に拍車をかけた一つに，2004年発表のOECD（経済協力開発機構）の第2回PISA調査（生徒の学習到達度調査，2003年度）による15歳読解力低下の結果がある。この調査対象は，読解（reading）ではなく「PISA型読解力」または「リーディング・リテラシー」（reading literacy）と呼ばれ，「自らの目標を達成し，自らの知識と可能性を発達させ，効果的に社会に参加するために，書かれたテキストを理解し，利用し，熟考する能力である」と定義された。報告書『生きるための知識と技能』（2004）には，解読や音読の意で理解される「読解」ではなく「ある範囲の状況の中で様々な目的で行われる読解の応用力をより広く，またより深く測定することに焦点」を当てるからだとある。「社会で役割を果たすのに必要な最低レベルの技能」の意が「識字（literacy）」とするなら，「将来それぞれのコミュニティに積極的に参加することを期待されている生徒たちの手段あるいは道具として捉え」るのが，PISA型読解力とされた。

調査は，数学的リテラシー（「数学が世界で果たす役割を見つけ，理解し，現在及び将来の個人の生活，職業生活，友人や家族や親族の社会生活，建設的で関心をもった思慮深い市民としての生活において確実な数学的根拠にもとづき判断を行い，数学に携わる能力」）と科学的リテラシー（「自然界及び人間の活動によって起こる自然界の変化について理解し，意思決定するために，科学的知識を使用し，課題を明確にし，証拠に基づく結論を導き出す能力」）と合わせて三分野から成り，調査年度毎に比重の置き方は異なる。

PISA型読解力では，①情報の取り出し/②幅広い一般的な理解の形成/③解釈の展開/④テキストの文脈の熟考評価/⑤テキストの形式の熟考評価の5つのプロセスで，「連続型テキスト」（文章）および「非連続型テキスト」（図表，広告等）を対象に測定される。わが国の喫緊の課題としては，対概念としての④文脈と⑤形式の把握力，「テキストに書かれていること」を既有の知識や経験値と照らし合わせ理解し価値判断する力，「熟考評価」が掲げられた。文部科学省は『読書力向上に関する指導資料』（東洋館出版社，2006）で，PISA調査結果の解析と改善を方向付け，2007年度から「全国学力・学習状況調査」を実施し，対策に乗り出した。

この PISA 調査の概念的枠組みの基本は，キー・コンピテンシー（Key Competencies）である。①社会・文化的，技術的ツールを相互作用的に活用する力/②多様な社会グループにおける人間関係形成能力/③自律的に行動する能力で構成される。共通して，流動的な社会的状況や目的に対応し，個人が熟考し行動することの必要性を重視した学力観である。ここには社会文化的・政治経済的状況への個々人の参加力，つまり，社会への「批判的」参加が指摘できる。

3．国語科教育研究の新展開

　これらの動向を受け，国語科教育の立場からの論究を例に，何が問題とされ，今後の研究課題へと連なっていくかを捉えてみよう。例えば，塚田（2003）は，わが国の「国語科の教育遺産と多言語多文化状況」の実質的比重が増す状況下において学習者自らの発想に根ざす「言語の力」の定位の重要性を主張した。応用言語学的記述的アプローチを中心とする言語意識（language awareness）と応用社会学的イデオロギー・モデルに依拠する批判的リテラシー（critical literacy）を「広く仲介する言語教育の基幹概念」として，学習者が言語批判と言語批評に意識的にかかわることを言語学習の原点とする「言語批評意識」を提案した。それは，「歴史的社会的状況の中で自己を意味づけようとする主体的行為の一様態で，自らの使用言語に内省的・批判的にかかわることで言語及び言語生活をよりよいものにしていこうとする意識または意欲」と定義された。

　文学教育のヴィジョン構築を標榜する山元（2005）は，読むという行為を，「読者側の状況モデル（世界構造）とテクストの状況モデル（世界構造）とを重ね合わせる行為」と捉えた。多種多様な質の読者側の状況モデルが併存する学習という場において，両者を重ね合わせるための〈スタンス〉を軸に，読みの発達モデルを構築した。これは「読者の文学テクストに対する向き合い方（スタンス）の質的変化を徴標とした」モデルで，「参加者的スタンス」（同化的な読み）でテクストの内に分け入ることに始まり，次第に読者の「既有の状況モデルを用いて，そのテクストの状況を評価することが可能になる」〈見物人〉のスタンスの獲得へと向かう。読者とテクストとの「重ね合わせの水準の推移」過程を見通すことに焦点を当てた，読者反応を核としたリテラシー実践を切り開く文学教育論である。この観点から，山元（2005）は，教材研究および学習者研究を，二つの状況モデルの重ね合わせの質を判断しうる必須の営みとし，「自由な反応を引き出すというだけでなく，状況モデル間の葛藤を生み出す文学教育」の必要性を説いた。この学習者の内的「葛藤」と協働的学びの場における「葛藤」の体験とその過程は，先の熟考評価と通底する，読者反応を核としたリテラシー教育の提案にほかならない。

　この提案を具現化するに当たり根本的な課題の一つは，学習の場で費やす読みの時間の不足である。「重ね合わせる」時間的保障と，「葛藤」の質の多様化に向けて，山元（2014）は，3方向（①多彩な読書材の発掘と提供，②ブッククラブやリテラチャー・サークル等，テクストとの多様なかかわり方を示す学びの「足場づくり」，③読みの過程において「理解のための方法」を自ら取捨選択しうる活用力への誘い）から，読みの行為に対する教師の支援を具体的に論じている。

　この③にかかわる具体的試案の一つに，

E.O. キーン（2008，邦訳2014）『理解するってどういうこと？ —「わかる」ための方法と「わかる」ことで得られる宝物』がある。アメリカの低所得者の子どもが通う学校のための国家プロジェクトにかかわった著者が，理解するための7つの方法を軸に小学校から中高等学校での様々な発見や実践事例を詳述する。加えて，作家や画家等の人生とも向き合い「よきメンター」として，著者自ら教師とともに「理解するということの意味を再定義」しようと試みた。関連づける，質問する，イメージを描く，推測する，何が大切か見極める，解釈する，修正しながら意味を整える，の7方法である。国語科の読解だけでなく，効果的な他教科の応用例も示される。本書の求めるところは，方法の普及ではなく，「学び手の自立に貢献すること」「子どもたちに自分で考えるように教えること」で，教師の支援（カンファランス等）を受け，自己と真向かい自らを揺さぶることである。リテラシー教育の根幹を「わかる」ことの自己認識に求め，言語理解と表現の自覚化を促す試みといえよう。

4．意味のモードのデザイン

また，多言語文化社会，多メディア社会を背景とし，自分が何を学びたいのか，何を学びつつあるのか，結果何を学んだのかに自覚的である「意味のデザイン」過程に着目したアプローチがある。The New London Group（米・英・豪・南アの言語教育研究者集団，1996）の *A Pedagogy of Multiliteracies* は，マルチリテラシーズというリテラシー教育概念を取り上げた。自らの意味生成にかかわって，言語デザイン，視覚デザイン，音声デザイン，身振りデザイン，空間デザイン，多モードデザインの6領域の意味のモードを選択し組み合わせ，体系的に自らの学習内容，過程を構築する枠組みとして機能する。

同じく90年代半ば，社会記号学の立場からG. クレスが中心となって提案したマルチモーダル・リテラシーにおいても，パラダイムとしてのデザインが機能する。コミュニケーションにおいて表現者は常に，自分の目的，内容，受け手の理解，受け手との力関係の作用，コミュニケーションの目的に応じたリソースの調整等，「いかなる時代いかなる状況下にあっても，表現者にとって根幹をなす問い」を判断している。クレス（2010）は，これらの問いは過去には不問に付され「日々のルーティン」化していたが，「今日では，明確にこれら問いが打ち立てられ，そのたびごとに問いに立ち向かうことが求められている」と，コミュニケーション状況の参加者の可変的・解釈的かかわりにリテラシー教育の根幹を見出している。

森田（2005）は，「リテラシー教育に対する新たな取り組みが求められるとしたら，こうした文字と文化の多様性を，個々それぞれの社会，さらには，社会の中の個々それぞれのケースの中で具体的に探っていくことから始めるしかないのかもしれない」と述べる。用語「機能的

リテラシー」一つをとっても，何が〈機能的〉リテラシーかは，その人物の拠って立つ社会的職業的位置により多様で，電子メディア時代の今日，その多様性は増す。「リテラシーとは何か，文字を教えるとはどういうことか，問いは再び出発点に戻り，一義的な答えは依然として見えてこない。リテラシーが何を意味するかという問いは，おそらく生きることが何を意味するのかという問いそのものなのかもしれない」と再考を促す。

教科教育においては，これら多様さを前提に，なお教科専門性において，その問いをまさぐっていくものであろう。

Ⅱ 研究事例説明

表題に代弁されるように，時代状況の変容のなかでリテラシーの再考を正面から取り上げ，多面的に論じた論考集，桑原隆編（2008）『新しい時代のリテラシー教育』（東洋館出版社）を研究事例の一つとして取り上げたい。

全体構成は以下のとおりである。

序章 リテラシー観の変容と意味の創造／第1章 国語教育におけるリテラシー教育の構築─原理・目標／第2章 近未来のリテラシー教育─内容・能力／第3章 リテラシー教材の深みと拡がり─媒体・教材／第4章 リテラシー育成に向けた単元の開発─実践／第5章 リテラシーの学びへの視座─学習者

序章として，編著者のリテラシー教育にかかわる見取り図を掲げ，それを受け，「伝統的なリテラシー教育を進めてきた「国語科」の新たな拡大と集約の動向を示す」31論考が所収されている。「国語教育の研究者が新たな時代状況をどう受け止めたか，この点を一望できることが本書の特徴である」という。

ここでは，本書を方向付ける序章を中心に紹介したい。これは日本学術会議教科教育学研究連絡委員会編（2001）『新しい「学びの様式」と教科の役割』（東洋館出版）掲載論考の再録である。桑原（2001, 2008再録）は，リテラシー概念変容過程を三段階で捉えたA.ウィルスの説を引き，社会構造の変化に伴走するリテラシー観の推移を整理した。

近代学校教育制度成立以前からある，状況と無関係の個々人の（1）スキルとしてのリテラシー観に始まり，教育制度の発展に伴う教科教育とのかかわりから（2）学校で教える知識的リテラシーと捉える見方が加わる。20世紀初頭以来，習得の度合いを測る科学的測定や評価法（標準テスト等）の開発，1920年代以降の行動主義の影響，70年代の認知心理学研究の進展によるスキルの系統的アチーブメントテスト開発等が歴史を形作ってきた。20世紀末に至って，ヴィゴツキー，バフチン，ローゼンブラット等の研究成果の影響を受け，単なる読み書き能力ではなく「社会的に創造されるもの」というリテラシー観が浸透していく。

一方，60年代後半以降，ジルー，グラムシ，フレイレ等の批判理論家の影響を受けた（3）社会的・文化的創造としてのリテラシー観が併走する。リテラシー

を「ある国や民族，コミュニティという社会やその文化のなかに埋め込」まれ，民族やコミュニティを挑戦的に創造するものとみなすエスノグラフィックな立場である。

　著者は，これら動向を「コンテクスト」の内実を問うところから整理する。テクストを読むという行為は，個人的かつ社会的・集団的な具体的コンテクスト内で，どのような目的で，いかに読み手主体としてテクストにかかわるかが問われる。このとき読み手の先行知識や既有経験と無関係には学びの場のコンテクストは成立しえない。この重層的コンテクスト構造において働くリテラシーを問い直す不断の努力を，国語科のリテラシー教育の根幹と捉えるものである。

（松山雅子）

○引用参考文献
(1) 教科共通
D. バッキンガム著，鈴木みどり監訳（2006）『メディア・リテラシー教育─学びと現代文化』世界思想社.
E.O. キーン著，山元隆春，吉田新一郎訳（2014）『理解するってどういうこと？』新曜社.
勝野頼彦（2013）『教育課程の編成に関する基礎的研究報告書5　社会の変化に対応する資質や能力を育成する教育課程編成の基本原理（改訂版）』国立教育政策研究所.
国立教育政策研究所（2002）『生きるための知識と技能　─OECD生徒の学習到達度調査／PISA2000年調査国際結果報告書─』ぎょうせい（PISA2003/2006/2009/2012年の調査国際結果報告書も続刊されている）.
小柳正司（2010）『リテラシーの地平─読み書き能力の教育哲学』大学教育出版.
Kress, G. (2010) *Multimodality*. Routledge..

楠見孝ほか編（2015）『批判的思考─21世紀を生きぬくリテラシーの基盤』新曜社.
文部科学省（2006）『読書力向上に関する指導資料』東洋館出版社.
森田伸子（2005）『文字の経験』勁草書房.
New London Group (1996) A Pedagogy of Multiliteracies: Designing Social Futures. *Harvard Educational Review*. 66-1. pp.60-92.
佐藤学（2003）「リテラシー概念とその再定義」『教育学研究』70（3），pp.292-301.

(2) 各教科
(国語科)
足立幸子（2005）「マルチリテラシーズ」『月刊国語教育研究』395, pp.46-51.
桑原隆編（2008）『新しい時代のリテラシー教育』東洋館出版社.
記念論文集編集委員会（2008）『浜本純逸先生退官記念論文集　国語教育を国際社会へひらく』溪水社.
中村敦雄（2008）「読解リテラシーの現代的位相─PISA2000/2003/2006の理論的根拠に関する一考察」『国語科教育』64, pp.27-34.
塚田泰彦（2003）「リテラシー教育における言語批評意識の形成」『教育学研究』70（4），pp.484-497.
山元隆春（2005）『文学教育基礎論の構築─読者反応を核としたリテラシー実践に向けて』溪水社.
山元隆春（2014）『読者反応を核とした「読解力」育成の足場づくり』溪水社.
(他の教科)
阿部昇（2007）「言語の『吟味』という切り口が教科教育を変える」日本教育方法学会『リテラシーと授業改善─PISAを契機とした現代リテラシー教育の探究』図書文化社, pp.122-135.
池野範男（2007）「歴史リテラシーと授業改善」同上書, pp.82-96.
松下佳代（2007）「数学的リテラシーと授業改善」同上書, pp.52-65.
寺岡英男（2007）「科学リテラシーと授業改善」同上書, pp.66-81.

第12章 教科教育に関連する領域の研究
▶第7節 キャリア教育の研究

1. キャリア教育研究は，教育学，心理学，経営学など様々な学問領域において，相互に関連しながら複合的に進展している。
2. 教科教育学では，関連する学問領域の研究成果をもとに，理論を実践へと結ぶためのキャリア教育のモデルやカリキュラム開発，授業実践研究等が推進されている。
3. 研究のアプローチは，文献研究，心理学的手法による量的調査や質的調査，教育工学的手法による評価研究など多岐にわたり，研究目的に適した方法が用いられる。
4. 教科教育におけるキャリア教育研究は，教育実践への寄与をめざすとともに，教科独自の視点からキャリア教育の方向性を探究し，理論構築に資することも期待される。

I 定義と説明

1．キャリアとは

「キャリア」という語は，中世ラテン語の「車道」を起源とし，そこから，人がたどる行路やその足跡，経歴，遍歴なども意味するようになったといわれる（厚生労働省，2004）。キャリアを生涯発達の視野で検討し，キャリア発達理論を構築しているスーパー（Super, D.E.）によれば，キャリアは，出生から「成長」「探索」「確立」「維持」「衰退」のプロセスの中で「子ども」「生徒・学生」「余暇人」「市民」「労働者」「配偶者」「家庭人」「親」「年金生活者」という9つの役割に関連して発達するものである（Super, D.E., 1980）。

スーパーらの理論に基づき，キャリア教育においては，「キャリア」は，「個々人が生涯にわたって遂行する様々な立場や役割の連鎖及びその過程における自己と働くこととの関係付けや価値付けの累積」（文部科学省）と捉えられ，職業にとどまらない概念とされる。

2．キャリア教育とは

1999年に中央教育審議会答申にて，キャリア教育を小学校段階から実施することが提言されて以降，キャリア教育は学校教育における課題として認識されるようになった（文部省，1999）。

2006年に改正された教育基本法においては，「個人の価値を尊重して，その能力を伸ばし，創造性を培い，自主及び自律の精神を養うとともに，職業及び生活との関連を重視し，勤労を重んずる態度を養うこと（第1章第2条第2項）」等の項目が追加された（教育基本法〈平成18年法律第120号〉，2006）。すなわち，職業が生活との関連において捉えられ，個としての自己実現だけでなく社会の形成に資する人間形成が求められている。

2011年には，中央教育審議会答申「今後の学校におけるキャリア教育・職業教育の在り方について」において，新たなキャリア教育の方向性が示され，就学前の幼児期から高等教育までを見通したキャリア教育・職業教育の充実が求められた（中央教育審議会答申，2011）。

　本答申では，キャリア教育を「一人一人の社会的・職業的自立に向け，必要な基盤となる能力や態度を育てることを通して，キャリア発達を促す教育」と定義している。また，「社会的・職業的自立，社会・職業への円滑な移行に必要な力」の要素として，「基礎的・基本的な知識・技能」「基礎的・汎用的能力」「論理的思考力・創造力」「意欲・態度及び価値観」「専門的な知識・技能」があげられている。

　特に「基礎的・汎用的能力」（「人間関係形成・社会形成能力」「自己理解・自己管理能力」「課題対応能力」「キャリアプランニング能力」）は分野や職種に関わらず社会的・職業的自立に向けて基盤となる力とされる。これらの能力育成をキャリア教育の視点に取り込んでいくことは，学校と社会・職業の接続を考える上で意義があるとされ，「基礎的・汎用的能力」を基盤として，発達段階に応じて，職業に関する能力を形成することが，求められている。

Ⅱ　キャリア教育領域の研究事例

1．研究のタイプ

　キャリア教育の研究は，教育学，心理学，経営学など様々な領域において複合的に進展している。教科教育におけるキャリア教育研究も，様々な学問領域とかかわり多岐にわたり，進路指導（キャリア教育）はもとより，教科や総合的な学習の時間，道徳等においても研究が進展している。

　それらの研究内容を概観すると，①教科等におけるキャリア教育カリキュラムや指導方法に関する研究，②教科等における教育実践研究，③キャリア教育の在り方に関する探究的研究，に大別することができる。

　まず，①カリキュラムや指導方法等に関する理論的研究では，各教科，道徳，総合的な学習の時間等でのキャリア教育の内容や方法が，検討されている。例えば，家庭科では，片田江（2000），磯﨑・家城（2006）らにより，米国家庭科教科書におけるキャリア教育の分析研究が重ねられ，家庭科におけるキャリア教育のモデルやカリキュラム開発（河﨑，2003）も行われている。これらの研究は，主に文献研究を用いており，国内外の先駆的事例等を検討しながら，理論構築をめざしている。

　②教育実践研究としては，各教科や総合的な学習の時間等において授業実践が行われ，教育効果が検証されている。例えば，今谷（2009）における一連の研究では，社会科等において人生設計能力を育成する授業を開発・実践している。また，鳥井，吉田（2006）等による家庭科教育の実践，山田（2010）による美術科の授業実践など，多くの教科で先駆的な

実践が認められる。これらの実践研究では，アンケート等による量的調査，質的手法に基づく授業分析などが用いられている。

③キャリア教育全体の在り方に資する研究としては，道徳教育の視点からの品格教育としての方向性についての検討（田中，2007），キャリア教育からシティズンシップ教育への提言（亀山，2009），ライフキャリア教育の提案（河﨑，2003）などがある。これらの研究では，教科のもつ理念や独自の視点から，キャリア教育の課題について検討し，海外の先駆的研究や実践事例をもとに，新たなキャリア教育の可能性を追及している。

2．キャリア教育の研究事例
(1) 研究の題目
「男女共同参画社会をめざした小学校家庭科におけるキャリア教育の授業実践」（鳥井，吉田，2006）
(2) 研究の構成
本研究は，家庭科の独自性，すなわち「男女共同参画社会の推進」を視野に入れ，小学校家庭科におけるキャリア教育を開発，実践し，その教育成果を検証するものである。本研究の目的は，児童がジェンダーにとらわれずに個性や能力を発揮できる職業を考えることができるような小学校家庭科のキャリア教育授業を試み，その学習効果を検討することである。

本論文の章立ては，以下のとおりである。

Ⅰ．はじめに
Ⅱ．方法
Ⅲ．結果と考察
　1．授業実践
　2．児童の授業後のジェンダー意識の変化
　3．将来の職業労働・家事労働に関する児童の意識
Ⅳ．おわりに

まず，「Ⅰ．はじめに」においては，教育背景および先行研究をふまえた上で，本研究の目的が明記されている。次いで「Ⅱ．方法」では，研究目的の達成のために，授業実践および授業前後のアンケート調査を実施することが説明されている。「Ⅲ．結果と考察」では，アンケート調査の結果分析より，授業の成果が検証されている。「Ⅳ．おわりに」では，研究成果をふまえた，今後の課題が示されている。

(3) 研究の手続き
本研究は，①授業前アンケート，②授業実践，③授業後アンケート，④授業前後のアンケート結果の分析（教育効果の検証），⑤考察，という流れですすめられている。

まず，授業実践対象クラス児童への事前調査を実施し，家事労働・職業労働に関するジェンダー意識および希望する職業について把握している。そして，その結果をもとに，児童のレディネスに基づいたキャリア教育授業を構想し，授業実践につないでいる。

授業実践後は，家事労働・職業労働に関するジェンダー意識および将来の家事

労働・職業労働に関する事後調査を実施し，事前調査との比較，分析を行っている。

分析の結果，授業後には，多くの児童が，職業労働と家事労働の双方において，ジェンダー意識に改善が認められ，教育効果が確認された。

最後に，研究成果をふまえて今後の課題を検討している。男女共同参画の実現に向けては，継続的な指導および家庭・地域への働きかけとともに，家庭科のキャリア教育授業の探求が必要であることが示唆された。

(4) 研究上の意義

本研究の意義は，「男女共同参画社会の推進」という教科（家庭科）の独自性に基づき，ジェンダーにとらわれない職業選択に焦点を当てていることである。教科の使命や特色を基盤としたキャリア教育の開発は，教科へのインフュージョン，教育活動全体を通したキャリア教育の導入・展開において，重要な知見を示すものである。

(5) 研究の課題

教科教育に「キャリア」の視点を導入し，授業実践へと結ぶことは，学校におけるキャリア教育における喫緊の課題である。それとともに，「教科教育」の視点から，「キャリア教育」そのものの方向性を再検討し，キャリア教育のあり方を提示することも期待される。

教科教育におけるキャリア教育研究は，「教育実践への寄与」をめざすとともに，教科独自の視点よりキャリア教育の方向性を探究し，理論構築に資することも可能である。教科教育の研究者には，「キャリア教育」の視点から「教科教育」のあり方を見直すとともに，「教科教育」の視点から，「キャリア教育」の方向性を探求する使命があるものと考える。

（河﨑智恵）

〇引用参考文献
(1) 教科共通
厚生労働省（2004）「キャリア形成を支援する労働政策研究会報告書」．
文部省（1999）中央教育審議会答申「初等中等教育と高等教育との接続の改善について」．
文部科学省（2004）「キャリア教育の推進に関する総合的調査研究協力者会議報告書―児童生徒一人一人の勤労観，職業観を育てるために―」．
文部科学省（2011）中央教育審議会答申「今後の学校におけるキャリア教育・職業教育の在り方について」．
Super, D.E., (1980) A Life-Span, Life-Space Approach to Career Development. *Journal of Vocational Behavior*, vol.16, pp.282-298.

(2) 各教科
（国語科）
林一，野村泰朗（2008）「高校生のキャリア形成支援に資する国語教育のあり方に関する研究：キャリア教育に求められるコミュニケーション能力の国語科での育成方法の検討」『埼玉大学紀要 教育学部』57(1)，pp.109-123.
保戸塚朗（2012）「キャリア教育としての国語教育に求められているもの：国語科教育法の講義をとおして」『進路指導』85(3)，pp.44-47.
（算数・数学科）
青木猛正（2010）「高等学校における数学的活動にキャリア教育の視点を（〈特集2〉私の数学教育研究）」『日本数学教育学会誌』92(9)，p.57.
東島正和（2015）「算数科をとおしたキャリア教育（特集 キャリア教育の実践）」『進路指導』88(2)，pp.21-26.

金本良通(1994)「1970年代キャリア教育の数学教育への影響:「一般数学(General Mathematics)」での取り扱い」日本進路指導協会『カリキュラム研究』3, pp.3-12.
(理科)
小松祐貴(2012)「中学校理科におけるキャリア教育の実践:理科の授業で地域の職業人を有効活用するための方策」上越教育大学学校教育実践研究センター『教育実践研究』22, pp.147-152.
(社会科)
青木多寿子(2012)「米国の中学校の必修科目「ウェルネスとキャリア」の視察:ガイダンスの目標,社会科の目標との関係を中心に」広島大学大学院教育学研究科学習開発学講座『学習開発学研究』5, pp.35-45.
天内純一(2010)「キャリア教育の視点を取り入れた教科学習:社会科学習を中心に」弘前大学教育学部附属教育実践総合センター研究員紀要』8, pp.43-55.
橋本祥夫(2011)「キャリア教育を中核に据えた中学年社会科のカリキュラム改善」京都教育大学附属教育実践センター機構教育支援センター『教育実践研究紀要』11, pp.21-30.
今谷順重(2007)『人生設計能力を育てる市民性教育』黎明書房.
今谷順重(2009)『人生設計能力を育てる社会科授業』黎明書房.
亀山俊朗(2009)「キャリア教育からシティズンシップ教育へ——教育政策論の現状と課題—」『日本労働研究雑誌』583, pp.92-104.
(英語科)
鈴木晴香(2015)「キャリア教育の視点で行う中学校英語教育:『コミュニケーション能力』の育成を中核として」『進路指導』88(1), pp.31-40.
田中達朗,笹山龍太郎(2011)「高等学校英語科におけるキャリア教育について」長崎大学『教育実践総合センター紀要』10, pp.245-253.
上杉兼司(2011)「国際的な課題解決プログラムとキャリア教育」学習ソフトウェア情報研究センター『学習情報研究』218, pp.38-41.
(技術科)
亀山寛(1979)「米国の一技術科教科書にみるキャリア教育(I)」『静岡大学教育学部研究報告.教科教育学篇』11, pp.79-90.
(家庭科)
磯﨑尚子,家城潤子(2006)「アメリカの家庭科教育におけるキャリア教育に関する研究:教科書分析を中心にして」『富山大学人間発達科学部紀要』1(1), pp.139-147.
片田江綾子(2000)「アメリカにおけるキャリアに関する教育—家庭科教科書の分析」『お茶の水女子大学人文科学紀要』53, pp.473-487.
河﨑智恵(2003)「家庭科におけるキャリア教育モデルの検討:能力領域の尺度の構成を中心に」『進路指導研究』22(1), pp.25-34.
河﨑智恵(2011)「ライフキャリア教育における能力領域の構造化とカリキュラムモデルの作成」『キャリア教育研究』29(2), pp.57-69.
前角和宏,中西眞弓(2013)「高等学校普通科におけるキャリア教育に関する考察:共通教科「家庭」を例に」『大阪経済法科大学21世紀社会研究所紀要』4, pp.101-116.
佐藤裕紀子(2015)「高等学校家庭科におけるキャリア教育の課題:男女共同参画の視点から」『日本家庭科教育学会誌』57(4), pp.261-272.
志村結美(2006)「家庭科教育におけるキャリア教育の在り方:大学生の経済的自立と職業レディネスより」『山梨大学教育人間科学部紀要』8, pp.199-206.
鳥井葉子,吉田友美(2006)「男女共同参画社会をめざした小学校家庭科におけるキャリア教育の授業実践」『鳴門教育大学学校教育研究紀要』20, pp.139-145.
(図画工作・美術科)
山田智之(2010)「中学校美術科の授業における『キャリアのイメージ画制作』が生徒の進路成熟の変容に与える効果」『キャリアデザイン研究』6, pp.35-48.
(音楽科)
山下真由美(2012)「特別支援学校における音楽授業実践から:キャリア教育と日本の伝統音楽の指導の関わり(3.日本伝統音楽を扱う授業構成,I カリキュラムと授業構成)」『学校音楽教育研究』16, pp.138-139.

(体育・保健体育)

山口孝治,櫛橋卓仁,木村達也(2007)「キャリア発達能力の育成を目指す取り組みが学習成果に及ぼす影響:児童への継続した調査にもとづく小学校体育科の事例より」京都教育大学『教育実践研究紀要』7,pp.61-68.

(総合的な学習の時間)

藤上真弓(2014)「総合的な学習の時間におけるキャリア教育に必要な学びの研究:『生きる力』を身に付けていくための指導の工夫」山口大学教育学部『教育実践総合センター研究紀要』38,pp.131-141.

(道徳)

西野真由美(2012)「高等学校における道徳教育とキャリア教育:総合的アプローチの可能性」名古屋大学大学院教育発達科学研究科職業・キャリア教育学研究室『職業とキャリアの教育学』19,pp.67-83.

教科教育に関連する領域の研究
▶第8節 特別支援教育の研究

1. 特別支援教育はインクルーシブ教育システム構築を目指している。
2. 多様な子どもたちの存在を前提とし，子ども一人ひとりの教育的ニーズに応じた授業が開発・実践されることによって，すべての子どもに各教科の学習が保障される特別支援教育の充実が期待される。
3. 特別支援教育の研究は「個別アプローチ」と「仲間とのかかわり的アプローチ」に大別され，どちらか一方ではなく両アプローチによって研究が展開される必要がある。
4. 特別支援教育の研究は，現象把握的研究，問題解決的研究，開発的研究に分類され，それらが統合されて，より高度な研究となる。
5. 教科教育の観点から特別な教育的ニーズのある子どもを対象とした研究は教科によって若干みられる程度で少ない。

I 定義と説明

日本においては2007年4月から特別支援教育が本格的に実施されている。特別支援教育とは「障害のある幼児児童生徒の自立や社会参加に向けた主体的な取組を支援するという視点に立ち，幼児児童生徒一人一人の教育的ニーズを把握し，その持てる力を高め，生活や学習上の困難を改善又は克服するため，適切な指導及び必要な支援を行うもの」（中央教育審議会「特別支援教育を推進するための制度の在り方について（答申）」，2005）であり，障害によって特別の場で指導を行う従来の特殊教育から転換が図られた。特別支援教育の対象者は「特殊教育の対象の障害だけでなく，LD，ADHD，高機能自閉症を含めて障害のある児童生徒」に拡大された（特別支援教育の在り方に関する調査研究協力者会議「今後の特別支援教育の在り方について（最終報告）」，2003）。2012年の文部科学省調査によると，通常の学級に在籍する発達障害の可能性のある特別な教育的支援を必要とする児童生徒が6.5％在籍するという結果がみられるが，その割合は集団により異なる。

2014年1月には日本も「障害者の権利に関する条約」に批准し，その第24条には，インクルーシブ教育システム（inclusive education system）の確保や合理的配慮（reasonable accommodation）の提供などが示されている。このインクルーシブ教育システムの構築を特別支援教育は目指している。インクルーシブ教育は1994年にユネスコなどによって採択された「サマランカ声明」以降，国際的に位置づけられた。インクルーシブ教育システムとは「人間の多様性の尊重等の強化，障害

者が精神的及び身体的な能力等を可能な最大限度まで発達させ，自由な社会に効果的に参加することを可能とするとの目的の下，障害のあるものと障害のない者が共に学ぶ仕組み」，「合理的配慮」とは「障害のある子どもが，他の子どもと平等に『教育を受ける権利』を享有・行使することを確保するために，学校の設置者及び学校が必要かつ適当な変更・調整を行うことであり，障害のある子どもに対し，その状況に応じて，学校教育を受ける場合に個別に必要とされるもの」であり，「『合理的配慮』の否定は障害を理由とする差別に含まれる」とされている（中央教育審議会初等中等教育分科会「共生社会の形成に向けたインクルーシブ教育構築のための特別支援教育の推進（報告）」，2012）。これに呼応して日本においては，「障害を理由とする差別の解消の推進に関する法律」が制定され，2016年4月から施行されている。

これからは，多様な子どもたちの存在を前提とし，障害の有無で区分することなく，ともに学び，子ども一人ひとりの教育的ニーズに応じた授業が開発・実践されることによって，すべての子どもに各教科の学習が保障される特別支援教育の充実が期待される。

Ⅱ　特別支援教育の研究事例説明

1．タイプの定義と説明

特別支援教育の研究においては，特別支援教育の観点から教科のあり方を論じた授業や研究は数多くみられる。しかし，教科教育の観点から特別な教育的ニーズのある子どもを対象とした研究は教科によって若干みられる程度で少ない。

研究へのアプローチは，個々の子どもの特別な教育的ニーズにそって指導・支援する「個別アプローチ」と，学級の中でインクルーシブな授業実践を展開する「仲間とのかかわり的アプローチ」に大別される。これらのどちらか一方からではなく，両方からのアプローチによって研究が展開される必要がある。

また，研究のタイプは3つの視点から分類される。一つ目は，現象把握的研究である。特別支援教育に関わる現象を質的・量的に分析し，総合的に把握することによって，現象に内在する事実の特質を見いだし，その現象の生じる原因，仕組み（例えば，認識のプロセス，かかわり）などを考察し，その現象を論理的に説明する研究である。二つ目は，問題解決的研究である。現象把握的研究によって提起された課題や問題点およびその原因の分析結果から，既存の理論や原理・原則などを基にその解決方法を志向する研究である。三つ目は，開発的研究である。現象把握的研究や問題解決的研究によって得た成果を基に，新しい特別支援教育のあり方を提案し，開発していこうとする研究である。現象把握的研究，問題解決的研究，開発的研究は，それらが統合されて，より高度な研究となる。

2．事例とその論文（著書）構成

本事例として，家庭科における『軽度

知的障害児を対象とした栄養教育に関する研究』（伊藤，2009）を紹介する。本研究は，軽度知的障害児を対象に応用行動分析学の代表例教授法を適用して，家庭科における栄養教育の授業モデルを開発し，授業実践により学習過程と到達目標および未学習の課題への般化，さらに数ヶ月間における学習課題の維持について実証的に検討し，モデルの有効性と学習の促進要因を明らかにすることを目的としている。

　研究の背景として，軽度知的障害児においては，偏食傾向や過食および食行動の偏りが指摘され，それが発達阻害要因となり，機能発達の遅れや健康障害を誘発させている。軽度知的障害児の食生活指導においては，健康を考慮した自立的行動を可能にするような栄養教育が重要であり，しかも，日常生活に組み込んで活用できるライフスキルとしての栄養教育が急務の課題となっている。本研究における軽度知的障害児を対象とした栄養教育は，学習者自身が栄養的なバランスに基づいた食事を判断・選択・決定し，それを自身の日常生活に生かすことができる食生活行動の習得を目指している。

　障害児のライフスキル教育は，応用行動分析学の流れをくむ実践が多くみられる。その方法論の中に，ホーナー（Horner, 1978）によって開発された未学習の課題への般化を促進するための新しい技法である代表例教授法（General Case Instruction）がある。これは，代表例を学習することにより未学習の課題についても正確で広範囲な般化が期待できる方法として開発され，成果をあげている。しかし，その研究の多くは，刺激と反応による行動変容に限られており，認知的側面，情動的側面をも含む報告は少ない。本研究においては，刺激と反応による行動変容だけにとどまらず，諸要因を踏まえた意思決定を必要とする「摂取栄養素のバランスが良い一食分を自分で選択できる」という認知的・行動的到達目標を設定して，代表例教授法を適用した軽度知的障害児の栄養教育の授業モデルを開発し，認知の形成と行為の遂行および般化・維持の結果からその授業モデルを実証的に検討している。その章立ては，次のとおりである。

　序章　研究の背景と目的
　　第1節　問題の所在と研究の視点
　　第2節　先行研究の検討
　　第3節　研究の目的と方法
　第1章　軽度知的障害児を対象とした栄養教育における代表例教授法
　　第1節　代表例教授法の理論
　　第2節　代表例教授法を適用した軽度知的障害児に対する栄養教育
　　第3節　軽度知的障害児を対象とした栄養教育における代表例教授法の開発課題
　第2章　代表例教授法を適用した栄養教育開発のための調査
　　第1節　軽度知的障害児の食物選択行動とその影響要因
　　第2節　軽度知的障害児を対象とした栄養教育の実態
　　第3節　軽度知的障害児の栄養学習教材に対する反応の検討

第4節　開発課題の考察
　第3章　代表例教授法を用いた栄養教育
　　　　に関する授業開発と実践
　　第1節　代表的な刺激・反応の構成
　　第2節　軽度知的障害児に対する栄養
　　　　　授業モデルの開発
　　第3節　授業実践による学習過程の分
　　　　　析と評価
　　第4節　授業モデル開発とその効果と
　　　　　般化に関する考察
　第4章　栄養概念と食物選択行動の維持
　　　　に関する検証
　　第1節　栄養概念維持の解析
　　第2節　食物選択行動維持の解析
　　第3節　学習成果の維持に関する考察
　第5章　総括と結論
　　第1節　本研究で得られた知見
　　第2節　本研究の限界と今後の課題

3．研究の手続き

　具体的には次の手順で進めている。
　まず，応用行動分析学からのアプローチの中でも代表例教授法の理論に着目し，軽度知的障害児を対象とした栄養教育に代表例教授法を導入する意義および導入する場合の筋道を検討し，開発課題を明らかにする（問題解決的研究）。
　その課題を検討するため，軽度知的障害児の食物選択行動および栄養教育の実態について調査・分析し（現象把握的研究），その結果を踏まえて，軽度知的障害児を対象とした栄養学習教材および指導方法を考案し，栄養教育の授業モデルを開発している（開発的研究）。そのモデルは，栄養という抽象的概念を学習者にとって弁別可能な赤・黄・緑に類別できる基本的教材に置き換えて，さらに歌やゲームなどで興味・関心を持続し繰り返すことによって，弁別刺激を習得し学習内容の拡大が可能となるように計画したものである。
　そして，軽度知的障害児を対象に開発した授業モデルによって授業実践を行い，学習過程を記録して分析・検討している。分析の視点は，栄養概念および食物選択行動の目標到達度および般化・維持に関する促進要因についてである。

4．研究上の意義

　本研究において栄養教育の授業モデルを開発できたことは，軽度知的障害児の栄養に関する学びを保障し，食生活における自立的行動を可能とすることに寄与できる。本研究の意義は次の四点にある。
　第一は軽度知的障害児の食物選択にかかわる問題点について実態調査で明らかにし，健常児とは異なる栄養教育の克服すべき課題を提示したことである（個別アプローチ）。このことは，一人ひとりの子どもは認識の仕方が異なり，つまずき箇所も異なるため，個別の教育的ニーズに寄り添った支援が必要であることを示している。
　第二は軽度知的障害児を対象とした栄養教育として，代表例教授法を適用した授業モデルを開発し，学校における授業実践において有効性が実証できたことである（仲間とのかかわり的アプローチ）。多様な子ども集団の中で，子ども同士がかかわりながら学習成果が得られたことは，ともに学ぶインクルーシブ教育の観点か

らの授業開発に寄与できる。

　第三は代表例教授法を適用することにより，授業において学習した内容のみでなく，未学習の課題，場面，対象においても適切な般化・維持の促進が認められたことである(「「個別アプローチ」「仲間とのかかわり的アプローチ」)。この成果は，教科で教えるべき基礎・基本は何か，さらにこれまで疑いなく行ってきた指導方法や内容配列を根源的に問い直す契機になる。

　第四は軽度知的障害児を対象とした栄養概念と食物選択行動の習得と般化・維持には，対象児の発達年齢（特に理解言語年齢)，保護者の食生活に関する意識や行動が重要な要因となっていることを明らかにしたことである。これは，家庭との連携のあり方の検討に寄与できる。

5．研究の課題

　本研究事例には次のような課題が残されている。第一に，本研究で開発した授業モデルが適用できる対象者の検討である。本研究においては，小・中学校の障害児学級に在籍する児童・生徒を対象として授業モデルの開発を行ったが，どの範囲の知的障害児に適切であるかを限定する必要がある。第二に，保護者との連携強化の必要性である。保護者の食生活に関する意識や子どもへの働きかけが，学習成果やその維持に影響を及ぼすことが明らかになったことからも，知的障害児の日常的生活経験を豊かにし，さらに学校での学習内容を生活の場において実践するために，保護者への協力を要請することが課題である。第三に，教師の指導能力の開発である。栄養教育の授業モデルは詳しく記述して再現を容易にしたが，実際に指導できる教師の研修が必要である。

　なお，特別な教育的ニーズのある子どもを対象とした教育に関わる用語は，制度や政策の変遷に伴い，異なっている。本稿では，その時代の障害児観が反映されている用語で記載している。

（伊藤圭子）

〇引用参考文献
（1）教科共通
新井英靖（2011）『英国の学習困難児に対する教育的アプローチに関する研究』風間書房.
Horner, R.H. & Baer, D.M. (1978) Multiple-probe technique : A variation on the multiple baseline, *Journal of Applied Behavior Analysis*, 11. pp.189-196.
国立特別支援教育総合研究所（2015）『特別支援教育の基礎・基本　新訂版　共生社会の形成に向けたインクルーシブ教育システムの構築』ジアース教育新社.
駒林邦男，宍戸春雄ほか（1982）『つまずきを生かす授業』あゆみ出版.
McGrath, C. 著，川合紀宗訳（2010）『インクルーシブ教育の実践―すべての子どものニーズにこたえる学級づくり―』学苑社.
成田孝，廣瀬信雄，湯浅恭正（2015）『教師と子どもの共同による学びの創造―特別支援教育の授業づくりと主体性―』大学教育出版.
Toby J. Karten 著，川合紀宗訳（2016）『インクルーシブな学級づくり・授業づくり：子どもの多様な学びを促す合理的配慮と教科指導』学苑社.
Warnock, M. & Norwich, B. 著，宮内久絵，青柳まゆみ，鳥山由子監訳（2012）『イギリス特別

なニーズ教育の新たな視点：2005年ウオーノック論文とその後の反響』ジアース教育新社.
湯浅恭正（2006）『障害児授業実践の教授学的研究』大学教育出版.
湯澤美紀, 河村暁, 湯澤正通編著（2013）『ワーキングメモリと特別な支援――人ひとりの学習のニーズに応える―』北大路書房.

(2) 各教科
藤原志帆（2011）「特別支援学校における音楽の授業づくりを支える実践事例集に求められる要件：特別支援学校教師への質問紙調査結果の分析をとおして」『日本教科教育学会誌』34(2), pp.61-70.
福井亘（2002）「重度の肢体不自由を持った生徒への触覚を活用した環境教育と概念地図法を使った評価の一事例」『理科教育学研究』42(3), pp.37-41.
浜本純逸監修, 難波博孝, 原田大介編著（2014）『ことばの授業づくりハンドブック―特別支援教育と国語教育をつなぐ』溪水社.
池田吏志（2013）「重度・重複障害児の造形活動の指導原理・方法に関する質的研究：児童生徒と教員との関わりに焦点をあてた理論的モデルの生成」『美術教育学：美術科教育学会誌』34, pp.61-73.
池野範男ほか（2014）「学習困難の研究(1)：特別支援教育の使命と教科教育の在り方」『広島大学大学院教育学研究科附属特別支援教育実践センター研究紀要』12, pp.17-24.
伊藤圭子（2006）「特別支援教育における小学校家庭科授業の検討―支援体制づくりの要請―」『日本家庭科教育学会誌』48(4), pp.281-288.
伊藤圭子（2009）『軽度知的障害児を対象とした栄養教育に関する研究』風間書房.
桂聖（2011）『国語授業のユニバーサルデザイン 全員が楽しく「わかる・できる」国語授業づくり』東洋館出版.
草野勝彦, 西洋子ほか（2007）『インクルーシブ体育の創造―「共に生きる」授業構成の考え方と実践―』市村出版.
遠山啓編（1992）『現代教育101選 歩きはじめの算数―ちえ遅れの子らの授業から』国土社.

上記の参考文献一覧は, 教科教育からみた特別支援教育に関する文献に限っている. 本稿には掲載していないが, 特別支援教育からみた教科教育的論文は日本特殊教育学会および関連文献には多数掲載されている.

編集後記

　現在，教科教育は大きな転換点にある。国からの一連の教育改革の動きの中で，教科教育をはじめ学校教育の変革が迫られる中，教科教育学研究の主体性が強く問われている。そのような時代思潮の中，本書は，日本教科教育学会設立40周年を機に出版された『今なぜ，教科教育なのか―教科の本質を踏まえた授業づくり』（日本教科教育学会編，文溪堂，2015年発行）に続き，教科教育の分野でこれから研究を始めようとする大学院生や教師，さらに研究を深めようとする志を持った若き研究者のために書かれた，教科教育学研究のためのハンドブックである。

　本書の目的は，各科教育学においてタテ糸的に独自に発展してきた研究方法論，すなわち，研究を行うためのルール，原理・原則を体系立てたものを，基本的な研究論文の概観を通して解説し，教科を越えたヨコ糸的，教科横断的な理解を得てもらうことである。これまで各科教育学の分野では，当該の教科教育の目的論から，カリキュラム，指導法，学習者，教材，テスト，評価，教師教育，さらに各科教育史に至る研究領域の全体像において独自の進展を遂げてきた。研究方法においても理論研究と実践研究の調和を図りながら，文献学的な研究から，量的研究，質的研究，さらには混合的研究など多岐にわたってきている。本書を通して，自他の教科教育学研究における方法論を理解し，比較することを通して，自らの専門とする教科教育学研究の独自性と普遍性に気づくことで，さらなる研究の発展につながることをねらいたい。

　本書が期待することは，次の3点である。まずは日本独自に誕生した各科教育学研究の諸領域の研究方法論を十分に理解することで，教科教育学研究の存立基盤をさらに強固なものにすることである。続いて，これまでの教科教育学研究をますます進展，充実させ，多くの研究成果を国内だけでなく，広く世界に発信していくことである。それを通して日本の教育システムにおける教科教育の理論と実践の融合の実際がより広く認知されるであろう。さらに，これまで教科内で独自に発展してきた研究から，教科の枠組みを越えて，教科間での融合を図る協働的，総合的な研究分野が創出されることである。本書の第3部に示した教科教育関連領域の研究が，未来の教科教育学研究の糸口になることを期待したい。

　最後に本書の出版にあたって，執筆協力をいただいた全国の多くの教科教育学研究者に改めてお礼を申し上げたい。教科教育学研究を目指す人びとが，本書を通して教科の本質を理解し，理論・実践研究にわたる適切な研究方法論を踏まえて，確かな研究と豊かな実践を生み出すための基盤を得て活躍されることを願っている。

日本教科教育学会理事長
深澤清治

執筆者一覧 (執筆順)

角屋重樹　日本体育大学 (刊行のことば　序)

第1部
小原友行　広島大学 (第1章)
中原忠男　環太平洋大学 (第2章)
山元隆春　広島大学 (第3章)
深澤広明　広島大学 (第4章　第1節)
湯澤正通　広島大学 (第4章　第2節)
棚橋健治　広島大学 (第4章　第3節)
大髙　泉　筑波大学 (第5章)

第2部
佐藤　園　岡山大学 (第1章)
山口武志　鹿児島大学 (第2章)
松浦拓也　広島大学 (第3章)
中山　迅　宮崎大学 (第4章)
木下博義　広島大学 (第5章)
草原和博　広島大学 (第6章)
宮本浩治　岡山大学 (第7章)
溝邊和成　兵庫教育大学 (第8章)
江口勇治　筑波大学 (第9章)

第3部

岡出 美則　筑波大学（序章）
梅野 正信　上越教育大学（第1章）
溝口 和宏　鹿児島大学（第2章）
鶴田 清司　都留文科大学（第3章）
飯田 慎司　福岡教育大学（第4章）
林　未和子　三重大学（第5章）
大友　智　立命館大学（第6章）
津田 正之　国立教育政策研究所（第7章）
關　浩和　兵庫教育大学（第8章）
木原 成一郎　広島大学（第9章）
岩田 昌太郎　広島大学（第10章）
押谷 由夫　昭和女子大学（第11章）
藤井 浩樹　岡山大学（第12章　第1節）
谷田部 玲生　桐蔭横浜大学（第12章　第2節）
柴　英里　高知大学（第12章　第3節）
谷口 和也　東北大学（第12章　第4節）
宮川 洋一　岩手大学（第12章　第5節）
松山 雅子　大阪教育大学（第12章　第6節）
河﨑 智恵　奈良教育大学（第12章　第7節）
伊藤 圭子　広島大学（第12章　第8節）

深澤 清治　広島大学（編集後記）

日本教科教育学会
Japan Curriculum Research and Development Association
〈事務局〉
〒739-8524　広島県東広島市鏡山1－1－1　広島大学大学院教育研究科内
E-mail：jcrda1@hiroshima-u.ac.jp
HP（URL）：http://jcrda.jp/
〈機関誌〉
『日本教育学会誌』
International Journal of Curriculum Development and Practice
〈出版物〉
『新しい教育課程の創造—教科学習と総合的学習の構造化』教育出版，2001年
『今なぜ，教科教育なのか—教科の本質を踏まえた授業づくり』文溪堂，2015年

教科教育研究ハンドブック
——今日から役立つ研究手引き——

2017年3月1日　初版第1刷発行

編　者	日本教科教育学会
発行者	山﨑　富士雄
発行所	教育出版株式会社

〒101-0051　東京都千代田区神田神保町2-10
電話　03-3238-6965　振替　00190-1-107340

©Japan Curriculum Research and Development Association 2017
Printed in Japan
落丁・乱丁はお取替いたします。

組版　ピーアンドエー
印刷　神谷印刷
製本　上島製本

ISBN978-4-316-80434-7　C3037